Ativismo-Cooperativo na Produção de Provas

Garantia de Igualdade das Partes no Processo Civil

Maria Francisca dos Santos Lacerda

Desembargadora Federal do Trabalho aposentada. Mestre em Direito pela UFES.

Ativismo-Cooperativo na Produção de Provas

Garantia de Igualdade das Partes no Processo Civil

EDITORA LTDA.
© Todos os direitos reservados

Rua Jaguaribe, 571
CEP 01224-001
São Paulo, SP — Brasil
Fone (11) 2167-1101

LTr 4394.3
Janeiro, 2012

Visite nosso *site*:
www.ltr.com.br

Dados Internacionais de Catalogação na Publicação (CIP)
(Câmara Brasileira do Livro, SP, Brasil)

Lacerda, Maria Francisca dos Santos

Ativismo-cooperativo na produção de provas : garantia de igualdade das partes no processo civil / Maria Francisca dos Santos Lacerda. — São Paulo : LTr, 2012.

Bibliografia

ISBN 978-85-361-1982-3

1. Cooperação 2. Justiça 3. Juiz — Poderes 4. Juízes — Brasil 5. Poder Judiciário 6. Processo civil — Brasil 7. Prova (Direito) — Brasil I. Título.

11-09729   CDU-347.94:347.962.1(81)

Índice para catálogo sistemático:

1. Brasil : Ativismo probatório do juiz : Direito processual civil 347.94:347.962.1(81)

Dedico

A Deus, fonte de vida e esperança, a quem elevo os olhos e o coração, em prece de louvor e graça.

A Valteir, companheiro dos passos e descompassos, dos dias alegres, tristes ou poéticos, das áridas trilhas ou dos caminhos mágicos.

A Gláucia e Valteir Júnior, que aprenderam a pensar sozinhos e alçaram belo voo solo rumo à vida.

Agradeço

A Deus, fonte de vida...

À Professora Dra. Adriana Campos, mais que orientadora, amiga, o retrato da alegria e do otimismo, pela dedicação, paciência e apoio que sempre me dispensou.

À Professora Dra. Margareth Vetis Zaganelli, com quem compartilhei alegres momentos em aula e na realização de um livro, pelos ensinamentos e pelo agradável convívio.

Ao Professor Dr. Francisco Lima e aos demais professores do Mestrado, com quem aprendi que a Academia é muito mais do que uma sala de aula.

Ao Ricardo Gueiros, com quem dividi preocupações do reinício, pelo incentivo à minha nova caminhada.

À colega Ana Paula Morais e aos demais colegas do Mestrado, com quem compartilhei momentos de acolhimento e amizade.

Ao Juiz Ewerton Schwab, que, com a força da simpatia e da generosidade, foi a razão do sucesso de minha pesquisa empírica, confiando no meu trabalho e atuando como mediador perante os demais juízes das varas cíveis, a quem também rendo minha gratidão.

Ao Euler Sinoir, bibliotecário de primeira linha, garimpeiro de livros e de artigos, valiosa ajuda na pesquisa doutrinária.

Ao Mário Vanzan, amigo de longa data, socorro presencial e on-line de Português, Latim e Italiano.

Ao Hermínio, ajuda generosa e inestimável na coleta de dados.

Aos jovens advogados Matheus e Thiago, companheiros no trabalho e na alegria da realização nas tardes de pesquisa.

Sumário

Apresentação 11

Prefácio 13

Introdução 19

Capítulo 1. A Constituição, o Juiz e o Princípio da Igualdade
1.1. Que prevaleça a igualdade e a justiça no processo 27
1.2. O juiz e o processo civil na Constituição federal 38

Capítulo 2. Ativismo-Probatório no Processo Civil
2.1. Prova e verdade no processo civil 48
2.2. Juiz e poder 55
2.3. Atuação do juiz no processo e a prova científica 63
2.4. A instrução do processo e o princípio da cooperação 70
2.5. Cooperação no processo civil: o *juiz Hermes* 95

Capítulo 3. A Prática do Ativismo Probatório
3.1. O juiz e sua atuação prática no processo 102
3.2. O debate continua? 143

Conclusão 153

Referências 161

Apresentação

Pela acertada decisão da LTr de propiciar ao público a possibilidade de conhecer este trabalho apresentado à jovem e já consistente Escola Processualista do Espírito Santo, com a qual logrou concluir em alto estilo o curso de mestrado, quis a autora distinguir-me com a incumbência de apresentação deste livro. Tive a oportunidade de participar da banca, motivado pelo gentil convite de sua orientadora, a Dra. Adriana Pereira Campos, hábil pesquisadora que vem confluindo com maestria a interseção entre História e Direito, como elementos integrantes da cultura social. Assim ocorreu na obra em comento, em que a talentosa orientanda percebeu e operou com facilidade os rigores metodológicos necessários ao sucesso da empreitada, de domínio da orientadora.

Na confecção da obra, a autora, Maria Francisca dos Santos Lacerda, valeu-se da experiência jurídica de profissional que se dedicou ao tribunal até a aposentadoria e uniu ao entusiasmo juvenil da personalidade que transparece e contagia, talvez um dos motivos que cative os jovens ao seu redor, para corajosamente iniciar uma caminhada acadêmica.

Conjugou os temas: provas e ativismo judicial. Ao longo do tempo, a prova é um tema negligenciado na doutrina brasileira, talvez em razão do corrente sistema hermenêutico vigorante no século XX e da ausência de defesa de uma teoria da decisão mais completa e com critérios explicitamente definidos na doutrina ou na jurisprudência. O ativismo judicial brasileiro é fenômeno relativamente novo. Tem-se mostrado um rótulo, que se abarca de uma liberdade maior do julgador ao buscar a isonomia das partes no procedimento judicial, cumprindo o princípio da paridade de armas. Esse comportamento, tido como legiferante, beira a casuística atuação política ideológica, usurpando funções constitucionais e colocando em xeque a separação dos poderes, afiançadora da democracia, levando a uma nova discussão de legitimidade atuante.

O caminho escolhido foi o da realização de uma pesquisa científica que privilegiou a busca da constatação prática com manuseio de autos, trazendo a realidade fática para a discussão jurídica e visualizando que o conhecimento não se restringe à regulação, mas a um caminho transformador da sociedade. Aceitou-se a nova realidade de rompimento dos trabalhos unidisciplinares, para buscar uma visão ampliada, pautada na cooperação teórica e metodológica totalitária da realidade processual.

Os conceitos teóricos foram apropriados com habilidade para verificar o ativismo judicial (ou a sua falta), operando, no encaminhamento do procedimento, especificamente na instrução probatória, o *coração do processo*, no dizer da autora, que centrava a observação na cognição realizada e trouxe algumas realidades desanimadoras, como: o quantitativo de processos extintos, o elevado índice de abandono e indeferimento da petição inicial, a inoperância da mediação judicial ou a existência de provas periciais sem análise dos quesitos devidamente apresentados.

O trabalho permite algumas conclusões pautadas em dados reais e, com a mesma importância, sinaliza uma série de questões que merecem o desenvolvimento de investigações complementares e outras, levando-as fatalmente a assumirem o papel central de novas teses.

Espero ter instado à leitura, ainda que o próprio texto o dispense. Aproveito para parabenizar a editora e o público, que tem a oportunidade de conhecer uma pesquisa jurídica encartada no campo das ciências sociais, com metodologia prometida e cumprida. E a autora atinge o objetivo com sensibilidade, na busca da igualdade nas relações sociais e acreditando na justiça.

Boa leitura.

Niterói, inverno de 2011.

Edson Alvisi Neves
Mestre em Direito, Doutor em História, professor e diretor da Faculdade de Direito da Universidade Federal Fluminense, autor do livro O Tribunal do Comércio: magistrados e negociantes no Império do Brasil, *entre outros.*

Prefácio

Profundamente honrado e com imensa alegria, recebi o convite para prefaciar este importante livro, ora apresentado à comunidade jurídica nacional. Trata-se de obra, fruto de dissertação vitoriosa de mestrado defendida com todo brilhantismo pela autora, Maria Francisca dos Santos Lacerda, no Programa de Pós-Graduação *Stricto Sensu* em Direito Processual Civil do Departamento de Direito da Universidade Federal do Espírito Santo —UFES.

Sabe-se que o nosso processo civil, regulado pelo CPC de 1973, além de moroso, paternalista (para o devedor) e custoso (para o autor), sempre se preocupou mais com as tutelas protetivas do patrimônio do que com as dos demais direitos fundamentais, especialmente em relação às pessoas mais pobres (e aos grupos sociais mais vulneráveis), que não conseguem suportar a morosidade de um processo sem prejuízo do sustento próprio e da respectiva família. Além disso, reconhece-se que ainda subsiste uma cultura de isolamento do juiz em relação às partes, o que, na prática, somente é relativizado em algumas oportunidades do *iter procedimentalis*.

Todavia, no atual estágio do modelo constitucional de processo, há imperiosa necessidade de atuação do magistrado tanto na gestão da prestação jurisdicional, que nada mais é do que um serviço público essencial prestado ao cidadão e à sociedade, quanto na efetivação dos direitos fundamentais e dos princípios de justiça. Dito doutro modo, o juiz passa a ter um novo papel no paradigma do Estado Democrático de Direito, cabendo-lhe, além de outras funções políticas vinculadas à preservação e consolidação da imagem e ao bom nome do Poder Judiciário perante o povo (titular do Poder), a gestão efetiva — material e humana — do processo submetido à sua cognição.

Nesse passo, há uma nova perspectiva de atuação do juiz, que passa de mero expectador a ter um novo dever ético, constitucional e cívico na condução do processo, ouvindo, dialogando, aconselhando, discutindo e estimulando a participação dos sujeitos da lide e de outros entes (*amicus curiae*) com vistas à implementação do postulado da "sociedade aberta dos intérpretes da Constituição" (Peter Häberle).

Eis a nova postura do magistrado que os processualistas denominam ativismo-cooperativo, em que se busca não a verdade absoluta[*], mas a verdade possível em sintonia com os elementos extraídos do diálogo com as partes e da análise das suas condições políticas, sociais, culturais e econômicas, o que possibilitará a máxima aproximação entre a realidade e o "devido processo justo e de resultados".

Neste livro, a autora se propõe, por meio de pesquisa bibliográfica e empírica, a resgatar a história do poder do juiz, suas causas, consequências e as mudanças de paradigma do convencimento judicial no tempo, realizando pesquisa de casos, com análise de processos findos, buscando encontrar sinais e indícios do ativismo-cooperativo em uma dada unidade judiciária. Os resultados demonstraram que a morosidade é a tônica dos processos examinados, mas há um dado positivo verificado: ainda existem juízes, embora em pequeno número, que trabalham com a prova de ofício e com a gestão do processo, dando voz e vez às partes em audiência.

A obra objetiva, assim, demonstrar que o ativismo probatório do juiz constitui elemento essencial e facilitador do direito fundamental de acesso justo à Justiça, o que exige uma nova postura do magistrado com vistas à efetivação do garantismo constitucional, ao compromisso com a mudança das estruturas vigentes e à promoção da igualdade material das pessoas (naturais e jurídicas) envolvidas no processo.

Com maestria, a autora adverte que o Judiciário conquistou, com a Constituição de 1988, o prestígio necessário para efetivar o princípio da igualdade no processo, mas, se o juiz mantiver um olhar neutro em relação às necessidades das partes e à instrução do processo, em verdade, não haverá justiça.

Aliando a experiência da magistratura e do magistério ao perfil da pesquisadora comprometida com a efetivação do processo como instrumento de concretização dos direitos fundamentais e da justiça social, a autora, em linguagem clara e escorreita, aborda com profundidade as principais doutrinas nacionais e alienígenas que gravitam em torno do ativismo judicial, o que, por si só, já demonstra a importância ímpar deste livro para todos os que lidam com o direito processual, especialmente os que atuam nas esferas civil e trabalhista.

(*) FERRAJOLI, Luigi. *Derecho y razón, teoría del garantismo penal*. Trad. Perfecto Andrés Ibánez et al. 3. ed. Madrid: Trotta, 1998. p. 50. Para esse autor peninsular, é impossível formular um critério seguro de verdade acerca de uma tese jurídica, porquanto a verdade "certa", "objetiva" ou "absoluta" representa sempre expressão de um ideal inalcançável. Afirmar a existência de uma "verdade absoluta" é, pois, uma ingenuidade epistemológica.

Não posso deixar de registrar que a autora é uma das mais importantes magistradas que atuaram na Justiça do Trabalho do Espírito Santo, tendo brilhante passagem na presidência do Egrégio do TRT Capixaba, na vice--diretoria e no Conselho Consultivo da EJUD — Escola Judicial do referido tribunal. Sua responsabilidade acadêmica, urbanidade e humildade intelecutal revelam os traços da sua personalidade e do seu compromisso com a educação continuada de todos os que lidam com a temática do acesso à Justiça, especialmente aqueles que têm por missão institucional a operacionalização dos direitos fundamentais em nosso país.

Estão, pois, de parabéns a autora, por nos brindar com esta excelente obra que, pela sua importância teórica e prática, está fadada ao merecido sucesso; a LTr Editora, pela notória contribuição na sedimentação do saber jurídico; o público leitor — advogados, membros da Magistratura e do Ministério Público, professores, servidores públicos e acadêmicos de Direito —, o grande destinatário da formação continuada e emancipatória contida neste livro.

Carlos Henrique Bezerra Leite
Doutor e Mestre em Direito (PUC/SP). Professor Adjunto de Direito Processual do Trabalho e Direitos Humanos (UFES). Professor de Direitos Metaindividuais (FDV). Desembargador Federal do Trabalho do TRT da 17ª Região/ES. Ex-Procurador Regional do Ministério Público do Trabalho. Membro da Academia Nacional de Direito do Trabalho.

Os meios empregues para a obtenção de provas, dos ordálios às formas de hoje, das torturas físicas à pressão psíquica, ainda não conseguiram o ideal na colheita probatória.
Nos antanhos, ao Supremo competia a decisão das querelas humanas; presentemente, é decisor o próprio animal dito racional. Quedamo-nos indecisos, sobre qual a melhor (ou pior) metodologia.
Deus árbitro?
Mas qual, um ex-machina?
O homem?
Ai!, então é falível, é desumano — Luís Borges, dixit [...]

Helder Martins Leitão

Introdução

A angularização da lide apresenta as partes amesquinhadas nas pontas de um triângulo; o juiz em canto altaneiro, distante, imparcial. A figura imponente, a veste talar ou o terno elegante, a liturgia do cargo e a linguagem empolada provocam o distanciamento[1] necessário à direção da disputa travada, levando-o ao veredicto justo, porque imparcial. Essa é uma configuração que precisa ser ultrapassada na prática, embora a doutrina venha debatendo o assunto há muito tempo.

Hans Kelsen[2] ensina que a Justiça é, antes de tudo, uma característica possível, mas não necessária, de uma ordem social, pois ocupa o segundo plano na vida do homem. E só uma ordem justa pode trazer a felicidade. Mas o que é uma ordem justa? Para ele, uma ordem que contenta a todos. E que o homem procura a justiça, na medida em que procura a sua felicidade. Citando Platão, conclui que é feliz quem é justo e infeliz quem é injusto. Se a justiça é felicidade, o que é felicidade? E as perguntas vão-se avolumando, sobrepondo-se. Perguntamos, nós, agora, como fazer justiça por meio do processo, da produção de provas e, especificamente, como fazer justiça às partes, ensejando-lhes paridade de armas?

No mundo moderno, na visão "publicista" do processo, a instrumentalidade e a efetividade representam a tônica da ciência processual, que

---

(1) "Talvez devamos refletir sobre esse distanciamento do povo. Muitos contestam que a Justiça deva atuar socialmente, embora toda sentença seja um ato político em prol da paz social e, consequentemente beneficiando a sociedade. [...] Não são poucos os magistrados que ainda preferem uma imagem plasmada por Piero Calamandrei de juízes insulados em seus gabinetes, onde permanecem horas e horas para não sofrerem as influências externas. São juízes para os quais 'o que não está nos autos não está no mundo'. [...] Há uma realidade além dos processos que um juiz insulado não consegue captar, e, se fica longe dos choques do cotidiano, como se pode decidir se um doente precisa de remédio, se um adolescente que nunca esteve numa escola rouba para comer, como um operário tem seu salário subtraído pode esperar anos por uma decisão sobre seu direito?" (DARLAN, Siro. *O isolamento dos juízes*. Disponível em: <www.avozdocidadao.com.br/detailAgendaCidadania.asp?ID=1825> Acesso em: 26.10.2009.)

(2) KELSEN, Hans. *O que é Justiça?* São Paulo: Martins Fontes, 1997. p. 2.

vislumbra o direito de ação como garantia cívica de justiça, na missão de alcançar resultados práticos e eficientes. Mauro Cappelletti[3] e Bryan Garth concluíram que as dificuldades individuais dos litigantes para defender seus direitos em juízo são os principais obstáculos a superar nesse campo. Nesse sentido, elege-se como tema desta pesquisa de mestrado a atitude do juiz na condução do processo. Pretende-se discutir o ativismo-cooperativo como meio de garantir a igualdade das partes na produção da prova, na busca de resultados justos. Constitui-se problemática tal proposição, pois a participação do juiz precisa ocorrer sem prejuízo da imparcialidade e da independência na condução do processo.

Delimita-se como objeto desta pesquisa o poder instrutório do juiz, que não é mais aquele ser inanimado de Montesquieu[4], a boca que pronuncia as palavras da lei. O suporte legal está inserto nos arts. 130 e 131 do Código de Processo Civil, que consagra o poder do juiz na direção do processo. Problematiza-se, contudo, o ativismo probatório do juiz, porque persistem as dificuldades na "demonstração" dos fatos em juízo, na busca da verdade provável, em confronto com a verdade real da tradição romano-germânica. Nesse aspecto, como afirma Zaneti Júnior[5], não se pode inocentemente imaginar que exista um modelo probatório puro, devendo-se evidenciar a convivência entre os modelos, na busca da solução do litígio, a fim de tornar efetivo o acesso à Justiça.

O ativismo do Judiciário vem sendo discutido por sociólogos[6] e juristas, há longa data. Entretanto, a partir da Constituição Federal de 1988, os debates mais se intensificaram, na medida em que os direitos fundamentais, humanos e sociais ganharam expressão, como grande expressão ganhou a democracia, após a derrocada da ditadura brasileira, que durou longos 20 anos. A instalação da Assembleia Nacional Constituinte carregou de euforia a sociedade, que se ocupou de reunir suas forças vivas para reivindicar direitos até então adormecidos, abarrotando de processos os gabinetes de juízes, os tribunais e os escaninhos dos cartórios.

Essa mesma Constituição, que registrou explicitamente tantos direitos, também encarregou o Poder Judiciário de torná-los efetivos. À medida que as provocações da sociedade foram aumentando, mais e maior foi-se tornando

---
(3) CAPPELLETTI, Mauro; GARTH, Bryan. *Acesso à justiça*. Porto Alegre: Sergio Antonio Fabris, 1988. p. 21.
(4) MONTESQUIEU. *Do espírito das leis*. São Paulo: Martin Claret, 2002. p. 172.
(5) ZANETI JÚNIOR, Hermes. *Processo constitucional:* o modelo constitucional no processo civil brasileiro. Rio de Janeiro: Lumen Juris, 2007. p. 53-54.
(6) Por exemplo: SANTOS, Boaventura de Sousa; MARQUES, Maria Manuel Leitão; PEDROSO, João. Os tribunais nas sociedades contemporâneas. *Revista Brasileira de Ciências Sociais*, ano 11, n. 30, p. 29-62, fev. 1996. Disponível em: <www.anpocs.org.br/80/portal/publicacoes/rbcs_00_30/rbcs30_07.htm> Acesso em: 31.3.2008. VIANNA, Luiz Werneck. Poder judiciário, positivação do direito natural e política. *Estudos históricos*. Rio de Janeiro, n. 18, 1996. Disponível em: <http://www.cpdoc.fgv.br/revista/arq/195.pdf> Acesso em: 17.6.2008.

a atuação dos juízes, impulsionados pela nova onda de democracia. Por meio do processo, o juiz exerce o poder, refletido na instrução e na sentença. Com razão. Somente por adequada instrução é que se pode chegar a um resultado justo.

A prova assume um papel relevante no processo civil e apenas no "[...] modelo teológico, baseado no juízo divino, omnisciente, que antecipadamente conhece a verdade, não há necessidade de prova"[7], e o ativismo probatório do juiz é a mola-mestra da instrução, embora haja divergências quando se trata de interesse meramente privado[8]. Não se fala de um ativismo autocrático, solitário, mas aquele em que as partes se manifestam, debatem, apresentam provas e analisam o curso do feito com o juiz, num clima democrático, de igualdade. Orienta-se a pesquisa, portanto, no sentido de verificar a existência desse tipo de ativismo, ou seja, o ativismo-cooperativo e, para tal desiderato, investigam-se as seguintes questões:

a) o papel do juiz na condução do processo e na produção de provas;

b) as garantias constitucionais e processuais atendidas pelo juiz na produção das provas;

c) a garantia da igualdade entre os litigantes na fase de produção de provas;

d) as limitações formalistas impostas ao juiz na condução da produção de provas;

e) a relação entre produção de provas, acesso à Justiça e igualdade entre autor e réu;

f) a relação entre justiça social e a igualdade processual na produção de provas;

g) a transformação histórica do papel do juiz na produção de provas.

Juristas renomados, como Calamandrei[9], Cappelletti[10], Garth, Taruffo[11] e Zaneti[12] apontam o ativismo probatório do juiz como elemento essencial à concreção do acesso à Justiça, ao garantismo constitucional, ao compromisso

---

(7) LEITÃO, Helder Martins. *A prova no direito português*. Porto: Almeida & Leitão, 2008. p. 19.
(8) XAVIER, Trícia Navarro. *Poderes instrutórios do juiz no processo de conhecimento*. Dissertação (Mestrado em Direito Processual Civil) — Programa de Pós-graduação em Direito Processual Civil, Universidade Federal do Espírito Santo. Vitória, 2008. p. 19.
(9) CALAMANDREI, Piero. *Direito processual civil*. Campinas: Bookseller, 1999. v. 1, p. 286; v. 3, p. 183-187.
(10) CAPPELLETTI; GARTH, 1988, p. 21.
(11) TARUFFO, Michele. Investigación judicial y producción de prueba por las partes. *Revista de Derecho* (Valdivia), v. XV, n. 2, p. 205-213, dic. 2003. Disponível em: <www.scielo.ch/scielo.phd?pid> Acesso em: 16.11.2008.
(12) ZANETI JÚNIOR, 2007, p. 91-111.

com a mudança das estruturas vigentes e à igualdade material dos sujeitos envolvidos no processo civil. O Poder Judiciário, a duras penas, conquistou o prestígio necessário para garantir a igualdade no processo, ao adotar o pressuposto de que a liberdade é limitada nas relações assimétricas. Se o juiz, *dominus processus*, mantiver um olhar neutro em relação às necessidades das partes e à instrução do processo, em verdade, não há como realizar a justiça.

Embora a doutrina muito tenha avançado, Dalmo Dallari[13] ainda alerta para o afastamento da prática. Em igual direção acusa Ovídio Baptista[14], que assevera Direito Processual como matéria apenas conceitual e afastada da realidade social. É um tema debatido por grandes juristas, por exemplo, Garapon[15], Alvaro de Oliveira[16], Hermes Zaneti[17], Guilherme Marinoni[18], Daniel Mitidiero[19] e Dierle Nunes[20]. Nota-se, em seus estudos, a perspectiva do ativismo-cooperativo. O trabalho dos dois últimos autores enfoca especialmente o ativismo, preocupados com o encaminhamento que se tem dado à matéria, apontando desafios e caminhos possíveis.

Congresso dos Juízes do Trabalho realizado em Brasília, no período de 28 de abril a 1º de maio de 2010, cujo tema central foi "A Constituição, o Trabalho e a Democracia: Tensões e Perspectivas", tratou do ativismo, com a conferência "Ativismo judicial e separação dos poderes"[21], demonstrando que a questão está na ordem do dia, merecendo, inclusive, recentes críticas de Boaventura de Sousa Santos[22], que afirma estar-se iniciando uma contrarrevolução jurídica em diversos países, particularmente no Brasil.

Esse debate é salutar, na medida em que, abrindo espaço para críticas, aponta caminhos para a prática judiciária, com o fim de substantivar a norma constitucional da igualdade, que, sem a atuação efetiva dos juízes se tornará letra morta, ou mesmo um simples pedaço de papel. As pesquisas científicas podem colaborar nesse campo de reflexão, o que enseja o presente estudo.

---

(13) DALLARI, Dalmo de Abreu. *O poder dos juízes*. São Paulo: Saraiva, 1996. p. 5.
(14) SILVA, Ovídio A. Baptista. *Processo e ideologia:* o paradigma racionalista. Rio de Janeiro: Forense, 2006. p. 300.
(15) GARAPON, Antoine. *O juiz e a democracia*: o guardião das promessas. Rio de Janeiro: Revan, 2001.
(16) OLIVEIRA, Carlos Alberto Alvaro. *Poderes do juiz e visão cooperativa do processo*. Disponível em: <www.abdpc.org.br> Acesso em: 31.3.2008.
(17) ZANETI JÚNIOR, 2007.
(18) MARINONI, Luiz Guilherme. A questão do convencimento judicial. *Jus Navigandi*, Teresina, ano 9, n. 503, 22 nov. 2004. Disponível em: <http://jus2.uol.com.br/doutrina/texto.asp?id=5966> Acesso em: 27.9.2008.
(19) MITIDIERO, Daniel. *Colaboração no processo civil:* pressupostos sociais, lógicos e éticos. São Paulo: Revista dos Tribunais, 2009.
(20) NUNES, Dierle José Coelho. *Processo jurisdicional democrático:* uma análise crítica das reformas processuais. Curitiba: Juruá, 2008.
(21) CONGRESSO Nacional dos Magistrados da Justiça do Trabalho. *Notícia*. Disponível em: <http://www.conamat.com.br/tem_temas_conamat.aspx> Acesso em: 6.3.2010.
(22) SANTOS, Boaventura de Sousa. A contrarrevolução jurídica. *Folha de S. Paulo*, seção Opinião, 4 dez. 2009.

Embora o Código de Código de Processo Civil já contemple tanto a obrigação do juiz de atender à igualdade das partes, como a determinação das provas de ofício, a principiologia constitucional enseja questionamentos em relação à matéria. Há, portanto, vasto campo para investigações de caráter acadêmico.

A presente pesquisa orienta-se para a discussão dos aspectos teóricos e práticos da atuação do juiz no campo da instrução do processo, procurando responder às questões que sintetizam a preocupação da comunidade jurídica tanto em relação ao ativismo do juiz em geral, quanto ao campo da instrução probatória.

Como se pode ver em Roberto Barroso[23] e Guilherme Feliciano[24], ainda se discute o conceito de ativismo[25] jurídico. Para o primeiro, ativismo seria uma atitude, um modo proativo e expansivo de interpretar a Constituição. Decorreria de uma deficiência de representatividade ou de funcionalidade de um outro poder. Judicialização seria um fato e, no Brasil, a situação é típica, porque a Constituição é muito ampla, trata de uma gama enorme de assuntos, da Administração Pública, de índios, de recursos minerais etc. Há ainda o controle da constitucionalidade difuso. O segundo diz que a interpretação e a aplicação dos princípios constitucionais pelo juiz não é ativismo, mas apenas boa técnica, bom-senso e coragem. Saul Tourinho[26], por sua vez, vê dificuldade na conceituação do termo ativismo judicial, porque a expressão estaria associada à ideia de exorbitância das funções do tribunal ou juiz, principalmente no Brasil, onde o termo vem carregado de sentido negativo.

Em verdade, dá-se o ativismo, segundo Garapon[27], quando o juiz escolhe a solução jurídica capaz de provocar alguma mudança social ou a reparar algum malefício à sociedade. Já Evandro Gueiros[28], com quem se compactua,

---

(23) BARROSO, Luis Roberto. Efeitos da atual Constituição sobre o poder judiciário. *Revista Anamatra*, Brasília, ano XIV, n. 57, p. 4-9, maio 2009. Entrevista concedida a Eulaide Lins, Viviane Dias e Rosualdo Rodrigues.
(24) FELICIANO, Guilherme Guimarães. "Ativismo judicial" para bom entendedor. *Jornal da Amatra XV*, ano 7, n. 17, p. 13, maio 2009.
(25) O termo foi escrito pela primeira vez pelo jornalista americano Arthur Schlesinger, que disse haver duas espécies de juízes: os que acreditavam que podiam valer-se dos princípios e avançar na interpretação da lei eram os ativistas; mas os que consideravam que seu dever era aplicar a lei escrita, segundo ele, praticavam a jurisprudência defensiva ou de autocontenção (LEAL, Saul Tourinho. *STF inova ao deixar de lado jurisprudência defensiva*. Disponível em: <http://www.conjur.com.br/2009-jan-18/entrevista_saul_tourinho_leal_advogado_constitucionalista> Acesso em: 5.5.2010).
(26) Segundo o autor, foi o jornalista americano Arthur Schlesinger quem levou o termo *judicial activism* a público pela primeira vez, a propósito de casos julgados pela Suprema Corte dos Estados Unidos. A expressão teria como contraponto o termo *self restraint*, ou seja, uns juízes seriam ativistas ou de jurisprudência defensiva (ou autocontenção). LEAL, Saul Tourinho. *Ativismo ou altivez?*: o outro lado do Supremo Tribunal Federal. Belo Horizonte: Fórum, 2010. p. 23-24.
(27) GARAPON. *Op. cit.*, p. 99.
(28) LEITE, Evandro Gueiros. *Ativismo judicial*. Disponível em: <http://bdjur.stj.gov.br/dspace/handle/2011/16980> Acesso em: 8.7.2008.

já que o trabalho tem esse foco, identifica o ativismo probatório como a atuação do juiz na condução do processo, na produção de provas, o que não significa que as partes ficariam alijadas da instrução probatória, mas, em perfeita colaboração, como discutido no IX Congresso Mundial em Coimbra, em 1991, mas que ainda suscita debates e merece fixação de alguns parâmetros, conforme abaixo:

a) o princípio da igualdade na Constituição;

b) a garantia de igualdade no processo;

c) a escolha da atuação do juiz pelo Estado;

d) limites à atuação do juiz: os princípios processuais e constitucionais;

e) limitações formais impostas ao juiz na produção de provas.

Esta obra comporta uma pesquisa que se orienta por dois diferentes tipos de levantamentos. Inicialmente, realizou-se a pesquisa bibliográfica, cujas fontes foram construídas pouco a pouco, com a observação dos trabalhos apresentados em sala de aula e a orientação dos professores. Procedeu-se também a visitas a bibliotecas das Universidades de Vitória e de Vila Velha e do Tribunal Regional do Trabalho. Outras obras foram obtidas com o auxílio da internet e de livrarias virtuais, além de sebos, que propiciaram resgatar livros cujas edições estão esgotadas.

A pesquisa bibliográfica obedeceu a critérios aleatórios, no início, mas procurando, em primeiro lugar, estudar as obras de caráter geral e com o cuidado de fazer os registros de tudo que seria necessário e útil para o trabalho. Com a ampliação do conhecimento acerca do assunto, as obras foram selecionadas de acordo com as questões que deveriam ser respondidas na pesquisa. O resultado está materializado nos capítulos 1 e 2, por meio do qual se realiza a discussão teórico-doutrinária da temática.

O segundo trabalho foi de levantamento empírico de processos cíveis, especificamente a atuação do juiz, desde a citação, passando pela decisão saneadora, audiência inicial e audiência de instrução e encerramento da discussão para sentenciar, sempre observando a postura do juiz em relação às partes e das partes entre si.

A escolha do fórum de Vila Velha deveu-se à dificuldade de acesso ao arquivo geral de Vitória, onde se pensava poder coletar amostras com assuntos exclusivos. Entretanto, as dificuldades de indexação dos processos e o modo como os cartórios de Vila Velha os guardam impediram a organização de uma amostra específica, como se desejava. Então, optou-se pela miscelânea, conforme se pode aquilatar no capítulo 3.

O objetivo do levantamento empírico consiste na identificação da atuação dos juízes no campo das provas. Na leitura dos processos, observa-se o trabalho realizado pelo juiz, se solitário ou compartilhado com as partes, como se deu o contraditório, como as provas foram produzidas, a análise de prova técnica, se o juiz analisou previamente os quesitos, como se deu a audiência inicial, no que se refere ao objetivo dessa audiência e na postura dos sujeitos processuais, e tudo o mais que, à vista dos elementos dos autos, o que de interesse neles há para o trabalho, com elementos estatísticos e análise da casuística processual.

A observação da prática levou-nos a procurar caminhos e obter análise de juristas, não só acadêmicos, mas também dos que vivem a angústia de sentir que a justiça pode ser obstada pelo olhar daqueles que são encarregados de realizá-la. E, quando nem se resolveram as questões do processo tradicional, um novo mundo desponta, um mundo virtual, que ensejará mudança de paradigma e, assim, novos e acirrados debates.

Por fim, procurou-se realizar este trabalho visando apresentar um resultado baseado na pesquisa doutrinária e empírica e propiciar um panorama real do mundo teórico e prático da atuação do juiz no Processo Civil, particularmente no campo da prova.

CAPÍTULO I

A CONSTITUIÇÃO, O JUIZ E O PRINCÍPIO DA IGUALDADE

1.1. QUE PREVALEÇA A IGUALDADE E A JUSTIÇA NO PROCESSO

Constitui um dos pressupostos da atividade do juiz no processo a garantia de igualdade entre os litigantes, considerando-se que a Constituição Federal de 1988 alçou o Poder Judiciário a guardião de suas promessas de propiciar um Estado voltado para o bem-estar, a fraternidade e a justiça, que é um dos atributos da igualdade.

George Orwell[29], em 1945, denunciou o perigo do poder ilimitado e os malefícios da igualdade apenas formal. A famosa frase "Todos os animais são iguais", que, a final, se transformou em "Todos os animais são iguais, mas alguns animais são mais iguais", é sempre lembrada quando se quer denunciar discriminação ou existência de privilégios.

Como pontifica Eros Grau[30]:

> A igualdade, desde a sua entronização no momento liberal, alcançava concreção exclusivamente no nível formal. Cuidava-se

---

(29) ORWELL, George. *A revolução dos bichos*. São Paulo: Globo, 1995. p. 23 e 93.
(30) GRAU, Roberto Eros. *O direito posto e o direito pressuposto*. São Paulo: Malheiros, 2008. p. 162-163.

de uma igualdade à moda do porco de Orwell [...] no bojo do qual havia — como há — os iguais e os mais iguais [...]. O próprio enunciado do princípio — "todos são iguais perante a lei" — nos dá conta de sua inconsistência, visto que a lei é uma abstração, ao passo que as relações sociais são reais.

Com efeito, no Estado Liberal Clássico, a igualdade era considerada apenas no sentido formal, pois a lei não deveria levar em conta as diferentes posições sociais. E a lei era "[...] ao mesmo tempo clarividente e cega. [...] Porém, os juízes da nação não são, como já dissemos, mais que a boca que pronuncia as palavras da lei, seres inanimados, que desta lei não podem moderar nem a força nem o rigor"[31].

Certo é que os homens são iguais e, ao mesmo tempo, diferentes. Hannah Arendt[32] afirma que a igualdade entre os homens é que lhes dá suporte para se compreenderem entre si, planejarem o futuro e preverem as necessidades das gerações seguintes. Por outro lado, diz, se não fossem diferentes, se um não diferisse de cada um outro ser humano, do passado e do futuro, não necessitariam do discurso e da ação para entender-se. Bastaria que utilizassem sinais e sons, como os animais (ditos) irracionais. Haveria, portanto, uma igualdade essencial que os uniria como seres humanos. Segundo a autora, haveria uma desigualdade ou diferença essencial que os tornaria únicos, que os distinguiria como pessoas. A desigualdade que tornaria distintos os seres exigiria atuação humana para produzir a igualdade, pois ela não seria da natureza das coisas. Nas palavras da pensadora alemã[33], "A igualdade presente na esfera pública é, necessariamente, uma igualdade de desiguais que precisam ser 'igualados' sob certos aspectos e por motivos específicos". Dessa forma, esclarece, a força motriz da igualdade viria de fora, não sendo intrínseca à natureza do próprio homem. E usa a analogia da moeda, com base em Aristóteles, para dizer que a moeda é um fator externo, que iguala as atividades do médico e do agricultor. E Calmon de Passos[34] conclui que, se vale para as relações econômicas, a questão deve valer também para as relações políticas. Acrescenta:

> Inexiste, destarte, algo intrínseco à condição humana, ou ao político e muito menos ao jurídico, seu instrumento essencial e primordial, que assegure a não discriminação, vale dizer, a igualdade, pelo que é sempre a dimensão política do jurídico que traça os limites do igual tratamento de alguns, de muitos ou de todos.

---
(31) MONTESQUIEU, 2002, p. 172.
(32) ARENDT, Hannah. *A condição humana*. Rio de Janeiro: Forense Universitária, 1989. p. 188.
(33) ARENDT, 1989, p. 227.
(34) PASSOS, J. J. Calmon de. *Direito, poder, justiça e processo:* julgando os que nos julgam. Rio de Janeiro: Forense, 1999. p. 19-23.

A igualdade jurídico-política consistiria em tratar-se igualmente os iguais e desigualmente os desiguais, sempre visando assegurar maior igualdade substancial. A discriminação haverá, tanto quando se tratar desigualmente os iguais, como quando se der tratamento igual aos desiguais. Mas quem são os iguais e quem são os desiguais? Pergunta Calmon de Passos.

Perelman[35] ensina que "[...] quanto mais uma noção simboliza um valor, quanto mais numerosos os sentidos conceituais que tentam defini-la, mais confusa ela parece". Cada pessoa defende, e não se pode dizer que de má-fé, uma concepção de justiça que lhe dê razão, em face de um adversário que é sempre injusto. A ambiguidade do termo também já foi reconhecida[36]. Perelman defende que a justiça vem atrelada à igualdade, e disso ninguém duvida. Esclarece que, desde Platão e Aristóteles, passando por Santo Tomás, os juristas, os moralistas e os filósofos de nosso tempo[37], todos estão de acordo de que a noção de justiça sugere, inevitavelmente, a ideia de certa igualdade[38]. Então, seria necessária a existência de certas semelhanças entre os seres a quem se aplicaria a justiça, ou seja, a identidade entre eles deveria ser pelo menos parcial. E quando se fala em cada qual, pode-se pensar num grupo diferente de seres.

As noções de justiça, ainda segundo Perelman, não são suscetíveis de enumeração. Por isso, dá alguns exemplos. Em primeiro lugar, "A cada um a mesma coisa". É a noção que não leva em conta as desigualdades. Seja rico, seja pobre, velho ou doente, todos são tratados da mesma forma. É a justiça absoluta e, no imaginário popular, o ser perfeitamente justo é a morte que atinge a todos. Em segundo lugar, "A cada qual segundo seus méritos". Aqui, exige-se uma qualidade intrínseca e não há como medir o mérito de cada um. É um ideal quase irrealizável. Parte da perspectiva do agente com um critério exclusivamente moral. O terceiro exemplo é "A cada qual segundo suas obras", que leva em conta elementos sujeitos a cálculo, a peso ou a medida. Nesse critério é que se baseia o pagamento do salário do operário e os concursos, que levam em conta o resultado do trabalho, sem preocupar-se com o esforço despendido. O quarto exemplo é a fórmula que se aproxima da caridade: "A cada qual segundo suas necessidades". Nessa fórmula de justiça é que se procura fixar o salário mínimo, a limitação de horas de trabalho, o seguro-desemprego, o salário-família etc. É o desejo de assegurar a cada ser humano o atendimento às suas necessidades básicas. O quinto exemplo: "A cada qual

---

(35) PERELMAN, Chäim. *Ética e direito*. São Paulo: Martins Fontes, 1996. p. 6-32.
(36) ARISTÓTELES. *Ética a Nicômano*. São Paulo: Nova Cultural, 1996. p. 194.
(37) "Será o justo a vontade do mais forte, ou será ao contrário, algo que se deva impor também aos mais fortes? Que é justo? Existe o justo por natureza ou o justo representa mera convenção? O problema do justo remonta, por assim dizer, às raízes das pesquisas humanas." (REALE, Miguel. O direito e a problemática de seu conhecimento. In: *Horizontes do direito e da história*. São Paulo: Saraiva, 2000. p. 285.)
(38) PERELMAN, 1996, p. 14.

segundo sua posição", que classifica de fórmula aristocrática, é desigualadora. Atende mais a seres denominados superiores. Por último, "A cada qual segundo o que a lei lhe atribui". Essa fórmula é a interpretação da máxima latina *cuique suum* e significa dar a cada um o que lhe cabe. Mas é necessário saber o que cabe a cada um. No sentido jurídico, significaria dizer que o juiz seria justo quando aplicasse a lei e, nesse caso, cada sistema de Direito admitiria uma justiça relativa a esse direito, havendo tantas variações quantas fossem as legislações. Por isso é que Dupréel[39] qualifica-a de "justiça estática", porque mantém o *status quo*, baseia-se na ordem estabelecida e considera que todas as outras fazem parte da "justiça dinâmica", de espírito reformador ou progressista. E Perelman esclarece que essas formas de justiça têm em comum a ideia de igualdade, uma igualdade parcial e que diferem apenas pela possibilidade de sua realização.

Alf Ross[40] afirma que, se a igualdade é tomada no sentido absoluto, significa dizer que estão todos na mesma situação, em quaisquer circunstâncias. E isso não poderia ser a ideia de justiça.

> Excepcionalmente, justiça significa igualdade absoluta, que não faz distinções. Assim é quando a morte é, por vezes, interpretada como o destino igual que a todos alcança sem atender a diferenças mundanas. De algum modo, esta ideia inspira os quadros medievais da morte nos quais esta aparece dançando com seres humanos de todas as classes, com o imperador e o papa, com burgueses e mendigos.

É necessário, segundo Ross, considerar-se o estado civil, a idade, se cometeu um assassinato ou não, se celebrou um contrato ou não etc. Seria justo haver distinções de direitos e deveres, de vantagens e encargos, tudo de acordo com as circunstâncias. O requisito da igualdade exigiria apenas que ninguém fosse tratado de forma arbitrária, diferentemente das demais pessoas. Deveria haver uma razão justificadora do tratamento diferente, um critério para aplicação da norma de igualdade, para aferir-se o que poderia ser considerado igual, porque a exigência de igualdade contida na ideia de justiça é relativa, ou seja, os iguais devem ser tratados da mesma maneira, sem qualquer distinção.

O princípio da igualdade é a base da estrutura do regime geral dos direitos fundamentais. Conforme Canotilho[41], a expressão "[...] todos os cidadãos são iguais perante a lei" exige igualdade na aplicação do Direito. E afirma que a lei deveria ser aplicada sem se olhar a pessoa a quem está sendo aplicada. A lei deveria ser aplicada igualmente a todos. O princípio da igualdade dirige-

---

(39) DUPRÉEL, E. *apud* PERELMAN, 1996, p. 12.
(40) ROSS, Alf. *Direito e justiça*. Bauru: Edipro, 2007. p. 314.
(41) CANOTILHO, J. J. Gomes. *Direito constitucional e teoria da Constituição*. Coimbra: Almedina, 2003. p. 426-433.

-se também ao legislador, esclarece. Não basta a aplicação igualitária da lei, é necessário que a lei seja igual para todos os cidadãos, que haja igualdade na própria lei, no seu conteúdo. Para todos os indivíduos com as mesmas características deveria haver uma lei que previsse situações ou resultados iguais. Se não houver exigência ao legislador, para que haja igualdade na própria lei, o princípio cairá no vazio. É importante assinalar, ainda segundo Canotilho, que a igualdade formal é válida, mas é insuficiente. Por exemplo, se a lei do imposto de renda determinasse a mesma alíquota para todos atenderia à igualdade formal, mas seria injusta, porque desigual em seu conteúdo, na medida em que igualaria situações diversas de cidadãos com situação financeira diferente. Por isso é que se exige a igualdade material por meio da lei. O princípio da igualdade é violado, encerra Canotilho, quando a desigualdade de tratamento surge como arbitrária.

Então, a igualdade pressupõe um juízo e um critério de valoração. E o tratamento desigual só se legitima quando dele resulta maior igualdade em termos substanciais.

Concluindo, a igualdade de todos "perante a lei" não se sustenta, se não houver uma vontade política de garantir, no plano material, direitos iguais aos iguais, considerando-se cada um em sua desigualdade substancial.

Konrad Hesse[42] afirma que Lassalle, em 1862[43], identificou a essência da Constituição como a expressão das relações de poder dominantes num país. E essa constituição jurídica não seria mais que um pedaço de papel e que sucumbiria se não se compatibilizasse com a Constituição real. O poder da força, segundo ele, é sempre superior à força das normas jurídicas, e submetem-se à realidade fática. Konrad apresenta a Constituição, não como simples pedaço de papel, mas comprometida com a realidade histórica concreta de seu tempo, sem, contudo, condicionar-se por essa realidade. A Constituição não pode ser a parte mais fraca, porque há pressupostos que podem se realizar e que têm força suficiente para e assegurar normatividade da Constituição. Há uma dialeticidade entre a norma e as forças sociais. Entretanto, se esses pressupostos, relativos à práxis e ao conteúdo da Constituição, não se realizarem, ela sucumbe à realidade e perde sua força normativa.

---

(42) HESSE, Konrad. *A força normativa da Constituição.* Porto Alegre: Sergio Fabris, 1991. p. 9-12.
(43) "Esta é, em síntese, em essência, a Constituição de um país: a soma dos fatores reais do poder que regem uma nação. [...] Juntem-se esses fatores reais do poder, os escrevemos em uma folha de papel e eles adquirem expressão escrita. A partir desse momento, incorporados a um papel, não são simples fatores reais do poder, mas sim verdadeiro direito — instituições jurídicas. [...] Está claro que não aparece neles a declaração de que os senhores capitalistas, o industrial, a nobreza e o povo são um fragmento da Constituição, ou de que o banqueiro X é outro pedaço da mesma. Não, isto se define de outra maneira, mais limpa, mais diplomática." (LASSALLE, Ferdinand. *A essência da Constituição.* Rio de Janeiro: Lumen Juris, 2009. p. 20-21.)

Inocêncio Coelho[44], por sua vez, afirma que a conferência de Lassalle sobre a essência da Constituição virou leitura obrigatória em todos os quadrantes do constitucionalismo moderno, embora proferida há mais de um século. E essas ideias permanecem vivas, porque os conflitos entre "Constituição e realidade constitucional" são permanentes e merecem reflexão.

Conforme ainda o mesmo autor,

> Peter Häberle tinha convicção de que não existe norma jurídica, senão norma jurídica interpretada; que a norma só vigora na interpretação que lhe atribui o aplicador legitimado a dizer o direito; e que a norma não é pressuposto, mas o resultado de sua interpretação — verdades contemporâneas que soariam blasfêmias sob o reinado de Montesquieu e que, certamente, conduziriam à morte quem ousasse proclamá-las.

Por isso, continua, Peter Häberle cuidou de abrir janelas hermenêuticas para que as forças vivas do país pudessem participar da discussão do sentido verdadeiro de Constituição. Mas conclui que aos discípulos de Lassale restou a alternativa de procurar outras saídas para os impasses causados pela recusa de o mestre admitir acomodações para os conflitos entre a constituição-pedaço de papel e a Constituição real. Considera, por fim, que as fórmulas encontradas para resolver os antigos problemas, embora novas, "são as mesmas chaves das mesmas e velhas prisões".

E Calmon de Passos[45] é taxativo, quanto ao princípio da igualdade nas Constituições:

> [...] deve ser uma norma erigida sob o fundamento da igualdade essencial de todos os homens, pelo que ninguém se pode atribuir poder sobre o outro, salvo mediante outorga desse poder em termos de serviço a ser prestado ao outorgante [...].

Em conclusão, o só fato de constar da Constituição que todos são iguais não resolve, se "as forças vivas da sociedade" não participarem de sua efetivação, exigindo o cumprimento de seus ditames. É necessário sentir o seu espírito e cobrar a sua eficácia dos poderes constituídos.

A Constituição da República Federativa do Brasil de 1988, em seu preâmbulo, instituindo um Estado Democrático, assegura a existência de uma sociedade fraterna, pluralista e sem preconceitos, em que vicejem a igualdade e a justiça comprometida com a solução pacífica dos conflitos.

---

(44) COELHO, Inocêncio Mártires. Konrad Hesse/Peter Häberle: um retorno aos fatores reais do poder. *Revista Diálogo Jurídico*, Salvador, CAJ — Centro de Atualização Jurídica, v. 1, n. 5, ago. 2001. Disponível em: <http://www.direitopublico.com.br> Acesso em: 19.5.2008.

(45) PASSOS, J. J. Calmon de. A constitucionalização dos direitos sociais. *Revista Diálogo Jurídico*, Salvador, CAJ — Centro de Atualização Jurídica, v. 1, n. 6, set. 2001. Disponível em: <http://www.direitopublico.com.br> Acesso em: 18.3.2009.

Uma sociedade só pode ser justa, se houver igualdade. O Poder Judiciário é a função estatal mais indicada para promover a igualdade, para eliminar todas as formas de discriminação, pois que a Justiça tem o dever de garantir o preceito constitucional de construir uma sociedade livre, justa e solidária. E a Carta da República ofereceu à Justiça instrumento hábil ao cumprimento desse desiderato — prestigiou o processo como ferramenta de se garantir o justo. Enfatizou o devido processo legal e assegurou o contraditório e a ampla defesa e, ainda, apregoou a duração razoável do processo.

Como aponta Nalini[46], "O constituinte de 1988 foi aquele que mais acreditou no Poder Judiciário. Converteu essa função estatal em fiadora das promessas contidas na Carta e, mais do que isso, em concretizadora do pacto fundante".

Segundo Comoglio[47], embora a garantia do justo processo já fosse consagrada nas convenções internacionais de direitos humanos, no interior do ordenamento italiano, essas normas, malgrado com força de resistência, são normas infraconstitucionais e, por isso, importante sua constitucionalização. E esse conceito de justo encontra espaço, tanto na concepção de processo justo, porque regulado por lei, como pela ideia de paridade das partes com base na sua substancial igualdade. Assevera esse autor que o processo justo compreende, ainda, o contraditório, como garantia de paritária defesa, a imparcialidade e a condição de terceiro do juiz, a garantia de duração razoável do processo e a publicidade das audiências. Quanto à imparcialidade, destaca que se refere ao foro interior do magistrado, livre de preconceitos, neutral e equidistante das partes, e a condição de terceiro, em sentido estrutural, como garantia de independência e da diversidade subjetiva do juiz da causa em relação às partes litigantes. Afirma que a Corte de Justiça das Comunidades Europeias sintetizou os componentes mínimos do processo equânime e, dentre eles, "[...] o contraditório entre as partes, com bases paritárias, em obediência ao princípio de igualdade de armas e o direito à prova e contraprova, no balanceamento dialético das fontes probatórias que podem ser obtidas".

Já Canotilho[48] pergunta: "Como qualificar um processo como justo? Quais os critérios materiais orientadores do carácter 'devido' ou 'indevido' de um processo"? E informa que a doutrina americana se baseia em duas concepções: a processual e a material ou substantiva. A primeira consiste na tese de que as pessoas têm o direito de ser julgadas por um processo criado por lei. Ninguém poderia ser privado da liberdade, da vida ou da propriedade,

---

(46) NALINI, José Renato. Do poder judiciário. In: MARTINS, Ives Gandra; REZEK, Francisco (coords.). *Constituição federal:* avanços, contribuições e modificações no processo democrático brasileiro. São Paulo: Revista dos Tribunais, 2008. p. 393-395.
(47) COMOGLIO, Luigi Paolo. Il giusto processo civile in Italia e in Europa. *Revista de Processo*, n. 116, p. 97-158, jul./ago. 2004.
(48) CANOTILHO, 2003, p. 494-502.

sem que anteriormente tivesse sido submetido a um processo previsto e especificado em lei. A segunda tem suporte na ideia material do processo justo, ou seja, não basta que o processo a que se submete a pessoa seja previsto e especificado na lei, mas que, além de legal, seja justo e adequado. O processo material e substancialmente justo deve ter por suporte os princípios da justiça. A própria lei poderia ser injusta e, assim, mesmo o processo sendo legal, poderia ser injusto. Por isso é que os juízes passaram a ter o controle sobre a lei, observando o cumprimento de seus requisitos intrínsecos, baseando-se em princípios constitucionais de justiça, tanto pelo aspecto processual, como material. O direito ao devido processo judicial é sinônimo do direito a um processo justo e adequado que compreenda o direito a um julgamento em prazo razoável, com apreciação de cada pretensão deduzida em juízo, da matéria de fato e de direito, resultando numa decisão fundada no Direito. Não se pode dizer que o fato de ser fundada no Direito a decisão seja, entretanto, perfeitamente justa, de uma justiça absoluta. Não há dúvida de que o Direito é sempre uma forma possível de realizar a justiça[49]. E a justiça não cai do céu, como afirma Tobias Barreto[50]:

> Verdade é que, no estado atual da cultura humana, a ideia do justo, pelo grau de abstração a que tem chegado, se nos mostra como uma coisa que sai do fundo do espírito mesmo, se não antes como um presente, que nos vem do céu. Mas há neste, como em muitos outros pontos do progresso da vida racional, uma completa ilusão: julgamos um dom divino, um privilégio de nossa inteligência, aquilo que é apenas um sedimento dos séculos, um resultado do labor dos tempos.

Se é o guardião das promessas da Constituição, o juiz tem o dever cumprir as exigências do devido processo legal, "um resultado do labor dos tempos", sinônimo de processo justo, que, na lição de Calmon de Passos[51], é o devido processo constitucional jurisdicional. E esclarece: "[...] para evitar sofismas e distorções maliciosas, não é sinônimo de formalismo, nem culto da forma pela forma, do rito pelo rito, sim um complexo de garantias mínimas contra o subjetivismo e o arbítrio dos que têm poder de decidir". Isso implica a presença do juiz natural, a bilateralidade da audiência, ou seja, ambas as partes têm direito de ser ouvidas e apresentar suas razões, a publicidade, a fundamentação das decisões e o controle dessa decisão. O mesmo autor[52] traz, por outro lado, a seguinte lição:

---

[49] PASSOS, 1999, p. 65.
[50] BARRETO, Tobias. Fundamentos do direito de punir. In: *Estudos de direito*. Campinas: Bookseller, 2000. p. 171.
[51] PASSOS, 1999, p. 69.
[52] PASSOS, José Joaquim Calmon de. A crise do poder judiciário e as reformas instrumentais: avanços e retrocessos. *Revista Eletrônica sobre a reforma do Estado*, Salvador, n. 5, mar./abr./maio 2006. Disponível em: <www.direitodoestado.com.br> Acesso em: 30.5.2008.

Em resumo — de todo irrelevante, ou quando nada não prioritário, discutir o que seja direito justo, quer se exija sua institucionalização pelo legislador, quer se adote a insanidade política de considerá-lo capaz de ser institucionalizado por via das decisões judiciais. Urgente, isso sim, lutar-se por uma organização do Estado que gere, como consequência, mais democracia real e menos democracia formal, com o que sempre se obtém o máximo de justiça possível no contexto histórico em que se opera e no tempo em que se vive.

Um dos requisitos do devido processo legal é a garantia da igualdade das partes. Não basta garantir o acesso ao Judiciário para satisfazer a cláusula do devido processo legal. É mister que à parte litigante seja garantida defesa plena e que seja tratada com igualdade no decurso do processo. O direito não pode sucumbir por deficiência do processo. E a desigualdade a que deve atenção o juiz pode ser de duas formas: a natural[53] ou física e moral ou política. A primeira é natural, porque é da natureza humana, como a velhice, a saúde, as forças do corpo e a segunda é aquela autorizada, pelo menos, pelo consentimento dos homens, senão por um contrato ou convenção: trata-se dos privilégios de que gozam uns, como uns são mais ricos, mais poderosos, mais cultos, mais homenageados e fazem com que os demais lhes obedeçam. Essas desigualdades devem, pois, ser igualadas no processo.

Para que haja um tratamento igualitário são necessários um juízo e um critério de valoração. Mas, antes dessa valoração, deve-se indagar que critérios devem ser utilizados para que sirvam de diques e impeçam a invasão do direito pela livre convicção pessoal do julgador. Alexy, apesar de julgá-los insuficientes, aponta alguns critérios para objetivação dessa valoração, numa tentativa de evitar o subjetivismo dos juízos morais, como esclarece Francisco Meton[54]:

> a) primeiro, é plausível que quem decide tem que se ajustar aos valores da coletividade ou de círculos determinados — base em convicções e consensos faticamente existentes, assim como em normas não jurídicas faticamente vigentes ou seguidas; b) em segundo lugar, o julgador não deve ser indiferente às convicções daqueles em cujo nome fala, já que, se decide como juiz, sua decisão é pronunciada em nome do povo — refere-se a valorações que, de alguma maneira, podem ser extraídas do material jurídico existente (incluídas as decisões anteriores); c) uma terceira via consistiria em

---

[53] ROUSSEAU, Jean-Jacques. *Discurso sobre a origem e os fundamentos da desigualdade entre os homens.* São Paulo: Nova Cultural, 1997. p. 51.
[54] LIMA, Francisco Meton Marques de. *O resgate dos valores na interpretação constitucional:* por uma hermenêutica reabilitadora do homem como "ser-moralmente-melhor". Fortaleza: ABC, 2001. p. 160-161.

o julgador apelar para uma ordem valorativa objetiva, como os enunciados do Direito natural objetivamente reconhecíveis (com existência independente do Direito ou identificado na Constituição, no conjunto do ordenamento jurídico), como têm admitido o Tribunal Constitucional e o Tribunal Supremo — que recorrem aos princípios suprapositivos. A estes, acrescenta ainda o apelo aos conhecimentos empíricos.

Como diz Greco Filho[55], o autor é o *dominus litis* e o juiz, o *dominus processus*, ou seja, a ele compete a condução do processo — um poder-dever. E o Código de Processo Civil, no art. 125, enumera os deveres do juiz na condução do feito e, dentre esses deveres, encontramos o de velar pela igualdade das partes[56], que, podemos dizer, se trata apenas da igualdade formal ou legal. Por intermédio da participação ativa do juiz na condução do processo, já que ele é o *dominus processus*, o art. 130 do CPC traduz a fórmula para a consecução da igualdade substancial, na medida em que comete ao juiz o dever-poder de determinar as provas que julgar necessárias ao deslinde da controvérsia. Se o juiz é o profissional que pode substantivar a Norma[57], a ele compete velar pela paridade de armas, substantivando a igualdade que a lei faz apenas formal.

Multiplicam-se as lides, e a máquina judiciária trabalha com inúmeros entraves — além da burocracia, formalismo excessivo, resistência à adoção de modernas tecnologias[58] e até mesmo resistência a uma postura ativista, de forma a contemplar o justo processo. O juiz deve ter a consciência de que é o guardião das promessas da Carta Constitucional e sua atuação pode tanto substantivar a Norma como esvaziá-la de conteúdo.

Em Portugal, o juiz tem o dever de resguardar a igualdade substancial das partes, por meio dos poderes instrutórios. E, em determinados casos, o magistrado deve realizar audiência preliminar, quando ficam delimitados os fatos controvertidos e as provas que deverão ser produzidas a requerimento das partes ou por impulso oficial, podendo, ainda, determinar comparecimento de partes para depoimento e a perícia de ofício. Em verdade, tudo isso precisa observar ampla possibilidade de contraditório[59], sem impedir que as partes possam requerer e apresentar as provas que julgarem necessárias.

---

(55) GRECO FILHO, Vicente. *Direito processual civil brasileiro*. São Paulo: Saraiva, 1999. v. 1, p. 224.
(56) Art. 7º É assegurada às partes paridade de tratamento em relação ao exercício de direitos e faculdades processuais, aos meios de defesa, aos ônus, aos deveres e à aplicação de sanções processuais, competindo ao juiz velar pelo efetivo contraditório em casos de hipossuficiência técnica. (BRASIL. *Anteprojeto do novo Código de Processo Civil*. Disponível em: <http://www.senado.gov.br/senado/novocpc/pdf/Anteprojeto.pdf> Acesso em: 16.9.2010.)
(57) NALINI, 2008, p. 395.
(58) *Idem*.
(59) PORTUGAL. Código de Processo Civil. Art. 517. *Princípio da audiência contraditória*. Edição digital. Coimbra: Almedina, 2007:

Essa garantia deve refletir-se no processo (art. 125), que tem um fim social e persegue o justo. A plena disponibilidade das provas, no entanto, não garante a igualdade, senão a formal. A igualdade, como disse Carreira Alvim:

> [...] não é assegurada com a simples entrega de uma espada a cada um dos litigantes, o que significaria uma igualdade meramente formal, na medida em que o mais forte usaria a sua força para vencer a luta, mas dar uma espada mais longa a quem tem braço mais curto.[60]

O processo não pode prestar-se ao apanágio do demandante mais esperto[61] ou mais rico, que tem o poder de pagar um defensor especial, diante de um juiz na mais completa indiferença, apenas interessado em encerrar o processo, e na igualdade formal das partes.

Por isso, mesmo juristas, como Leonardo Greco[62], que restringem a possibilidade de determinação de provas de ofício, acolhem a tese da igualdade material por meio do processo, admitindo a participação mais ativa do juiz. Quando verificar falta de condições materiais, físicas, intelectuais, ou mesmo desídia do advogado, o juiz tem o dever de garantir o equilíbrio de armas, determinando as provas necessárias ao deslinde da questão contro-

---

1 — Salvo disposição em contrário, as provas não serão admitidas nem produzidas sem audiência contraditória da parte a quem hajam de ser opostas.
2 — Quanto às provas constituendas, a parte será notificada, quando não for revel, para todos os actos de preparação e produção da prova, e será admitida a intervir nesses actos nos termos da lei; relativamente às provas pré-constituídas, deve facultar-se à parte a impugnação, tanto da respectiva admissão como da sua força probatória.
Art. 266. Princípio da Cooperação
1 — Na condução e intervenção no processo, devem os magistrados, os mandatários judiciais e as próprias partes cooperar entre si, concorrendo para se obter, com brevidade e eficácia, a justa composição do litígio.
2 — O juiz pode, em qualquer altura do processo, ouvir as partes, seus representantes ou mandatários judiciais, convidando-os a fornecer os esclarecimentos sobre a matéria de facto ou de direito que se afigurem pertinentes, e dando-se conhecimento à outra parte dos resultados da diligência.
3 — As pessoas referidas no número anterior são obrigadas a comparecer sempre que para isso forem notificadas e a prestar os esclarecimentos que lhes forem pedidos, sem prejuízo do disposto no n. 3 do art. 519.
4 — Sempre que alguma das partes alegue justificadamente dificuldade séria em obter documento ou informação que condicione o eficaz exercício de faculdade ou o cumprimento de ónus ou dever processual, deve o juiz, sempre que possível, providenciar pela remoção do obstáculo.
(Redacção do DL n. 180/1996, de 25-9).
(60) CARREIRA ALVIM, J. E. *Neutralidade do juiz e ativismo judicial*. Disponível em: <www.direitoprocessual.org.br> Acesso em: 13.6.2008.
(61) RICCI, Gian Franco. Nuovi sul problemi della specificità della prova giuridica. In: *Rivista Trimestrale di Diritto Processuale Civile*, p. 1.129-1.163.
(62) GRECO, Leonardo. A prova no processo civil: do código de 1973 ao novo código civil. In: COSTA, Hélio Rubens Batista Ribeiro; RIBEIRO, José Horácio Halfeld Rezende; DINAMARCO, Pedro da Silva (orgs.). *Linhas mestras do processo civil:* comemoração dos 30 anos de vigência do CPC. São Paulo: Atlas, 2004. p. 397-423, especialmente p. 403-404.

vertida, sem descartar, entretanto, o dever de garantia do contraditório, entendido como "direito de influência e dever de debate" [63].

A interferência do magistrado é, pois, o meio de garantir essa igualdade, sem macular a liberdade das partes e, da mesma forma, privilegiar o interesse público do correto exercício da jurisdição.

1.2. O JUIZ E O PROCESSO CIVIL NA CONSTITUIÇÃO FEDERAL

Paulo Bonavides e Paes de Andrade[64] afirmam que, no momento em que os homens deixassem de encarar os monarcas como únicos e exclusivos depositários do poder que pretensamente derivava dos céus, obrigatoriamente essa relação entre povo e monarcas seria alterada. No lugar desse poder absoluto dos monarcas, seria necessário instituir o princípio impessoal da lei.

Entretanto[65], embora o direito seja produzido socialmente pelos homens, a vitória política mais importante da nossa era foi firmar-se o princípio da validade desse direito dependendo da validade de sua produção, ou seja, esse processo deve respeitar o Estado de Direito Democrático, conforme fixado na Constituição Federal. Afinal, a observância do devido processo legal é exigência da própria Constituição, podendo-se dizer do devido processo constitucional.

A Constituição, dizem os autores, é o princípio formal a que todo cidadão pode recorrer — é o seu refúgio. Por isso, a Lei Básica dever corresponder às aspirações dos cidadãos, sem ser o espelho da sociedade, porque, nesse caso, nada se alteraria. Todos têm o direito e o dever de insurgir-se contra abusos e coerções de qualquer espécie.

Só a Constituição não resolve tudo. Ela é princípio formal, cabendo aos cidadãos zelar para que seja cumprida. Senão, ela se torna letra morta, e nasceu para ser instrumento de cidadania, como registra Tocqueville[66]: "Na América, o princípio da soberania popular jamais fica escondido ou estéril, como em certas nações; é reconhecido pelos costumes proclamados nas leis; estende-se com toda liberdade e sem obstáculos atinge suas últimas consequências".

No Brasil, houve várias experiências. A Constituição Federal de 1946, que redemocratizou o país, reportou-se ao Estado de Direito, quando declarou que a lei não poderia excluir da apreciação do Poder Judiciário qualquer lesão a

---

(63) ZANETI JÚNIOR, 2007, p. 267.
(64) BONAVIDES, Paulo; ANDRADE, Paes. *História constitucional do Brasil*. Rio de Janeiro: Paz e Terra, 1991. p. 483.
(65) PASSOS, 1999, p. 69.
(66) TOCQUEVILLE, Alexis. *A democracia na América*. São Paulo: Edusp, 1987. p. 50.

direito individual[67], consagrando, pois, o princípio da inafastabilidade do controle jurisdicional, sua grande inovação.

Hoje, é impossível conceber-se o processo em sua exata compreensão além ou aquém da perspectiva constitucional[68]. As normas processuais são o caminho da eficácia do Direito. Por meio do processo é que os cidadãos materializam os direitos consagrados na Constituição. As leis processuais são, dessa forma, complemento à Constituição, e esse atributo já era reconhecido desde longo tempo: "[...] e por isso se entende com razão que as leis do processo são complemento das garantias constitucionaes, ou antes, parte integrante d'ellas"[69].

Já a Constituição do Império trazia regras de Direito Processual, quando tratava, nos arts. 151 a 164, "Do Poder Judicial" de cuja independência cuidava[70]. Os jurados deveriam decidir questão de fato e os juízes, de direito, tratava da publicidade do depoimento de testemunhas, depois da pronúncia e, no art. 179, X, deixava certo que ninguém pode ser conduzido à prisão, sem culpa formada. Entretanto, assinala Aurelino Leal[71] que a confusão, naquele período, foi o princípio, por que os Poderes invadiam as atribuições uns dos outros. O Executivo fazia incursões no Judiciário e, mesmo dentro desse Poder, não havia harmonia. Os juízes dos tribunais inferiores podiam julgar matéria de direito de forma contrária à que havia decidido o Tribunal do Império e a jurisprudência não tinha uniformidade. O intérprete das leis era o próprio Executivo, conforme Circular de 7 de fevereiro de 1856, "cometendo a interpretação das leis ao próprio Executivo até que o Parlamento a atribuísse ao Judiciário".

A Constituição da Primeira República, em 1891, alínea "a", § 1º, art. 59, determinou, *in verbis*:

> Das sentenças das Justiças dos Estados, em última instância, haverá recurso para o Supremo Tribunal Federal: a) quando se questionar sobre a validade, ou a aplicação de tratados e leis federais, e a decisão do Tribunal do Estado for contra ela.

---

(67) BONAVIDES; ANDRADE, 1991, p. 412.
(68) MEDINA, Paulo Roberto de Gouvêa. *Direito processual constitucional*. Rio de Janeiro: Forense, 2005. p. 7-9.
(69) BARBALHO, João U. C. *Constituição federal brasileira:* comentários. Rio de Janeiro: F. Briguiet, 1924. p. 435.
(70) Veja-se, a propósito, GUIMARÃES, Mário. *O juiz e a função jurisdicional*. Rio de Janeiro: Forense, 1958. p. 31: "A Constituição de 1824 proclamou, de princípio, a independência do Poder Judiciário, independência ilusória, como bem acentua Cândido Mendes, pois que os juízes eram removíveis, embora declarados 'perpétuos' (art. 153)".
(71) LEAL, Aurelino. *História constitucional do Brasil*. Edição fac-similada. Brasília: Senado Federal, 2002. p. 157.

Diz João Barbalho⁽⁷²⁾ que nem seria necessário texto formal e explícito, atribuindo à Magistratura o poder, ou antes, o dever, de deixar de aplicar leis inconstitucionais, pois isso está implícito no poder de julgar, da mesma forma que se encontra na Justiça americana⁽⁷³⁾, que deverá ser exercido com o olhar voltado para a Constituição, que é a Lei Suprema, não só para os cidadãos, mas também e, principalmente, para limitar os poderes públicos. Zaneti⁽⁷⁴⁾ esclarece que o controle judicial dos atos dos demais poderes poderia ter sido extraído do sistema pelos juristas, mas não houve ambiente político para que tal ocorresse. E João Barbalho⁽⁷⁵⁾ registra, explicitando, que as funções do Poder Judiciário não podem embaraçar as funções dos outros poderes, nem anulá-las, tampouco absorvê-las, porque, caso contrário, complementa, haveria subordinação de todos ao Poder Judiciário.

Em verdade, é o próprio João Barbalho que, comentando o § 2º do art. 6º da Constituição de 1891, afirma que somente o Legislativo poderá intervir para o bem⁽⁷⁶⁾ da forma republicana, porque o Poder Judiciário não poderia fazê-lo, [...] "por ser contrário à sua índole e ao seu papel entre os outros poderes. Elle decide, na phrase de Von Holst, questões legais, mas não questões políticas [...]".

Em 1934, ampliaram-se as normas processuais na Constituição, surgindo o mandado de segurança, a ação popular etc.

Entretanto, a Constituição de 1967 e a Emenda Constitucional n. 1, de 1969, embora tenham mantido a estrutura do Estado e o controle do poder estabelecido pela Constituição de 1946⁽⁷⁷⁾, fizeram-lhe uma "intervenção cirúrgica"⁽⁷⁸⁾, pois o caminho escolhido pelos militares não poderia ser outro senão o fortalecimento do Poder Executivo, a que era permitido sobrepor-se aos poderes Legislativo e Judiciário. E, nesse período, o país foi governado por Atos Institucionais. Em verdade, a Constituição de 1967 manteve formalmente os mesmos direitos e garantias individuais, mas, na prática, essas garantias foram suprimidas, porque o art. 150 deixou à lei ordinária o encargo de estabelecer os termos em que seriam exercidos esses direitos "visando à realização da justiça social e à preservação e ao aperfeiçoamento do regime

---

(72) CAVALCANTI, João Barbalho Uchôa. *Constituição Federal brasileira*, 1891, comentada. Edição fac-similada. Brasília: Senado Federal, 2002. p. 224.
(73) O autor conta uma anedota sobre um inglês que, vindo a saber que a Justiça americana tinha o poder de anular as leis inconstitucionais, folheou em vão a Constituição por dois dias, procurando a disposição, onde isso se consagrava. Mas tal poder se infere, acrescenta, do art. 3º, secção 2: "O poder judiciário estender-se-á a todas as causas, de direito e equidade, que nascerem d'esta Constituição ou das leis dos Estados Unidos". (CAVALCANTI, 2002, p. 224.)
(74) ZANETI JÚNIOR, 2007, p. 41.
(75) BARBALHO, 2002, p. 224.
(76) BARBALHO, 1924, p. 35.
(77) ZANETI JÚNIOR, 2007, p. 42
(78) BONAVIDES; ANDRADE, 1991, p. 431.

democrático", conforme exposição de motivos do Ministro da Justiça da época. O próprio Ministro é que afirma que o estado de sítio determinado pelos Atos Institucionais ns. 1 e 2 importava, "desde logo, a suspensão de certas garantias constitucionais"[79].

O marco do novo Direito Constitucional na Europa Continental, segundo Roberto Barroso[80], foi o constitucionalismo de pós-guerra, principalmente na Alemanha e na Itália. A constitucionalização da Europa, após a II Guerra Mundial e ao longo da 2ª metade do século XX, redefiniu não só o lugar ocupado pela Constituição, mas também a sua influência sobre as instituições contemporâneas. Merece destaque a Constituição alemã, em 1949, e a criação do Tribunal Constitucional, em 1951. A partir daí, deu-se uma fecunda produção teórico-jurisprudencial de que resultou o crescimento científico do Direito Constitucional nos países de tradição romano-germânica. Na Itália, merecem registro a Constituição de 1947 e a criação da Corte Constitucional em 1956. Em 1976, deu-se a redemocratização de Portugal e, em 1978, na Espanha, o que ensejou novo fôlego ao Direito Constitucional, trazendo substância e valor ao debate sobre o novo Direito, conforme o autor[81].

No Brasil, ainda segundo Barroso[82], o marco foi a Constituição de 1988, com o processo de redemocratização que ajudou a protagonizar. O renascimento do Direito Constitucional deu-se, da mesma forma que na Europa, em ambiente de redemocratização do país. Após 1988, o Direito Constitucional saiu da obscuridade e chegou ao apogeu.

A Constituição de 1988 veio, pois, coroar a tentativa de todos os sistemas anteriores, potencializando os direitos e garantias individuais, formando um sistema de tutelas[83] coletivas, e "um poder geral de urgência (cautelar antecipada)", consagrando definitivamente os princípios do contraditório e ampla defesa. Ampliou institutos como mandado de segurança, ação popular, criou mandado de injunção e *habeas data*, propiciando à cidadania o acesso mais facilitado à função estatal encarregada de fazer justiça[84].

Por seu turno, a Emenda Constitucional n. 45/2004 trouxe algumas novidades, entre elas, a razoável duração do processo, aflição maior de quem recorre à Justiça, em face dos intermináveis labirintos percorridos pelo processo, o que constitui suma injustiça. Barbosa Moreira[85] pontifica que

---

(79) BONAVIDES; ANDRADE, 1991, p. 443.
(80) BARROSO, Luis Roberto. *El neoconstitucionalismo y la constitucionalización del derecho*: el triunfo tardio del derecho constitucional en Brasil. Disponível em: <http://www.direitodoestado.com.br/bibliote cavirtual/779/> Acesso em: 19.5.008.
(81) BARROSO, 2008.
(82) *Idem*.
(83) ZANETI JÚNIOR, 2007, p. 47.
(84) NALINI, 2008, p. 395.
(85) MOREIRA, José Carlos Barbosa. A Emenda Constitucional n. 45 e o processo. In: *Temas de direito processual*. São Paulo: Saraiva, 2007. p. 24. (9ª série).

não se trata de novidade absoluta no ordenamento jurídico brasileiro, porque o art. 8º da Convenção Interamericana de Direitos Humanos, aprovada pelo Pacto de São José da Costa Rica, já contemplava a duração razoável do processo, nos seguintes termos: "Toda pessoa tem direito de ser ouvida, com as devidas garantias e dentro de prazo razoável, por um juiz ou tribunal competente".

Calmon de Passos[86] identifica como novidade no campo do Direito Processual, na segunda metade do século XX, a constitucionalização do processo que, segundo ele, foi decorrência dos ganhos democráticos obtidos em termos de cidadania, da maior participação política de um número expressivo de instituições e de pessoas. O devido processo legal passou a ser o devido processo constitucional. O direito, para legitimar-se, a partir desse momento histórico, deve conformar-se com o estabelecido na Constituição, inclusive quanto ao seu processo de produção. O direito de ação ascendeu à categoria de direito constitucional. A enunciação do direito passou a ser indissociável da organização democrática das funções vinculadas à sua produção e aplicação.

Deu-se, portanto, uma mudança de perspectiva[87]: a constitucionalização do direito ao processo e à jurisdição, à tutela efetiva e ao processo justo. É direito fundamental do cidadão, cláusula pétrea, que lhe garante a faculdade de invocar e obter a tutela efetiva e adequada. A Justiça tem obrigação de oferecer ao cidadão todas as atividades necessárias ao desenvolvimento de seu processo, tanto instrutórias quanto decisórias, até o fim, com a realização prática do julgado.

No novo regime, a Constituição é aberta, os valores entram em cena, há a juridicização da normatividade dos princípios e a consagração dos direitos fundamentais.

> [...] Isto significou um dos mais fecundos avanços históricos e revolucionários no progresso jurídico dos regimes fiéis à concretização da justiça. Nestes, a normatividade principiológica é aurora de um novo Direito Constitucional que liberta e de um Estado de Direito que garante.[88]

A Constituição de 1988 reconhece, pois, a relevância da ciência processual e incumbe-se de configurar o direito processual como instrumento público

---

(86) PASSOS, José Joaquim Calmon de. Instrumentalidade do processo e devido processo legal. In: *Revista Diálogo Jurídico*, ano I, v. 1, n. 1, abr. 2001. Disponível em: <www.direitodoestado.com.br> Acesso em: 18.3.2009.
(87) OLIVEIRA, Carlos Alberto Alvaro de. *Teoria e prática da tutela jurisdicional*. Rio de Janeiro: Forense, 2008. p. 84-85.
(88) BONAVIDES, Paulo. *Qual a ideologia da Constituição?* Disponível em: <www.oab.org.br:80/noticia.asp?id=16829> Acesso em: 15.3.2009.

de realização da justiça. A Constituição deve ser o instrumento jurídico utilizado pelo processualista para melhor compreender os princípios processuais decorrentes da nova Ordem[89], atentando para a mudança de paradigma, deixando de lado suas convicções para olhar, com outro olhar, o objeto de sua pré-compreensão.

Essa colocação metodológica que se convencionou chamar direito processual constitucional tem a ideia-síntese baseada na moderna preocupação com os valores consagrados pela Norma Constitucional, principalmente, liberdade e igualdade, sem os quais não se chega a outro valor — a justiça[90]. O processo, hoje, é instrumento a serviço da Ordem Constitucional e deve refletir as bases do regime democrático que essa mesma Ordem proclama. O processo passou a ser o "[...] microcosmo democrático do Estado de Direito, com as conotações da liberdade, igualdade e participação (contraditório) em clima de legalidade e responsabilidade"[91].

E a "principialização" do Direito foi uma das grandes conquistas advindas com a Carta de 1988, como leciona Zaneti[92]:

> O Direito inclui, hoje, uma forte dose de indeterminação, quer pela submissão aos parâmetros de justiça, aferíveis da Constituição, quer, mais notadamente agora, pela profusão de normas de tecitura aberta, que não contêm a *fattispecie* e a consequência jurídica de forma determinada. Assim, abre espaço para sua determinação judicial.

A característica jurídica da Constituição foi reforçada[93] e as normas constitucionais passaram a ser normas-vínculo e, portanto, de cumprimento obrigatório. Os princípios condicionam tudo o mais, tornando-se a parte mais importante da Constituição.

Como reforço, a jurisprudência dos tribunais[94] tem considerado os princípios como fontes primárias, trasladando-os dos códigos que os consideravam fontes hermenêuticas subsidiárias, para a legitimidade das Constituições, o que é um grande avanço, e dos mais significativos, da doutrina pós-positivista em matéria constitucional. A prevalência dos princípios insertos na Constituição Federal é um avançar histórico e revolucionário ao encontro das doutrinas firmes no propósito de concretizar a justiça.

---

(89) CINTRA, Antonio Carlos de Araújo; GRINOVER, Ada Pellegrini; DINAMARCO, Cândido R. *Teoria geral do processo*. São Paulo: Revista dos Tribunais, 1991. p. 76-77.
(90) DINAMARCO, Cândido Rangel. *A instrumentalidade do processo*. São Paulo: Malheiros, 2007. p. 25-27.
(91) DINAMARCO, 2007, p. 25-27.
(92) ZANETI JÚNIOR, 2007, p. 56.
(93) DALLARI, Dalmo de Abreu. *Independência da magistratura e direitos humanos*. Disponível em: <www.dhnet.org.br/direitos/militantes> Acesso em: 15.3.2008.
(94) BONAVIDES, 2009.

É um novo direito processual que desponta. Houve "[...] uma arrancada doutrinária, que moveu a alavanca e deslocou o eixo do sistema jurídico das regras para os princípios, do civilismo para o constitucionalismo, dos códigos para as constituições, da Velha para a Nova Hermenêutica"[95].

Em verdade, o Direito Processual Constitucional passa a diferir do Direito Processual infraconstitucional ou mesmo contradizê-lo, mas essa contradição se dissipa, em face da elevação da Constituição como fator de unidade do ordenamento jurídico. E o Direito Processual completa a sua constitucionalização.

Passou a ser de responsabilidade do Judiciário o ajuste das normas legais às novas circunstâncias, procurando equilibrar legalidade e justiça, não decidindo contra a lei ou ignorando a legalidade, mas orientando-se pelos princípios e normas da Constituição, incluindo as exigências éticas entre os elementos que devem ser considerados na interpretação e aplicação da lei[96].

Essa mudança de paradigma, se altera a postura dos processualistas, há de alterar, da mesma forma, a atitude dos juízes na condução do processo e, em especial, na instrução probatória. Não mais poderemos ter um juiz neutro, boca da lei, formalista, estático ou hierático[97], mas um juiz ativo e dinâmico, que se interioriza da substância do que necessita julgar, para bem julgar, e julgar com justiça.

Os direitos fundamentais passam a ser considerados direitos políticos, em todas as suas dimensões, não se reduzindo a cidadania simplesmente ao direito de votar e ser votado[98]. Cidadania, na concepção republicana, é a garantia de liberdades positivas — há a transformação das pessoas no que elas desejam ser: atores responsáveis numa comunidade em que todos são livres e iguais, em que todos se preocupam com o interesse comum de todos, não se ocupando cada qual com interesses privados apenas. Essa situação pressupõe a disponibilidade à cooperação, em que sejam respeitadas as regras discutidas e aceitas por todos[99].

Efetivamente, o problema do constitucionalismo moderno é garantir ao cidadão a possibilidade de defender sua posição frente ao poder público, porque de nada valeria a existência dos direitos fundamentais, sem que houvesse o meio adequado de obtê-los ou mesmo de restaurá-los, quando perdidos[100].

---

(95) BONAVIDES, 2009.
(96) DALLARI, Dalmo de Abreu. Um novo judiciário para um novo tempo. In: *No mérito*. Rio de Janeiro: Amatra, ano IX, n. 30, p. 3.
(97) MELENDO, Santiago Sentis. Naturaleza de la prueba: la prueba es liberdad. *Revista dos Tribunais*, ano 63, v. 462, p. 11-22, abr. 1974.
(98) ZANETI JÚNIOR, 2007, p. 60.
(99) HABERMAS, Jürgen. Três modelos normativos de democracia. In: *Lua Nova*: Revista de Cultura e Política, n. 36, p. 39-55, 1995.
(100) OLIVEIRA, 2008, p. 82.

O conteúdo político dos direitos já não é questão controvertida ou não aceita. No pós-positivismo, no dizer de Bonavides[101], "[...] todas as Constituições são políticas, e sem política nenhuma sociedade, nenhum ordenamento jurídico em certo grau de evolução se governa".

O direito tornou-se a referência maior da ação política, cuja realização, nas democracias, dá-se por meio do processo. Nesse contexto, o ativismo judicial aparece como evolução de expectativas quanto à responsabilidade política desses juízes. O poder dos juízes, como todo poder, emana do povo, mas isso não significa que o povo transferiu a soberania para o juiz, mas a transformação do papel do juiz é resultado da transformação da própria democracia e evolução do sentimento de justiça[102].

É natural que o processo guarde correspondência com a ordem constitucional vigente, acompanhando suas alterações. Os princípios, na atualidade, não podem ter as mesmas inflexões anteriores, ainda que tenham os mesmos rótulos. Se a Constituição tem o rosto do regime político vigente, o mesmo ocorre com o Direito Processual[103].

E nesse contexto de alterações, de processo constitucionalizado, o direito probatório também sofreu alterações, sendo a sua tônica o diálogo, fomentado pelo direito fundamental ao contraditório. O processo, então, deve desenvolver-se em regime de cooperação entre os participantes, aumentando os deveres do juiz, que não é mais aquele ser equidistante das partes, mas envolvido em explicações, esclarecimentos, prevenindo e auxiliando os participantes do processo[104]. A sua solidão e distanciamento apenas se dá no momento da decisão, quando já estiverem esgotadas as possibilidades de resolução das questões controvertidas. Só aí é que o juiz é assimétrico, devendo mostrar-se paritário durante a condução do processo. Nesse caso, a sentença final "[...] só pode resultar do trabalho conjunto de todos os sujeitos do processo"[105]. "Numa teoria do discurso, não é o juiz que decide sozinho. O juiz decide pelo discutido"[106].

Como afiança Nalini[107]:

> Poucos os que se aperceberam que ao próprio judiciário incumbiria encontrar fórmulas de atender aos objetivos pretendidos pela nação

---

(101) BONAVIDES, 2009.
(102) GARAPON, 2001, p. 46.
(103) DINAMARCO, 2007, p. 33.
(104) MITIDIERO, Daniel Francisco. *Bases para a construção de um processo civil cooperativo*: o direito processual civil no marco do formalismo-valorativo. Disponível em: <www.ufrgs.br> Acesso em: 11.7.2008.
(105) OLIVEIRA, 2008.
(106) ZANETI JÚNIOR, Hermes. *Processo constitucional:* reflexões sobre a judicial *review* e o *stare decisis* no direito brasileiro. Disponível em: <www.tj.rs.gov.br/institu/c_estudos/doutrina> Acesso em: 3.6.2008.
(107) NALINI, 2008, p. 395-396. Esclarece o autor que a expressão "cultura do repasse" foi cunhada pelo Ministro Sepúlveda Pertence, do STF. Chamava assim ao vezo de o Judiciário atribuir aos demais poderes

constitucionalmente revisitada. A maior parte dos protagonistas da cena judicial costuma recorrer à cultura do repasse. Outra parcela considera o acúmulo de feitos num verdadeiro termômetro democrático.

Mas o "termômetro democrático" não funciona nos Estados com baixo índice de desenvolvimento humano[108], em face das distâncias geográficas, dificuldade de acesso à Justiça, por desconhecimento dos direitos, por ausência de defensoria pública, até pelo distanciamento do Poder Judiciário em relação ao povo. E o acúmulo de feitos, mesmo nesses locais, sem um olhar cuidadoso dos juízes, demonstra que a censura da população à atuação do Poder Judiciário nem sempre é injusta.

Gaudêncio Torquato[109] critica a Justiça, tachando-a de parcial, quando diz que:

> Têmis, a deusa, tem uma venda nos olhos para representar a Justiça que, cega, concede a cada um o que é seu, sem olhar para o litigante. No Brasil, é generalizada a impressão de que, vez ou outra, a deusa afasta a venda para dar uma espiada na clientela.

Efetivamente, notícias de escândalo podem trazer, na população, a impressão descrita pelo jornalista Gaudêncio Torquato: que a Justiça é para os ricos e que o princípio da igualdade ainda se firma à moda romanceada por Orwell, mas, nessa seara, já houve grandes avanços, mormente após a criação do Conselho Nacional de Justiça, de que se falará no segundo capítulo.

No campo processual, há remédios eficazes que podem contribuir para o cumprimento das normas constitucionais. Alvaro de Oliveira afirma que os princípios da oralidade, da publicidade e da livre valoração da prova constituem meios simples e fáceis de agilizar o feito, que é um "mal social"[110] e precisa ser extirpado o mais rapidamente possível. Aliás, atingiria o processo, dessa forma, o escopo constitucional da razoável duração do processo. É ainda do mesmo autor a informação de que Franz Klein realizou grande reforma

---

a responsabilidade por sua ineficiência. O Executivo é avaro em propiciar recursos financeiros e o legislativo elabora leis defeituosas. O Judiciário seria vítima indefesa da disfuncionalidade das demais funções estatais.
(108) PIVESAN, Flávia. *Por uma Justiça acessível, efetiva e democrática*. Disponível em: <www.maurorubem.com.br/mostra_artigo.php?&cod=13> Acesso em: 1º.11.2008.
(109) TORQUATO, Gaudêncio. *A politização do judiciário*. Disponível em: <www.migalhas.com.br/mostra_noticia_articuladas.aspx?op=true&cod=10541> Acesso em: 15.3.2005. O autor tece comentários acerca de notícias publicadas em jornais, de escândalos envolvendo o Judiciário, como férias patrocinadas em hotéis de luxo, participação política com "p" minúsculo, como diz, decisões favoráveis ao Governo e, ainda, manifestações de Presidentes de STF e STJ que ele entendeu inadequadas. Não defende o juiz inerte: "[...] Juízes insípidos, inodoros e insossos tendem a ser os piores. O que a sociedade quer é voltar a encontrar no Judiciário as virtudes que tanto enobrecem a magistratura e outros serventuários da Justiça: independência, saber jurídico, honestidade, coragem e capacidade de enxergar o ideal coletivo".
(110) KLEIN apud OLIVEIRA, 2008.

processual na Áustria, no apagar das luzes do século XIX, centrando-se na ideia do cuidar para que no processo civil a parte menos culta, menos hábil, menos dotada de recursos financeiros pudesse ser igual ao seu adversário. Daí, o fortalecimento dos poderes dos órgãos judiciários, quando o juiz deixa de ser mero árbitro, mas tem o dever de advertir os litigantes das falhas do processo, das irregularidades e lacunas nos seus pedidos e alegações, exercendo uma função supletiva, complementar e auxiliar da parte.

"A cultura do repasse" não tem, pois, qualquer razão de ser. O Poder Judiciário deve assumir a função que lhe foi confiada pela Constituição Federal de 1988. E a lei processual, interpretada sob os escólios dessa mesma Constituição, dá ao juiz do processo a ferramenta necessária para cumprir o seu desiderato: transformar a realidade social, propiciando o devido acesso à Justiça e ao processo justo.

Capítulo 2

Ativismo-Probatório no Processo Civil

2.1. Prova e verdade no processo civil

Como o tema da obra versa o ativismo-cooperativo no campo probatório, resolveu-se discutir conceitualmente prova jurídica. Não se pode, contudo, iniciar tal debate sem antes apresentar algumas noções a respeito da complexa relação entre prova e verdade no processo.

Para os propósitos deste capítulo, apresentamos duas noções expostas por Foucault[111] acerca de litígio na civilização grega. A arcaica forma de litígio resolvia-se por meio do duelo entre dois guerreiros, cujo objetivo consistia em conhecer quem estava certo e quem estava errado, ou quem havia violado o direito do outro. Em um procedimento como esse, o autor asseverava não existir "juiz, sentença, verdade, inquérito nem testemunho para saber quem disse a verdade". A segunda forma seria aquela apontada na história de Édipo Rei, quando aparece a testemunha, na pessoa de um simples pastor e, por meio da verdade, do que ele teria visto e proclamado. Ainda segundo Foulcault, a narrativa de Édipo pode ser compreendida de certo modo como a História do Direito Grego.

> Esta grande conquista da democracia grega, este direito de testemunhar, de opor a verdade ao poder se constituiu em um longo

---
(111) FOUCAULT, Michel. *A verdade e as formas jurídicas*. Rio de Janeiro: Nau, 1999. p. 53-54.

processo nascido e instaurado de forma definitiva, em Atenas, ao longo do século V. Este direito de opor uma verdade sem poder a um poder sem verdade deu lugar a uma série de grandes formas culturais características da sociedade grega.[112]

Ainda hoje, persiste a vinculação entre prova e verdade. Bentham afirmou que a palavra prova "tiene algo de engañador; parece que la cosa llamada así tiene fuerza suficiente para determinar el convencimiento. Sin embargo, no se debe entender por tal sino un medio que se utiliza para establecer la verdad de un hecho, medio que puede ser bueno o malo, completo o incompleto"[113]. Sentis Melendo[114], porém, adverte que fatos não são provados, fatos apenas existem. As provas constituem-se das afirmações a respeito dos fatos. Antonio Carrata[115] também assevera que o "[..] objeto da prova são as afirmações, a 'narração' que dos fatos ocorridos no passado fazem as partes diante do juiz". Carnelutti[116], em igual sentido, reconhecera "[...] que objeto da prova não são os fatos, mas as afirmações; as afirmações não se conhecem, mas se controlam, os fatos não se controlam, mas se conhecem". O que conta para a instrução do processo, portanto, não são os fatos, mas o que se diz deles. Ainda mais. Além da versão dos fatos narrados, soma-se a compreensão desses relatos.

A complexidade, portanto, do campo probatório nos litígios coloca a importante questão: Pode-se encontrar a verdade no processo? O Código de Processo Civil (art. 339) preceitua que ninguém pode eximir-se de colaborar com o Poder Judiciário para descobrimento da verdade. Taruffo[117] discute a complexidade da vinculação funcional entre prova e verdade. Haveria dois conceitos em trânsito. O primeiro consistiria na ideia de uma verdade formal ou processual e o segundo, a verdade fora do processo. O problema, nas lides jurídicas, consistiria em descobrir-se a verdade do processo como algo que pode diferir da verdade externa. De acordo com o jurista, a segunda verdade resta sem significado, pois não se sabe qual verdade[118] está fora dos autos. Além disso, a vinculação entre prova e verdade dos fatos refere-se ao lugar ou ao valor que se dá à verdade na teoria do processo.

---

(112) FOUCAULT, 1999, p. 53-54.
(113) BENTHAM, Jeremías. *Tratado de las pruebas judiciales*. Buenos Aires: Juridicas Europa-America, 1971. v. 1, p. 30.
(114) MELENDO, 1974, p. 11-22.
(115) CARRATA, Antonio. Funzione dimostrativa della prova: verità del fatto nel processo e sistema probatorio. In: *Rivista di Diritto Processuale*, p. 73-103, anno 2001.
(116) CARNELUTTI, Francesco. *A prova civil*. São Paulo: Universitária de Direito, 2003. p. 68.
(117) TARUFFO, Michele. *La prueba de los hechos*. Madrid: Trotta, 2005. p. 22-27.
(118) "Feliz aquele que não insiste em ter razão, porque ninguém a tem ou todos a têm." (BORGES, Jorge Luis. Fragmentos de um evangelho apócrifo. In: *Elogio da sombra*. São Paulo: Globo, 2001. p. 71.)

Moacyr Amaral[119] ensina que, se o juiz deve julgar segundo o alegado e o provado, deve procurar no processo a verdade formal, nem sempre coincidente com a *verdade absoluta*. Morello[120], entretanto, diz que o juiz é diretor do processo e não um convidado de pedra em disputa alheia. Um dos defeitos do processo, que impede que se faça justiça, é o desprezo pelas "medidas para melhor proveer"[121]. Morello, portanto, critica a postura neutra do juiz diante do processo, que inibe seu comprometimento em buscar a verdade.

As concepções de verdade[122] variam de acordo com os modelos probatórios, perquirindo-se qual se pretende alcançar no fim do processo. Se o objetivo é atingir a verdade formal ou a que é possível de se encontrar com os meios institucionais à disposição, mais próxima da real ou material, estaria presente o modelo demonstrativo da prova, que apregoa o sistema puramente silogístico: provado o fato, a aplicação da norma tornar-se-ia mera consequência. Nesse modelo, leva-se ao extremo o brocardo *Jura novit curia. Da mihi factum, dabo tibi jus*. O juiz não consideraria a discussão das partes, o que "[...] impede a valoração dos fatos em contraditório" [123]. Por outro lado, o modelo argumentativo, dialético não se contentaria com a verdade formal ou a verdade possível. Esse modelo teria por princípio a dialeticidade. A verdade deveria ser encontrada por meio da discussão das partes, com o contraditório preventivo, relativizando-se o brocardo jurídico supracitado. A primeira corrente contentar-se-ia com a verdade possível, enquanto a segunda perseguiria a verdade provável[124].

---

(119) SANTOS, Moacyr Amaral. Limites e atividades das partes no processo civil. *Apud* SOUZA, Carlos Aurélio Mota de. *Poderes éticos do juiz*: a igualdade das partes e a repressão ao abuso no processo. Porto Alegre: Sergio Antonio Fabris, 1987. p. 51.

(120) MORELLO, Augusto M. *El proceso justo*. La Plata: Platense, 2005. p. 549.

(121) Barbosa Moreira registra que na Espanha as *diligencias mejor proveer* foram suprimidas pela Ley de Enjuiciamiento de 2000 [MOREIRA, José Carlos Barbosa. Reformas processuais e poderes do juiz. In: *Temas de direito processual*. São Paulo: Saraiva, 2004. p. 56 (8ª série)]. "La nueva Ley de Enjuiciamiento Civil suprime las denominadas diligencias para mejor proveer, sustituyéndolas por las que denomina 'diligencias finales' que tienes presupuestos distintos y solo son admisibles como tales las pruebas debidamente propuestas y admitidas que no se hubieren podido practicar por causas ajenas a las partes que hubieran interesado". (LÓPEZ, José Maria Botana. Prueba y las diligencias para mejor proveer. *Revista del Ministerio de Trabajo e Inmigración*, n. 28, p. 83-96, 2001. Disponível em: <http://dialnet.unirioja.es/servlet/articulo?codigo=253387> Acesso em: 31.8.2009.)

(122) ZANETI JÚNIOR, Hermes. O problema da verdade no processo civil: modelos de prova e de procedimentos probatórios. In: *Revista de Processo*, ano 29, n. 116, p. 335-371, jul./ago. 2004.

(123) ZANETI JÚNIOR, Hermes. *A constitucionalização do processo*. Disponível em: <http://hdl.handle.net/10183/4525> Acesso em: 17.3.2009.

(124) Segundo Zaneti Júnior, "[...] provável é mais do que verossímil e verossímil é mais do que verdade possível" (ZANETI JÚNIOR, 2004), embora, no dizer de Blackburn, Popper tenha formulado a abordagem da verossimilhança como grau com que uma hipótese se aproxima da verdade. Uma teoria seria mais verossímil conforme se aproximasse mais da verdade. "No entanto, o desenvolvimento formal desta noção mostrou-se extremamente embaraçoso, porque a verossimilhança das teorias é susceptível de variar com as variações da linguagem em que estas se apresentam". (BLACKBURN, Simon. *Dicionário Oxford de filosofia*. Rio de Janeiro: Jorge Zahar, 1997. p. 404.)

Discutir o caráter da verdade estabelecida no processo não deve dar lugar à falta de compromisso com a justiça, sem a qual se arriscaria em optar pelo autoritarismo mais absoluto ou pela mais atrevida indiferença[125]. Marinoni[126] pontifica que a impossibilidade de encontrar a verdade pode levar à ideia de que não é necessária a participação das partes na formação do *judicium*. Embora reconheça que a verdade[127] necessária é impossível de ser alcançada, tanto *intra* como extraprocesso, porque é sempre contingente, tanto no modelo demonstrativo como no argumentativo, a verdade que se pode encontrar tem a mesma conotação: é sempre verdade provável, ainda que se lhe imponha denominação distinta.

Com base nessas assertivas, constitui pressuposto deste trabalho que a prova não pertence a qualquer das partes, nem ao juiz. A prova é do processo, é construída para o processo. A partir do momento em que houver referência no processo, a parte perde seu poder de disposição sobre a prova. Por meio de elementos de fato e de direito presentes no processo, o juiz *siente* o que deve ser decidido[128]. Não há direito sem fatos, porque a vida está formada de fatos. Não há processos de puro direito: "El derecho que se aplica al hecho, el hecho que se subsume en el derecho, son no fenómenos, sino el mismo fenómeno" [129].

Em decorrência desse pressuposto, compreende-se que o procedimento probatório se delineia em três etapas: proposta de prova pelas partes, análise e admissão pelo juiz e sua produção. Nessa terceira etapa, a verdade não é um fim em si mesma, é certo, mas partes e juiz, na perspectiva apontada, têm o dever de buscá-la, para que se faça uma justiça no processo[130]. Assim, o ciclo probatório não se encerra com a instrução do processo. Presume-se que o juiz chegará ao convencimento com a instrução do processo e com condições de julgar, ainda que tenha obtido apenas uma verdade provável, porque não lhe é permitido o *non liquet*.

De outro modo, o ato de julgar deve seguir um critério, não pode ser arbitrário[131]. Se na técnica de prova legal há o prévio estabelecimento do

---

(125) RICCI, 2000, p. 1.129-1.163.
(126) MARINONI, 2004.
(127) "É certo que, muitas vezes, é impossível atingir a certeza, é difícil definir e afirmar a verdade. [...] Por isso, temos que nos contentar com o que seja humanamente atingível. A sentença só pode basear-se na verdade jurídica ou formal, isto é, na verdade apurada no processo, com os meios probatórios previstos nas leis e fornecidos pelas partes litigantes, com os possíveis erros, derivados das deficiências dos sentidos, da inteligência, da ciência e até da consciência humana." (LEITÃO, 2008, p. 34.)
(128) "Sabéis que sentencia viene de sentir: es lo que el juez siente ante esse fenómeno que es el proceso." ... (MELENDO, 1974, p. 11-22.)
(129) MELENDO, 1974, p. 11-22.
(130) MICHELI, Gian Antonio; TARUFFO, Michele. A prova. In: *Revista de Processo*, n. 16, p. 155-168, out./dez. 1979.
(131) SANTOS, Moacyr Amaral. *Primeiras linhas de direito processual civil*. São Paulo: Saraiva, 1987--1988. v. 2, p. 381.

peso de cada prova, na análise dos fatos litigiosos, o sistema oposto, da prova livre ou da livre convicção pressupõe a ausência completa de regras. Cada prova, portanto, deve ser analisada no caso concreto, baseando-se essencialmente em pressupostos da razão[132].

Malatesta[133] afirma que as provas legais foram um progresso histórico, porque substituíram os ordálios e o duelo judicial. No entanto, as certezas ditas legais advêm do espírito do julgador, pela percepção da relação intercedente entre o sujeito probante e o objeto provado. As provas legais apenas substituem o arbítrio do juiz pelo arbítrio da lei. "Para que a voz da prova atue com a eficácia natural sobre o ânimo do juiz, é preciso que este não seja violentado em sua consciência, nem mesmo por aquilo que chamamos, a propósito de convencimento, influxo legal". Caenegem[134] posiciona-se no sentido de que o objetivo original dessas provas era louvável, quando se pretendeu dar cobro às arbitrariedades dos juízes, porque "Ao discutir a admissibilidade das testemunhas e a credibilidade da prova, a jurisprudência certamente ajudava a convencer os magistrados do valor relativo das diferentes formas de prova". E, segundo o autor, no sistema do *Common Law*, o dilema era resolvido confiando-se ao júri a tarefa soberana de resolver questões factuais.

Taruffo[135] ensina, ainda, que há um fator interessante de que se esquece com facilidade: ao contrário do que se pensa, a prova legal foi mais uma construção doutrinária do *droit savant* medieval e renascentista do que objeto de regulação. Trata-se de produto típico de uma cultura jurídica formalista e analítica da época. Pontes de Miranda[136] aponta a vantagem do sistema de prova legal: ao ter de litigar, a parte saberia com que provas contar e o valor delas em relação ao adversário. O defeito, segundo avalia, era quanto ao juiz, que se transformara num arrolador de valores de provas, por isso, lavava as mãos, como Pilatos. Assim, havia um abismo entre a convicção do juiz e a decisão.

O sistema de livre convicção[137], também chamado de íntima convicção, não vingou em sua forma pura, nem consta da legislação de país algum civilizado. Nesse método, o juiz não ficava adstrito às provas dos autos, podendo decidir segundo sua consciência, o seu conhecimento pessoal, sendo-

---

(132) TARUFFO, 2005, p. 388-389.
(133) MALATESTA, Nicola Flamarino dei. *A lógica das provas em matéria criminal*. Campinas: Bookseller, 2005. p. 47-98.
(134) CAENEGEM, R. C. *Uma introdução histórica ao direito privado*. São Paulo: Martins Fontes, 1995. p. 108.
(135) TARUFFO, 2005, p. 389.
(136) MIRANDA, Pontes de. *Comentários ao código de processo civil*. Rio de Janeiro: Forense, 1995. t. II, p. 403.
(137) SANTOS, 1987-1988, p. 382-383.

-lhe lícito repelir qualquer uma ou todas. Esse sistema é adotado pelo tribunal do júri (embora com atenuações)[138], porque sua "convicção não comporta critérios, nem fundamentação explicitada"[139].

Moacyr Amaral[140] critica o sistema "por ofender dois princípios fundamentais de justiça: o de que ninguém pode ser condenado sem ser ouvido (*ne inauditus condemnetur*) e o da sociabilidade do convencimento". Se o juiz julga tão somente com base em testemunho pessoal, as partes ficam privadas de debater as provas, ferindo de morte o contraditório. A sociabilidade do convencimento, segundo Malatesta[141], deve ser garantida pela fundamentação das decisões e da publicidade. A sociabilidade, no dizer desse autor, seria a possibilidade de ter o homem comum a mesma convicção do juiz, se colocado desinteressadamente diante dos mesmos fatos e provas[142].

Assevera Pontes de Miranda[143] que ambos os princípios, o da livre apreciação da prova, "que está no Código de Processo Civil, art. 131, 1ª parte (*verbis*, "apreciará livremente a prova") e o da teoria legal da prova, com seus tentáculos, se levados ao excesso, são maus; porém, o da teoria legal da prova ainda é pior do que o mais amplo sistema de livre convicção". É certo que, embora nominando o sistema do Código da forma como o fez, o autor não se refere ao regime da "íntima convicção", porque relaciona suas formas de controle.

Chiovenda[144] afirma que o princípio da livre convicção, prevalente na Itália, significa liberdade para decidir segundo a prova existente nos autos, devendo o juiz fazer uso dessa liberdade com auxílio de critérios da lógica, assim como da razão e da experiência, conforme procederia qualquer pessoa de mente sã e equilibrada[145].

---

(138) CINTRA; GRINOVER; DINAMARCO, 1991, p. 66.
(139) RODRIGUES, Marcelo Abelha. *Manual de direito processual civil.* São Paulo: Revista dos Tribunais, 2008. p. 193.
(140) SANTOS, 1987-1988, p. 383.
(141) MALATESTA, 2005, p. 55.
(142) "Un extremo está constituido por la prueba legal normativamente regulada de forma que excluya cualquier valoración efectiva sobre la eficacia de la prueba y — en consecuencia — impida cualquier juicio en términos de aproximación a la verdad empírica del hecho. El otro extremo está constituido por la visión 'vacía' e irracional del principio de la libre convicción, según el cual el juez se pronuncia acerca de los hechos sobre la base de criterios que no se pueden conocer ni racionalizar. En estado del problema en ordenamientos como el italiano muestra que estas dos situaciones pueden estar suficientemente extendidas para cubrir, complementándose, casi la totalidad del área de la eficacia de la prueba en el proceso civil." (TARUFFO, 2005, p. 398-399.)
(143) MIRANDA, 1995, t. II, p. 403.
(144) CHIOVENDA, Giuseppe. *Instituições de direito processual civil.* Campinas: Bookseller, 1998. v. 3, p. 110-111.
(145) "O juiz deve valorar as provas segundo a sua prudente convicção, salvo o que a lei dispuser em contrário" (Código de Processo Civil italiano, art. 116); já o art. 118 das disposições de atualização explicita: "A motivação da sentença [...] consiste na exposição dos fatos relevantes da causa e das razões jurídicas

Taruffo[146], por sua vez, destaca que a concepção racional da valoração das provas incide sobre a liberdade do juiz no uso das provas. A liberdade do julgador não se orienta por uma discricionariedade absoluta ou por uma arbitrariedade subjetiva no juízo do fato. A liberdade concedida ao juiz tem o objetivo de alcançar uma determinação dos fatos potencialmente verdadeira, com o uso de critérios racionais. Ensina ainda Chiovenda que o convencimento judicial deve ser raciocinado, não podendo surgir de "impulsos cegos e instintivos da alma, como o sentimento de certeza [...] nem mesmo o que surge de uma indistinta e involuntária percepção das razões"[147].

A liberdade, portanto, que se concede ao juiz na apreciação da prova, não passa pelo arbítrio, senão por uma atuação voltada para seu dever-poder, com liberdade responsável, sem afastar-se dos "fatos estabelecidos, das provas colhidas, das regras científicas — regras jurídicas, regras da lógica, regras da experiência"[148].

Rompendo com o sistema da prova legal, prevalece, hoje, o sistema da persuasão racional ou de convencimento racional, ou, ainda, do livre convencimento motivado[149]. Não há valoração prévia da prova e preserva-se o juiz para formar seu convencimento, mas segundo o conjunto probatório nos autos. Tais procedimentos tornam o sistema da prova legal um fenômeno marginal[150].

No ordenamento jurídico brasileiro, coexistem os dois sistemas: o da prova legal[151] e do convencimento racional. No entanto, o segundo, não raras vezes, dá lugar ao primeiro, da prova legal ou tarifada. Basta observar a prova pericial, especialmente o exame de DNA. Ao juiz cabe acatar o resultado aportado pelo perito, tentando apenas controlar a origem do laboratório e a idoneidade dos profissionais. Os documentos, por outro lado, segundo a lei processual, são destacados, quando públicos, e fazem prova, além de sua formação, dos fatos que o profissional declarar ter assistido e, o mais importante, se tais documentos forem da substância do ato, merecem *status* de prova plena. Por último, saliente-se a inadmissão de prova exclusivamente testemunhal quando o valor dos contratos exceder a dez vezes o salário mínimo ao tempo de sua celebração, como se apenas o valor do contrato distinguisse

---

da decisão. Devem ser expostas concisamente e em ordem as questões discutidas e decididas"; também o CPC português: art. 653: "2 — A matéria de facto é decidida por meio de acórdão ou despacho, se o julgamento incumbir a juiz singular; a decisão proferida declarará quais os factos que o tribunal julga provados e quais os que julgam não provados, analisando criticamente as provas e especificando os fundamentos que foram decisivos para a convicção do julgador".
(146) TARUFFO, 2005, p. 400-403.
(147) CHIOVENDA, 1998, p. 54.
(148) SANTOS, 1987-1988, p. 384.
(149) RODRIGUES, 2008, p. 193.
(150) TARUFFO, 2005, p. 390.
(151) Vejam-se, por exemplo, os arts. 366 e 401 do CPC.

a possibilidade de erro da prova testemunhal. O sistema tarifado não se encontra marginal nem mesmo no sistema processual brasileiro[152].

2.2. JUIZ E PODER

Boaventura Santos, Maria Manoel Leitão Marques e João Pedroso[153] garantem que o protagonismo dos tribunais não é um fenômeno novo e que, de tempos em tempos, há uma polêmica pública em torno dos tribunais. Antes, os tribunais primavam pelo conservadorismo, e o protagonismo era esporádico, porque marcado em momentos de grandes transformações sociais e políticas. Hoje, dá-se no campo da legalidade, sem preocupação conservadora ou progressista, mas no sentido de uma proteção maior e mais ousada dos direitos dos cidadãos. Tal desempenho é pequeno, segundo os autores, mas parece corresponder a um novo intervencionismo e dirige-se mais aos abusos do poder. Como antes, é sempre um confronto com os outros poderes[154]. Observe-se que João Barbalho[155] já falara do novo fôlego que o Poder Judiciário teria obtido com a Constituição Federal de 1891, porque foi integrada à sua missão.

> [...] o que lhe faltava para ser preenchida de modo completo. Antes julgava elle sómente *secundum legem*, passou a julgar também *de legibus*, e eis tudo. Cabia-lhe, nos casos controversos que lhe eram levados, applicar aos factos a lei existente, fosse qual fosse, sem mais exame que o necessario para sua intelligencia. Foi agora investido do poder de conhecer egualmente da *legalidade da lei* [...].

Nos últimos cinquenta anos, conforme Werneck Vianna[156], os três poderes concebidos por Montesquieu vêm se sucedendo na preferência da

---

(152) "Os meios empregues para a obtenção de provas, dos ordálios às formas de hoje, das torturas físicas à pressão psíquica, ainda não conseguiram o ideal na colheita probatória. Nos antanhos, ao Supremo competia a decisão das querelas humanas; presentemente, é decisor o próprio animal dito racional. Quedamo-nos indecisos, sobre qual a melhor (ou pior) metodologia. Talvez um dia pare a tecnologia sua voraz senda, o homem reflicta e venha a criar um outro alcance de juízo probatístico" (LEITÃO, 2008, p. 7).
(153) SANTOS, Boaventura de Sousa; MARQUES, Maria Manuel Leitão; PEDROSO, João. Os tribunais nas sociedades contemporâneas. *Revista Brasileira de Ciências Sociais*, ano 11, n. 30, p. 29-62, fev. 1996. Disponível em: <www.anpocs.org.br:80/portal/publicacoes/rbcs_00_30/rbcs30_07.htm> Acesso em: 31.3.2008.
(154) "A construção do argumento, que parece se orientar para uma desqualificação dos papéis latentes e manifestos da judicialização da política como indicadores da mudança social — é, contudo, contraditória com a afirmação dos próprios autores de que o protagonismo dos tribunais nos tempos recentes [...] parece assentar num entendimento mais amplo e mais profundo do controle da legalidade que inclui, por vezes, a reconstitucionalização do direito ordinário como meio de fundamentar um garantismo mais ousado dos direitos dos cidadãos." (VIANNA, Luiz Werneck *et al. Corpo e alma da magistratura brasileira*. Rio de Janeiro: Revan, 1997. p. 51.)
(155) CAVALCANTI, João Barbalho Uchôa. *Constituição federal brasileira, 1891:* comentada. Edição fac-similada. Brasília: Senado Federal, 2002. p. 223.
(156) VIANNA, Luiz Werneck. Poder judiciário, positivação do direito natural e política. *Estudos históricos*. Rio de Janeiro, n. 18, 1996. Disponível em: <www.cpdoc.fgv.br/revista/arq/195.pdf> Acesso em: 8.4.2008.

bibliografia e da opinião pública: primeiro, o Executivo, depois o Legislativo e hoje a inclinação é para o denominado Terceiro Poder e, o mais importante, "a questão substantiva nele contida — a Justiça", porque a sociedade postula novos direitos e práticas igualitárias.

Não se concebe mais uma noção da ideia metafísica de justiça, que se foi esvaindo desde o fim do século XX, quando as constituições passaram a positivar o Direito Natural. Dessa forma, passou a ser possível chegar-se à concepção de justiça pela teoria política e não por uma doutrina moral, reconhecendo-se a justiça como equidade, pelas próprias razões da justiça.

No mundo todo, continua Werneck, como reação ao positivismo jurídico, foram inseridos nas constituições do pós-guerra, bem como daquelas que sucederam os regimes autoritários como a do Brasil, princípios normativos de legitimidade absoluta como limitadores do Direito Positivo e do Estado, generalizando-se a experiência do constitucionalismo democrático, que incorpora uma concepção do justo, apesar de apenas simbolicamente, o que não impede sua implementação, em face do comprometimento dos fundamentos da ordem jurídica.

Essa legislação simbólica[157], quer em relação aos direitos fundamentais, quer aos direitos sociais, "não é um princípio a ser defendido, mas a ser realizado". Esses direitos exigem implementação, a menos que estejam na Constituição apenas como "legislação-álibi". Sob pressão, o legislador elaboraria diplomas normativos, para satisfazer a expectativa dos cidadãos, sem que houvesse o mínimo de condições de sua efetivação. Aqui, cabe a observação de Lassale[158] sobre a Constituição "pedaço de papel", apontada por Hesse, já referida, que sucumbiria diante dos fatos sociais.

Entretanto, se o dever de implementação está no texto constitucional, desneutraliza-se a função do Judiciário, que deixa de julgar no sentido de estabelecer o certo e o errado segundo a lei (juiz neutralizado, boca da lei), para estabelecer se o poder discricionário de legislar conduz à concretização dos resultados objetivados, cabendo ao juiz maior responsabilidade, porque o repolitiza e o conduz à implementação desses direitos. Cabe ao juiz perquirir, antes de adequar o fato à lei, se a lei está disposta a privilegiar os valores e princípios insertos na Constituição, afirma Werneck[159].

O Poder Judiciário é, no dizer do autor[160]:

> [...] um novo protagonista do sistema político do mundo moderno e, paradoxalmente, mais ativo e intervencionista nos países de *civil*

---
(157) VIANNA, 1997, p. 26.
(158) HESSE, 1991, p. 9-12.
(159) VIANNA, 1997, p. 26-27.
(160) VIANNA, 1997, p. 37-38.

law — como no caso da Itália — do que nos de *common law*, em que sua ação é dependente de um juiz singular, na medida em que a institucionalização dos conselhos nacionais de magistratura tende a lhe conceder um caráter de ator coletivo vocacionado para o exercício de um papel ético-moral na pedagogia da sociedade e de animador da difusão do *justo*.

O Judiciário[161] é parte do Estado. O juiz não rompe as estruturas para realizar o justo, porque é parte dessa estrutura, ela própria detentora da concepção e instituição que materializam a democracia constitucional. O juiz não é um "demiurgo". Cabe-lhe o papel de intérprete, que desvela a noção de bem e os princípios de justiça já presentes nas instituições. O ideal de justiça reclama um intelectual capaz de garantir, no seu papel de julgador de casos concretos, os princípios de justiça e equidade[162].

Segundo Habermas[163], modernos sistemas de Direito procuram cumprir agenda igualitária, numa sociedade marcada por profundas diferenças, assumindo postura e função de "lugar-tenente" dessa sociedade, por meio da generalização e concretização do *status* do cidadão. Em verdade, uma sociedade composta basicamente de iguais — o conceito de igualdade — tem bases antigas e antecedentes no Direito Natural e ganhou fôlego, diante dos problemas de raça e pobreza nos Estados Unidos, em face da repugnância que a consciência de existência de uma "classe mais baixa" desperta nas pessoas, em que pesem vozes dissonantes em relação ao "igualitarismo moderno", que Habermas entende como foco, citando Parsons, como "igualdade de oportunidade e igualdade de cidadania". Por outro lado, afirma o autor[164] que as sociedades complexas contemporâneas se integram por meio de três mecanismos: o dinheiro (mercado), o poder e a solidariedade, sendo que os princípios de justiça só podem ser institucionalizados por uma constituição democrática.

A agenda de igualdade, além de provocar a difusão do direito na sociedade[165], passa a redefinir a relação entre os Poderes da República, com o Poder Judiciário assumindo a função de controle dos demais poderes no sentido de garantir o justo, e, também, dando resposta à imprecisão de termos

---

(161) "O povo ignora a justiça e os juízes. A atenção popular só se volta para as coisas da justiça nos casos que abalam a opinião pública. Fora disso, há uma total indiferença popular pela magistratura, exatamente porque não a conhece. Não será de toda certeza obra fácil levar a opinião pública a interessar-se pelas coisas da justiça e seus superiores." (ROSA, Eliézer. *A voz da toga*. Goiânia: AB, 1999. p. 51-52.)
(162) VIANNA, 1997, p. 38.
(163) HABERMAS, Jürgen. *Between facts and norms:* contributions to a discourse theory of law and democracy. Massachusetts: The Mitt, 1998. p. 76-77.
(164) HABERMAS, Jürgen. *A ética da discussão e a questão da verdade*. São Paulo: Martins Fontes, 2007. p. 38-39.
(165) VIANNA, Luiz Werneck et al. *A judicialização da política e das relações sociais no Brasil*. Rio de Janeiro: Revan, 1999. p. 21.

e à generalidade das leis e princípios, porque o Terceiro Poder[166] não pode ignorar as profundas transformações do mundo real, que impôs novas e grandes responsabilidades e, por que não, novos desafios aos juízes. Trata-se de um tempo diferente, de uma revolução silenciosa, em que o Judiciário se transforma de Poder mudo[167] em Terceiro Gigante.

A justiça constitucional das leis[168] é um aspecto dessa nova realidade que não pode ser olvidada. A legislação oriunda naturalmente do Poder Legislativo, no mundo moderno, nasce sem a pretensão de certeza jurídica. Cabe ao Poder Judiciário, quando provocado pela sociedade civil, dar-lhe sentido ou complementação, tornando-se legislador implícito[169]. A atividade interpretativa é, sem dúvida, acentuadamente criativa[170] e, por isso, o juiz implementa a atuação da legislação e dos direitos sociais. A diferença entre o juiz moderno e o tradicional é apenas de grau[171], uma vez que a generalidade das leis e a imprecisão dos termos jurídicos abrem espaço para maior discricionariedade dos juízes.

Merece registro pronunciamento de Bergeret, personagem de Anatole France[172]:

> A bem dizer, eu não teria muito receio das más leis, se elas fossem aplicadas por bons juízes. Dizem que a lei é inflexível. Não creio. Não há texto que não se deixe solicitar. A lei é morta. O magistrado é vivo; é uma grande vantagem que leva sobre ela. Infelizmente não faz uso disso com frequência. Via de regra, faz-se mais morto, mais frio, mais insensível do que o próprio texto que aplica. Não é humano: é implacável.

Os juízes sabem qual é a boa lei, e sabem como aplicá-la, mas há, como diz Bacon[173], "quem transforme o julgamento em absinto; e há, certamente, quem o transforme em vinagre; porque a injustiça torna-o ácido". François Ost[174] ensina que o modelo piramidal de Estado cria o *Juiz Júpiter*, o juiz dos

---

(166) CAPPELLETTI, Mauro. *Juízes legisladores?* Porto Alegre: Sergio Antonio Fabris, 1993. p. 46.
(167) VIANNA, 1997, p. 39.
(168) CAPPELLETTI, 1993, p. 46.
(169) VIANNA et al., 1999, p. 21.
(170) Em sentido diverso: "Os juízes não costumam mudar frequentemente, nem bruscamente, de práticas e de orientação. Parece, até, que assim procedem para que os seus não se assemelhem aos métodos da política. O convívio prolongado os aproxima, gera identidades e procedimentos comuns. Demais, julgando direitos alheios, nem sempre encontram razões para entusiasmo e contestações. Certas questões humanas é que lhes sacodem a sensibilidade, de quando em quando. Fora daí, a austera função de julgar os situa no plano de aplicação severa das leis, editadas pela ordem vigente. Essa ordem vigente lhes traça o campo de visão". (Cf. MARINHO, Josafá. Vantagens da opinião divergente. *Jornal A Tarde*, 17 jun. 2001.)
(171) CAPPELLETTI, 1993, p. 42.
(172) FRANCE, Anatole. *A justiça dos homens*. Rio de Janeiro: Civilização Brasileira, 1978. p. 147.
(173) BACON, Francisco. Da judicatura. In: *Ensaios*. Lisboa: Guimarães, 1952. p. 236.
(174) OST, François. Júpiter, Hércules, Hermes: tres modelos de juez. *Doxa*, n. 14, p. 169-194. Disponível em: <http://www.cervantesvirtual.com/servlet/SirveObras/01360629872570728587891/cuaderno14/doxa14_11.pdf> Acesso em: 15.5.2008.

códigos, de cujo foco de juridicidade emanam suas decisões. Trata-se do Judiciário soberbo, distanciado do povo. Da pirâmide, originar-se-ia toda justiça marcada pelo signo do sagrado e da transcendência. Já o modelo do funil (*embudo* — *pirámide invertida*), dá origem ao *Juiz Hércules*, aquele que carrega o mundo nos seus braços estendidos. É a decisão, e não a lei, a autoridade. A singularidade e o concreto do caso sobrepor-se-iam à generalidade e à abstração da lei. O terceiro modelo encontra-se no direito pós-moderno. Trata-se da figura do *Juiz Hermes,* que representa o bom direito. Hermes não se fundamenta na transcendência nem na imanência. Trata-se de um direito em rede — dialético — meio-termo ou, mesmo, a contraposição dos dois modelos.

Ronald Dworkin[175] já apresentara o seu *Juiz Hércules*, criticado por Ost, por ter valorizado ao extremo esse magistrado, que chamou de moderno. Com efeito, Dworkin afirmava que o *Juiz Hércules* se convertia num jurista de capacidade, sabedoria, paciência, inteligência e perspicácia sobre-humanas, em suma, com todas as qualidades e virtudes possíveis, colocado quase como um semideus. Ocorre que esse semideus obedece às leis e aos precedentes, quando eles têm fundamento racional e quando mantêm a coerência de princípios da comunidade em que se inserem. Assim, ele nunca seria um tirano, pois não se tratava de imposição da própria vontade em suas decisões, mas aplicação do direito previamente estabelecido pela sociedade.

O Juiz Hércules de Dworkin, ou o *Juiz Hermes,* de Ost, correspondem a um desenho idealizado de magistratura. Principalmente no Brasil, marcado por contradições sociais, econômicas e políticas. Kazuo Watanabe[176] considera vital uma "Justiça formada por juízes inseridos na realidade social e comprometidos com o objetivo de realização da ordem jurídica justa; pré--ordenação dos instrumentos processuais capazes de promover a efetiva tutela dos direitos". Já em 1922, como aponta Benjamin Cardozo[177], os críticos da atividade criadora dos juízes acusavam de usurpadores aqueles que não seguiam os precedentes (*stare decisis*), afastando-os de suas decisões, ainda que o precedente ignorado fosse tão bolorento quanto "o túmulo de que o advogado o retirara para enfrentar a luz de uma nova era". Prosseguindo, afirmava que as situações singulares não podiam ser atendidas com receitas prontas, como nos guias de escrever cartas ou nos manuais da arte de conversação. Para Cardozo, o juiz é um agente ativo, não um mero declarador mecânico do direito, como pretendia Montesquieu, ou, pior, como o juiz Bridlegoose

---

(175) DWORKIN, Ronald. *Taking rights seriously.* Cambridge: Harvard University, 1977-1978. p. 105-130.
(176) WATANABE, Kazuo. Acesso à justiça e sociedade moderna. In: GRINOVER, Ada Pellegrini; DINAMARCO, Cândido; WATANABE, Kazuo (orgs.). *Participação e processo.* São Paulo: Revista dos Tribunais, 1988. p. 129-135.
(177) CARDOZO, Benjamin N. *A natureza do processo e a evolução do direito.* Rio de Janeiro: Nacional de Direito, 1956. p. 182.

— herói de uma das sátiras de Rabelais[178] — que tinha um método extravagante de julgar os processos. Ao longo de toda sua carreira jurídica, esse famoso juiz haveria julgado quatro mil casos e, em todos, sem exceção, ele tirava a sorte para decidir a sentença a ser aplicada. Dessa sátira, Cardozo tirou a lição de que fora a inércia, muito mais do que a malícia, a força motriz do método praticado por aquele juiz. Os juízes não podem furtar-se ao espírito de seu tempo, sentencia.

No entanto, é preciso atentar para o que alerta Roberto Romano[179]. A sociedade brasileira "cansada de lutar contra os desvios do Executivo e do Legislativo, hoje testemunha a instalação do arbítrio em várias ações de magistrados". A realização da justiça não clama por fórmulas mirabolantes, pois, segundo Romano, "[...] Bastaria, portanto, prudência, respeito pelos cidadãos e por seus direitos. Bastaria que alguns juízes soubessem que sua missão é *jus dicere*, não *jus dare*". Manoel Gonçalves[180] também alerta para o mau sentido da politização do Judiciário: os juízes "[...] podem ceder à tentação de suprir com suas liminares ou julgamentos os demais Poderes, vistos como omissos ou corruptos. É o ativismo judicial que não está ausente no Brasil atual". Quem não teme um *Hércules* que assume a Justiça e dela se enebria, deixando a prudência da imparcialidade esquecida nas gavetas do arquivo judiciário?

Dierle Nunes[181], com o capítulo intitulado "Da necessidade da quebra do dogma do protagonismo do juiz", aponta "modelos de comportamento judicial"[182] que considera inadequados e faz sérias críticas ao que denomina "viés nefasto do protagonismo judicial". Afirma o autor que um processo

---

(178) CARDOZO, 1956, p. 185-186 (RABELAIS, François. Escritor francês (1493-1553). Autor, sob o pseudônimo de Alcofribas Nasier, um anagrama de seu próprio nome, da epopeia heroico-cômica de Gargântua e Pantagruel).
(179) ROMANO, Roberto. A escalada contra a imprensa. *Folha de S. Paulo*, coluna Opinião, São Paulo, 29 jun. 2008.
(180) TEIXEIRA FILHO, Manoel Gonçalves. *O papel político dado ao supremo pela Constituição*. Disponível em: <http://www.conjur.com.br/2009-abr-08/papel-politico-dado-judiciario-constituicao> Acesso em: 8.4.2009.
(181) NUNES, 2008, p. 177-200.
(182) Um dos modelos de comportamento apontados pelo autor: trata-se de fundamentos de uma sentença em que a juíza registrou: "A liberdade de decisão e a consciência interior situam o juiz dentro do mundo, em um lugar especial que o converte em um ser absoluto e incomparavelmente superior a qualquer outro ser material. A autonomia de que goza, quanto à formação de seu pensamento e de suas decisões, lhe confere, ademais, uma dignidade especialíssima. Ele é alguém em frente aos demais e em frente à natureza; é, portanto, um sujeito capaz, por si mesmo, de perceber, julgar e resolver acerca de si em relação com tudo que o rodeia". Outro modelo que demonstra o "viés nefasto", segundo o autor, é o seguinte: "Não me importa o que pensam os doutrinadores. Enquanto for Ministro do Superior Tribunal de Justiça, assumo a autoridade de minha jurisdição". "[...] Esse é o pensamento do Superior Tribunal de Justiça e a doutrina que se amolde a ele. É fundamental expressarmos o que somos. Ninguém nos dá lições. Não somos aprendizes de ninguém" (NUNES, 2008, p. 192-194).

dirigido por juiz com ares de absoluto, solitário e endeusado impede o desenvolvimento da democracia do processo, "que pressupõe uma interdependência dos sujeitos processuais". Embora critique certas posturas de juiz, Dierle Nunes[183] adverte que não defende a manutenção da "desconexão e do distanciamento judicial com os problemas sociais e com a realidade vivente, como se o juiz atuasse como mero autômato neutro na aplicação do direito, ilhado da sociedade". Não se pode conceber é que o juiz reduza o distanciamento por um ativismo incontrolável, "como se possuísse um privilégio cognitivo no sistema jurídico". Mas Garapon[184] esclarece: "Eis por que a questão do ativismo é mal colocada. Não se trata de ação esporádica de alguns juízes desmiolados que querem brigar com o poder político, mas de uma evolução de expectativas quanto à responsabilidade política".

Ativismo judicial e Judicialização[185], consoante afirma Roberto Barroso[186], são fenômenos distintos, do ponto de vista da origem, embora próximos. Efetivamente, ambos envolvem transferência de poder do Legislativo e do Executivo para o Judiciário. Mas a judicialização é característica do constitucionalismo de pós-guerra e da criação de tribunais constitucionais em quase todos os países democráticos. No Brasil, a situação é típica, porque a Constituição potencializa a judicialização, uma vez que é muito ampla. Trata de uma gama enorme de assuntos, da Administração Pública, de índios, de recursos minerais etc. E há ainda o controle da constitucionalidade difuso, o direto, a legitimação ativa do art. 103 da Constituição que é abrangente, ou seja, o modelo favorece a judicialização, que é um fato, segundo o autor. "Já o ativismo é uma atitude. É um modo proativo e expansivo de interpretar a Constituição [...]"[187]. O ativismo é decorrente de uma deficiência de representatividade ou de funcionalidade de um outro Poder, que tem uma face positiva, porque recepciona demandas que a sociedade não conseguiria ver atendidas sem aquela atitude, mas tem uma face negativa, se for usado em dose excessiva[188].

---

(183) NUNES, 2008, p. 199.
(184) GARAPON, 2001, p. 46.
(185) "Na verdade, estamos 'judicializando' não só a política, mas também o nosso cotidiano. Corremos o risco de construirmos uma cidadania ficta, ao darmos a entender às pessoas que cidadania é simplesmente ter direito de bater às portas do Poder Judiciário, nele, mais especificamente, no STF, depositando todas as esperanças e dele cobrando todas as responsabilidades." (CLÈVE, Clèmerson Merlin *et al. E não é para cumprir a constituição?* Disponível em: <www.conjur.com.br/2009-mai-18/supremo-nunca-esteve-tao-comprometido-concretizacao-constituicao?pagina=3> Acesso em: 27.7.2009.)
(186) BARROSO, 2009, p. 4-9.
(187) CLÈVE, 2009.
(188) "Hoje em dia, o debate que se coloca diante dessa independência do judiciário é se estabelecer os limites razoáveis da atuação judicial para que não haja comprometimento da legitimidade democrática nem da imparcialidade política que o juiz deve preservar." (BARROSO, Luis Roberto. Entrevista à *Revista do V Fórum Social Mundial*, jan. 2009, p. 14.)

Guilherme Feliciano[189] alerta: não se verifica ativismo quando o juiz decide conforme princípios constitucionais, em face da ausência de lei a reger determinado direito com base na ideia da dignidade da pessoa humana. O ativismo judicial, segundo Evandro Gueiros[190], é a ação do juiz, em busca de um direito menos submisso às leis ou à doutrina estabelecida e às convenções conceituais. Para o juiz ativo, importa a criação do direito, que não pode ser fruto de uma atitude soberba, voluntariosa, mas alicerçada na consciência do justo, no presente, com olhos no futuro de suas novas decisões.

Diante do exposto, este trabalho parte da premissa de que o ativismo constitui gestão do processo que propicie: a) seu rápido curso; b) sua instrução adequada; e c) a suplência de determinação de provas, observando-se a necessidade e a dificuldade de cada uma das partes para fazer valer seu direito em juízo, numa instrução paritária. Desse ativismo é que se ocupou o Congresso Mundial de Direito Judiciário, realizado em Coimbra, de que fala Evandro Gueiros[191], indicando suas teses marcantes:

> [...] enquanto declina o princípio inquisitivo, que caracteriza o tipo socialista de processo, aumenta o poder do juiz que dirige e ordena o processo e tem o livre exame das provas; o ativismo é perfeitamente conciliável com o ativismo das partes e dos advogados, conscientes e cooperadores. Se o juiz tornou-se um autêntico diretor do processo, pode ocorrer que a duração da causa seja diminuída e tenha deslinde eficaz [...].

Enrique Vescovi[192], da mesma forma, noticia esse congresso ocorrido em Portugal e afirma que se posicionou a favor do elastecimento dos poderes dos juízes, mas contra a posição sustentada por alguns juristas, que lhes atribuía plenos poderes, não só para investigar a verdade, mas também para fazer justiça fora do direito, ou seja, o juiz seria "engenheiro social". Embora o juiz devesse ser um homem de sua época, assevera o autor, nem por isso poderia decidir contra o direito, as decisões devem pautar-se pela lei e não pelo subjetivismo dos juízes.

Em 2001, ao estabelecer o Estatuto do juiz ibero-americano, a VI Cúpula Ibero-americana de Presidentes de Cortes Supremas e Tribunais Superiores

---

(189) FELICIANO, 2009, p. 13. A análise do autor deu-se em face das críticas sofridas pelo Poder Judiciário, em face das liminares concedidas em processo de dissídio coletivo, por força de demissão em massa. O editorial do dia 8 de abril de 2009, da *Folha de S. Paulo*, censurava as decisões, "porque baseadas 'isoladamente' em princípios constitucionais, disseminariam insegurança jurídica e representariam intervenção abusiva na liberdade de iniciativa". Aliás, segundo o autor, a livre iniciativa também é um princípio, consagrado no art. 170 da Constituição Federal de 1988.
(190) LEITE, 2008.
(191) *Idem*.
(192) VESCOVI, Enrique. Nuevas tendencias del derecho procesal civil, con especial referencia al proceso latino-americano. *Revista do Processo*, n. 79, ano 20, p. 20-34, jul./set. 1995.

de Justiça, celebrada em Santa Cruz de Tenerife, Canárias, Espanha, reconhecendo o protagonismo do Poder Judiciário no mundo moderno, ditou atitudes a serem tomadas pelos juízes no campo da independência, imparcialidade, respeito às partes, além de expor outros deveres e também direito dos juízes e apresentou como uma das justificativas do modelo aprovado:

> Levando em conta que a evolução de nossas sociedades ensejou um maior protagonismo do juiz, o que exige que o Poder Judiciário responda à demanda de abertura e sensibilidade em relação às necessidades expressas por diversos setores e agentes sociais e adapte seus tradicionais métodos de trabalho e atitudes a essas novas necessidades.[193]

A contrapartida da ação criativa e dos poderes conferidos ao juiz pelo sistema consiste no fato de que eles não devem ser indeterminados. Tanto a teoria quanto a legislação modernas dirigem-se contra o abuso e as violações, tornando o processo, desse modo, um jogo de fim previsível, com foco na justiça. Barbosa Moreira profetiza: "Livre-nos Deus de um tal juiz-cruzado, pronto a acometer e reduzir a pó tudo que lhe cheire a heresia" [194]. Na verdade, o mal seria até maior do que o praticado por aquele juiz americano, da sátira, que decidia, por néscio ou por inércia, uma vez que se tratava de caso singular e próprio daquele único magistrado. Admite-se que o sistema confira poder ao juiz. Por outro lado, exige-se a garantia da igualdade substancial das partes, combinando-se com o ativismo resultante da evolução social, política e cultural de nossa época[195], que brotou da consciência de que o juiz é também um agente político do Estado. Prendê-lo em formas e procedimentos excessivos seria considerar a forma um fim em si mesma, prejudicando o escopo do processo moderno que é a justiça. Os poderes conferidos ao juiz são instrumentais[196], ou seja, não se dirigem à pessoa do juiz, mas à resolução cabal e justa dos conflitos.

2.3. Atuação do juiz no processo e a prova científica[197]

A ciência, sem dúvida, é uma grande aliada do juiz e do processo, sobretudo, em relação às provas. Desde o início do século XX, tornou-se usual o

---

(193) ATIENZA, Manuel; VIGO, Rodolfo Luís. *Código ibero-americano de ética judicial*. Disponível em: <www.cidej.org/c/document_library/get_file?uuid=5b142f88-73ce-47f2-beb5-d82c7d75db81&groupId=10124> Acesso em: 24.7.2009.
(194) MOREIRA, José Carlos Barbosa. O juiz e a cultura da transgressão. In: *Temas de direito processual*. São Paulo: Saraiva, 2001. p. 259. (7ª série).
(195) OLIVEIRA, 2008.
(196) ZANETI JÚNIOR, 2007, p. 156.
(197) Parte desse título encontra-se em ZAGANELLI, Margareth Vetis; LACERDA, Maria Francisca dos Santos. Livre apreciação da prova, ciência e raciocínio judicial: considerações sobre a "cientificização" da prova no processo. In: ZAGANELLI, Margareth Vetis (coord.). *Processo, verdade & justiça*: estudos sobre a prova judicial. Rio de Janeiro: Lumen Juris, 2009. p. 141-204.

recurso à análise de impressões digitais nas investigações criminais[198]. O exame de DNA ganhou grande repercussão, provocando verdadeira revolução no campo da investigação de paternidade, dada a sua confiabilidade.

Prova científica, segundo Ricci[199], define-se pelo uso de determinada metodologia técnica para a verificação de certo fato. O auxílio da ciência no convencimento do juiz produz as denominadas "provas normais". Quando se usa a prova científica, exclui-se, quase automaticamente, o emprego das máximas de experiência e a verificação do fato. Portanto, um sério problema no âmbito da prova científica consiste na sua imposição ao juiz, manietado pela conclusão do laudo. Quando isso ocorre, o magistrado transmuta-se no perito-juiz[200]. Por isso é que Rodrigues Pinto[201] afirma que, se o juiz não está adstrito ao laudo pericial, deve confrontá-lo com o conjunto probatório nos autos. O problema é que, como garante Francis Bacon[202], "Os homens se apegam às ciências e por determinados assuntos, ou por se acreditarem seus autores ou descobridores, ou por neles muito se terem empenhado e com eles se terem familiarizado", portanto, nem sempre a verdade está com o perito. Assevera Ricci[203] que parece indubitável a superioridade da prova científica, porque reduziria em muito a falibilidade do juízo. Ocorre que não basta a intervenção do técnico, é necessário que o resultado passe pelo crivo do juiz quanto à confiabilidade dos meios utilizados[204] para se chegar ao resultado, como nos procedimentos com as demais provas. É tarefa irrenunciável do juiz. Além desse controle do magistrado, indispensável que a prova seja submetida ao contraditório sem o que não teria legitimidade. Ademais, a participação de todos os sujeitos, em todas as fases do processo, é exigência sem a qual não se cumpre o sistema de cooperação, caminho para se chegar a um resultado justo.

---

(198) MACHADO, Helena. *Dilemas e paradoxos da cientifização da justiça em Portugal* — o caso dos perfis genéticos de ADN. Disponível em: <http://hdl.handle.net/1822/4495> Acesso em: 11.8.2008.
(199) RICCI, 2000, p. 1.129-1.163.
(200) CASTRO, Carla Rodrigues Araújo de. Perito Juiz ou juiz perito? *Revista do Ministério Público do Rio de Janeiro*, n. 24, p. 89-95.
(201) PINTO, José Augusto Rodrigues. *Processo trabalhista de conhecimento.* São Paulo: LTr, 1991. p. 365.
(202) BACON, Francis. Novum organum. São Paulo: Nova Cultural, 1997. p. 45.
(203) RICCI, 2000, p. 1.129-1.163.
(204) Deu no *New York Times* de 18.8.2009: "Cientistas em Israel demonstraram que é possível falsificar evidência de DNA, minando a credibilidade daquele que era considerado o padrão da prova em casos criminais. Os cientistas fabricaram amostras de sangue e saliva contendo o DNA de uma pessoa diferente da doadora do sangue e da saliva. Eles também mostraram que se tivessem acesso a um perfil de DNA em um banco de dados, eles poderiam construir uma amostra de DNA que batesse com a do perfil, sem obtenção de qualquer tecido daquela pessoa. É possível manipular uma cena de crime", disse Dan Frumkin, o principal autor do estudo, que foi publicado *on-line* pelo *Forensic Science International: Genetics.* Qualquer estudante de biologia pode realizar isso. (POLLACK, Andrew. *Cientistas mostram que é possível falsificar evidência de DNA.* Tradução de George El Khouri Andolfato. Disponível em: <http://noticias.uol.com.br/midiaglobal/nytimes> Acesso em: 18.8.2009.)

Problema de difícil solução quanto à prova científica é o alto custo dos exames, o qual se torna mais grave quando a prova pericial é requerida por ambas as partes, ou definida de ofício, porque o adiantamento dos honorários fica a cargo do autor, conforme preceitua o art. 33 do Código de Processo Civil. Melhor seria que prova pericial determinada de ofício tivesse tratamento diferenciado, com o Estado antecipando os honorários. O CPC, art. 27, privilegia o Ministério Público, que não adianta despesas processuais. A Súmula n. 232 do STJ interpretou a norma, restringindo a situação de honorários periciais e expressamente consignando que cabe à Fazenda Pública o adiantamento dos honorários periciais quando desejar a prova. Se o Estado é obrigado a adiantar essas despesas, quando requer a prova, o mesmo poderia ocorrer em quaisquer processos, quando o juiz determinasse a prova de ofício ou a parte requerente tivesse assistência judiciária. Aí, retorna-se ao eterno problema orçamentário do Estado, que não dota nem sequer a defensoria pública dos recursos necessários ao atendimento adequado da população carente de recursos materiais.

Cada tribunal deveria assumir a responsabilidade de defender a reserva orçamentária dedicada às perícias, evitando o contingenciamento dos valores assim delimitados, enquanto não se modificar o quadro de pessoal habilitado para o mister, porque "[...] un nuevo y consolidado sentimiento de la justicia y de que la Libertad ('las libertades reales') necesita acompañamiento de la efectividade del derecho, palpable no por pocos, sino por todos"[205].

Uma questão acerca da prova pericial que não é discutida nos meios acadêmicos concentra-se no próprio especialista, no perito. Em muitos casos, esbarra-se no corporativismo. Os exames para avaliação de dano estético ou dano moral, por erro médico ,são bons exemplos. Se o médico ou entidade do polo passivo forem ligados a determinado plano de saúde, os profissionais desse plano recusam-se a servir à Justiça como peritos, sob os mais diversos tipos de fundamento. As relações pessoais com base na especialidade também dificultam a aceitação do trabalho pelo perito. E o juiz vê-se, mais uma vez, refém da prova científica.

Uma possível solução seria a indicação de especialistas de comum acordo entre as partes, procedendo o juiz à escolha dentre os nomes apontados, o que atenderia à celeridade processual, por evitar tanto as recusas como as impugnações por suspeição do perito e outras.

No processo civil, além do alto custo, outra questão importante é a submissão da parte ao exame, quando a isso se nega. A moderna discussão das provas científicas esbarra, pois, nesta questão polêmica: Pode o Judiciário compelir alguém a submeter-se a uma prova, como o DNA, em nome do

---

(205) MORELLO, 2005, p. 4.

direito ao devido processo e ao acesso à Justiça? [206] O princípio *nemo tenetur prodere se ipsum*, "o exercício do direito ao silêncio, constitucionalmente previsto (CF, art. 5º, LXIII), pode significar a recusa de alguém de fornecer material seu para um teste de identificação?"[207]

Essas questões ainda instigam detida reflexão. Levam a discussões entre o conceito de pessoa, bioética e direito, ciência, técnica e moral e os limites éticos da licitude do avanço técnico e científico[208] de que não nos ocuparemos, em razão dos limites deste trabalho.

Em todos os sistemas modernos, as leis infraconstitucionais e mesmo as constituições contemplam um conjunto de garantias às partes: garantia de processo justo, oportunidade de ser ouvido perante os tribunais e, dentre outros, o direito à prova, o que, no Direito brasileiro, decorre do princípio do devido processo legal. Esse direito encerra o poder de a parte apresentar, no processo, todas as provas e que todas sejam devidamente apreciadas pelo juiz. Conforme resume Taruffo, trata-se de um aspecto fundamental do direito de ação e de defesa[209].

Ao mesmo tempo, a produção da prova provoca o problema relacionado, de um lado, ao direito à prova, à identidade e, do outro, ao direito ao silêncio, de não produzir prova contra si mesmo e ao direito à intimidade. Na França[210], o uso da prova pericial é constante, exceto quando o juiz a entende desnecessária, em face de outros elementos nos autos. Compreende-se que ninguém

---

(206) "Os dois guardas robustos iam tomá-lo pelos braços, mas nesse exato momento ele se atirou ao chão da cela e agarrou-se a uma das pernas de ferro que amparavam o banco. Pôs-se a uivar, como um animal. Os guardas seguraram-no, para puxá-lo dali, mas ele resistiu com força espantosa. Durante uns vinte segundos, talvez, os dois atletas forcejaram. Os presos continuavam sentados, imóveis, olhando para a frente. Os uivos pararam; o homem não tinha fôlego para outra coisa, além de segurar-se. Ouviu-se um brado diferente. Um pontapé de um dos guardas partira-lhe os dedos da mão. Obrigaram-no a levantar-se. Sala 101 — repetiu o policial. O homem foi levado embora, cambaleando, cabisbaixo e alisando a mão esmagada." (LIMA NETO, Francisco Vieira. Obtenção de DNA para exame: direitos humanos *versus* exercício da jurisdição. In: LEITE, Eduardo de Oliveira (coord.). *DNA como prova da filiação*: aspectos constitucionais, civis e penais. Rio de Janeiro: Forense, 2000. p. 115-123, utilizando-se de excerto do livro *1984*, de George Orwell, como alegoria da possível condução coercitiva de alguém para submissão a exame pericial.)
(207) AMARAL, Francisco. A prova genética e os direitos humanos. In: LEITE, Eduardo de Oliveira (org.). *Grandes temas da atualidade*: DNA como meio de prova de filiação. Rio de Janeiro: Forense, 2000. p. 101-112.
(208) LEITE, José Alfredo de Oliveira. A prova genética e os direitos humanos: aspectos civis e constitucionais. In: LEITE, Eduardo de Oliveira (org.). *Grandes temas da atualidade*: DNA como meio de prova de filiação. Rio de Janeiro: Forense, 2000. p. 133-150.
(209) TARUFFO, Michele. Investigación judicial y producción de prueba por las partes. *Revista de derecho* (Valdivia), v. XV, n. 2, p. 05-213, dic. 2003. Disponível em: <www.scielo.ch/scielo.phd?pid> Acesso em: 16.11.2008.
(210) MARTINS, José Renato Silva; ZAGANELLI, Margareth Vetis. Recusa à realização do exame de DNA na investigação de paternidade: direito à intimidade ou direito à identidade? In: LEITE, Eduardo de Oliveira (org.). *Grandes temas da atualidade*: DNA como meio de prova de filiação. Rio de Janeiro: Forense, 2000. p. 151-162.

pode eximir-se de colaborar com a Justiça na descoberta da verdade, e mais, admitem-se todos os meios de prova, e, no caso de investigação de paternidade, ao fundamento de que a sociedade não pode suportar a manutenção de filhos sem identidade, parcial ou total. Na Alemanha, prevalece a tutela da personalidade. O indivíduo é obrigado a submeter-se aos meios de prova médico-genéticos: "A exceção mais notável na Europa Ocidental é assim a Alemanha, onde vige, desde 1938, a regra da submissão coativa das partes e das testemunhas à colheita do sangue, 'desde que essa medida seja necessária ao exame de filiação de uma criança'"[211]. Na Itália, a recusa injustificada influenciará na valoração da prova e, justificada ou não, sujeitará o réu a pena pecuniária[212]. No Direito inglês, a "[...] recusa a sujeitar-se à ordem judicial que determina o exame corporal vale por obstruir a busca da prova e deve conduzir necessariamente à perda do processo"[213]. A matéria, contudo, tem provocado vários pronunciamentos[214][215] de doutrina e jurisprudência. Alguns[216] firmam posição, que entendem prevalente, de não poder o juiz determinar a realização de exame sem a concordância do requerido, já que violaria o direito à intimidade, corolário da integridade física.

Taruffo e Gian Micheli[217] asseveram que não se pode forçar ninguém a submeter-se a pesquisas médicas e biológicas. Então, esse tipo de prova é admitido desde que haja o consentimento "livre e descoactado" do interessado, como consta dos relatórios belga e australiano, segundo os autores. Lima Neto[218] pontifica que provimento judicial que determine a condução coercitiva do réu para coleta de material para realização de exame de DNA discrepa de garantias constitucionais implícitas e explícitas de preservação da dignidade humana, da intimidade, da intangibilidade do corpo humano. Decisão do Supremo Tribunal Federal[219] é nesse sentido, segundo o autor, embora entenda que o "caso líder" não enseja a conclusão de inconstitucionalidade, em face de sua peculiaridade.

---

(211) BRASIL. Supremo Tribunal Federal. *HC* n. 76.060-SC. Relator: Ministro Sepúlveda Pertence. Brasília, 1998. Disponível em: <http://www.stf.jus.br/portal/jurisprudencia> Acesso em: 18.10.2008.
(212) MARTINS; ZAGANELLI, 2000, p. 151-162.
(213) FRANK, Rainer. L'examen biologique sous contrainte dans le cadre de l'établissement en droit allemand. In: *Révue Internat. Dir. Comparé*, n. 4/905, p. 908, 1995, *apud* PERTENCE, Sepúlveda. In: *HC* n. 76.060-SC, 1998. Disponível em: <http://www.stf.jus.br/portal/jurisprudencia/listarJurisprudencia.asp> Acesso em: 18.10.2008.
(214) TARUFFO; MICHELI, 1979, p. 155-163.
(215) MARTINS; ZAGANELLI, 2000, p. 161-162.
(216) MARTINS; ZAGANELLI, 2000, p. 151-162.
(217) TARUFFO; MICHELI, 1979, p. 155-163.
(218) LIMA NETO, 2000.
(219) BRASIL. Supremo Tribunal Federal. *HC* n. 71.373. Relator: Ministro Francisco Rezek. Brasília, 22 jun. 1996. Disponível em: <http://redir.stf.jus.br/paginador/paginador.jsp?docTP=AC&docID=73066> Acesso em: 18.10.2008.

O Ministro Ilmar Galvão, relatando processo no STF, entendeu que, em caso de perícia grafotécnica, a pessoa deverá ser intimada para fornecer amostra, mas a recusa não pode ter consequência endoprocessual[220]. E decisão recente da Corte Suprema, de relatoria da Ministra Cármen Lúcia[221], aponta que não se pode presumir a embriaguez de quem não se submete a exame de dosagem alcoólica, em face do princípio *nemo tenetur se detegere*.

O Código de Processo Civil (arts. 320, II, e 351) dispõe que não há incidência dos efeitos da revelia, tampouco da confissão, em processos em que se discutem direitos indisponíveis. E o réu, que se recusa a realizar exame, que confessa, ou que é revel, não sofre qualquer ônus ou punição endoprocessual. Por isso, o autor é que deve carrear aos autos toda prova para ter sucesso na ação[222].

---

(220) Ementa: *Habeas corpus*. Crime de desobediência. Recusa a fornecer padrões gráficos do próprio punho, para exames periciais, visando a instruir procedimento investigatório do crime de falsificação de documento. *Nemo tenetur se detegere*. Diante do princípio *nemo tenetur se detegere*, que informa o nosso direito de punir, é fora de dúvida que o dispositivo do inciso IV do art. 174 do Código de Processo Penal há de ser interpretado no sentido de não poder ser o indiciado compelido a fornecer padrões gráficos do próprio punho, para os exames periciais, cabendo apenas ser intimado para fazê-lo a seu alvedrio. É que a comparação gráfica configura ato de caráter essencialmente probatório, não se podendo, em face do privilégio de que desfruta o indiciado contra a autoincriminação, obrigar o suposto autor do delito a fornecer prova capaz de levar à caracterização de sua culpa. Assim, pode a autoridade não só fazer requisição a arquivos ou estabelecimentos públicos, onde se encontrem documentos da pessoa a qual é atribuída a letra, ou proceder a exame no próprio lugar onde se encontrar o documento em questão, ou ainda, é certo, proceder à colheita de material, para o que intimará a pessoa, a quem se atribui ou pode ser atribuído o escrito, a escrever o que lhe for ditado, não lhe cabendo, entretanto, ordenar que o faça, sob pena de desobediência, como deixa transparecer, a um apressado exame, o CPP, no inciso IV do art. 174. *Habeas corpus* concedido. (BRASIL. Supremo Tribunal Federal. *HC* n. 77.135/SP. Relator: Ministro Ilmar Galvão. Brasília, 6 nov. 1998. Disponível em: <http://www.stf.jus.br/portal/jurisprudencia/listarJurisprudencia.asp> Acesso em: 18.10.2008).
(221) Ementa: *Habeas corpus*. Constitucional. Impossibildade de se extrair qualquer conclusão desfavorável ao suspeito ou acusado de praticar crime que não se submete a exame de dosagem alcoólica. Direito de não produzir prova contra si mesmo: *nemo tenetur se detegere*. Indicação de outros elementos juridicamente válidos, no sentido de que o paciente estaria embriagado: possibilidade. Lesões corporais e homicídio culposo no trânsito. Descrição de fatos que, em tese, configuram crime. Inviabilidade do trancamento da ação penal. 1. Não se pode presumir a embriaguez de quem não se submete a exame de dosagem alcoólica: a Constituição da República impede que se extraia qualquer conclusão desfavorável àquele que, suspeito ou acusado de praticar alguma infração penal, exerce o direito de não produzir prova contra si mesmo: Precedentes. 2. Descrevendo a denúncia que o acusado estava "na condução de veículo automotor, dirigindo em alta velocidade" e "veio a colidir na traseira do veículo" das vítimas, sendo que quatro pessoas ficaram feridas e outra "faleceu em decorrência do acidente automobilístico", e havendo, ainda, a indicação da data, do horário e do local dos fatos, há, indubitavelmente, a descrição de fatos que configuram, em tese, crimes. 3. Ordem denegada. (BRASIL. Supremo Tribunal Federal. *HC* n. 93.916/PA. Relatora: Ministra Cármen Lúcia. Brasília, 10 jun. 2008. Disponível em: <http://redir.stf.jus.br/paginador/paginador.jsp?docTP=AC&docID=535925> Acesso em: 18.10.2008.)
(222) "A revelia decretada nas ações de investigação de paternidade não produz os efeitos previstos no art. 319, do CPC, porquanto as ações relativas ao estado de filiação se enquadram na modalidade de direitos indisponíveis, estando em perfeita consonância com o que prescreve o art. 320, inciso II, do CPC. A prova exclusivamente testemunhal não é suficiente para a formação da convicção necessária para o julgamento da ação investigatória, sendo necessário o exame de DNA, para que seja alcançada a verdade real." (ESPÍRITO SANTO. Tribunal de Justiça. Ementa. Apelação Cível n. 51050009466. Relator Des. Ney Batista Coutinho. Vitória, 29 jan. 2008. Disponível em: <www.tjes.jus.br> Acesso em: 14.12.2009.)

Por outro lado, a Convenção de São José da Costa Rica, ratificada pelo Brasil, mediante Decreto n. 676, de 6.11.1992, deixa certo que ninguém é obrigado a depor contra si mesmo, nem a declarar-se culpado, significando dizer que não se pode exigir que a pessoa produza prova contra si mesma. Idêntica garantia estabelece a Carta de 1988, quando dispõe que ninguém será considerado culpado, senão por sentença com trânsito em julgado (art. 5º, LVII) e que o preso tem o direito de permanecer calado (art. 5º, LXIII). E, no CPP, está certo esse direito, garantindo-se a ausência de qualquer sanção (art. 186, *caput* e parágrafo único)[223].

Como poderia ser resolvida a questão, se há licitude na recusa à submissão de exame médico, laboratorial ou, em outras palavras, se ninguém pode ser obrigado a fazer prova contra si mesmo? Lima Neto resolve[224] que, no caso do processo civil[225], é possível harmonizar a busca pela verdade com o respeito à ética e aos direitos fundamentais, especialmente, o direito à intimidade, à dignidade e à integridade corporal. E dá a solução. Somente lei[226] pode prever a realização de qualquer exame. Os testes não podem ser coercitivos, nem potencialmente arriscados. A recusa à submissão a exames, em conjunto com os demais elementos probatórios, poderia ensejar a confissão e a inversão do ônus da prova[227].

Mas no que refere à investigação de paternidade, parece estarem chegando ao fim os problemas com o DNA. A Lei n. 12.004, de 29 de julho de 2009, esta-beleceu a presunção de paternidade no caso de recusa de submissão ao DNA, exigindo, entretanto, análise dessa recusa em conjunto "com o contexto proba-tório" e com elementos que demonstrem a existência de relacionamento entre a mãe e o suposto pai[228]. Essa nova lei, embora pareça ter resolvido o proble-ma, foi mais branda do que a Súmula n. 301 do Superior Tribunal de Justiça, a qual, desde 2004, reconhece presunção *juris tantum* nos casos de recusa do suposto pai a submeter-se ao exame.

Em verdade, a colisão de princípios — o direito à prova, o direito à identidade e o direito à intimidade — somente se resolve na análise do caso concreto,

---

(223) ZAGANELLI; MARTINS, 2000.
(224) LIMA NETO, 2000.
(225) "O aforismo *Nemo tenetur edere contra se*, no processo civil, não apenas não se justifica no plano da moral, mas não tem relação com alguma norma positiva que valha para atenuar a avaliação negativa do comportamento desleal, expresso por aquela prova." (GRASSO, Eduardo. La collaborazione nel processo civile. *Rivista di Diritto Processuale*, v. XXI, II serie, p. 580-609, 1966, em tradução livre.)
(226) Art. 231 do Código Civil — Lei n. 10.406, de 10 de janeiro de 2002: "Aquele que se nega a submeter-se a exame médico necessário não poderá aproveitar-se de sua recusa". Art. 232: "A recusa à perícia médica ordenada pelo juiz poderá suprir a prova que se pretendia obter com o exame".
(227) "Assim, se o réu se negar a submeter-se a exame de DNA, é evidente que 'não poderá aproveitar-se de sua recusa'." (MARINONI, Luiz Guilherme; ARENHART, Sérgio Cruz. *Curso de processo civil*. São Paulo: Revista dos Tribunais, 2007. p. 414. v. 2: Processo de conhecimento.)
(228) IBDFAM. *Boletim Eletrônico do Instituto Brasileiro de Direito de Família*, n. 118, 17 jul. 2009, em comentário à nova lei. Disponível em: <www.ibdfam.org.br:80/mailing/?n=118> Acesso em: 18.7.2009.

quando o juiz, diante de todos os elementos dos autos, pode decidir com ciência e consciência.

2.4. A INSTRUÇÃO DO PROCESSO E O PRINCÍPIO DA COOPERAÇÃO

No Estado moderno, consolidou-se a assimetria[229] na relação do juiz com as partes. O Estado é o senhor do direito e, consequentemente, do Direito Processual. Ao juiz compete apenas aplicar a lei ao caso concreto por meio do silogismo. No fim do século XIX[230], seguindo a onda do positivismo, desvalorizou-se o contraditório, que perdeu sua essência. O princípio do contraditório, embora continuasse referido, não figurava mais como inspiração das normas processuais, tal como fora idealizado pelos iluministas. Tornara-se, pouco a pouco, norma abstrata, sem qualquer valor ou com valor apenas secundário no processo.

Esse modelo começa a ser colocado em xeque[231], a partir os meados do século XX, na tentativa de resgatar a antiga dimensão retórica e dialética do processo. A questão da cidadania começou a ganhar corpo, exigindo novas posturas do juiz no processo, retomando-se o contraditório como princípio essencial do processo justo. Picardi sentencia: "Estamos, com toda probabilidade, nas matrizes da noção de 'justo processo'"[232].

As transformações do século XX deram origem ao modelo cooperativo[233], em que as relações entre Estado, sociedade e indivíduo se pautam pela Constituição. Importa, no entanto, salientar que tal modelo se funda na democracia como modelo para as sociedades contemporâneas, bem como na Constituição como o arquétipo político das relações sociais. A participação da sociedade no Estado e a submissão ao Direito, portanto, constituem as linhas mestras do Estado Democrático de Direito. O Brasil atravessou o século XX perseguindo tal padrão. Houve o período da República de 1945, cujo desfecho em 1954 obscureceu os avanços obtidos. Em 1988, a Constituição Federal recolocou-se como a referência de Justiça.

A ideia de cooperação, nas sociedades democráticas, exige um juiz mais ativo, "colocado no centro da controvérsia"[234] e fiel aos princípios constitucio-

---

(229) MITIDIERO, Daniel. *Colaboração no processo civil:* pressupostos sociais, lógicos e éticos. São Paulo: Revista dos Tribunais, 2009. p. 70.
(230) PICARDI, Nicola. *Audiatur et altera pars:* as matrizes histórico-culturais do contraditório. In: *Jurisdição e processo*. Rio de Janeiro: Forense, 2008. p. 137-138.
(231) OLIVEIRA, 2008.
(232) PICARDI, 2008, p. 143.
(233) MITIDIERO, 2009, p. 71-72.
(234) OLIVEIRA, 2008.

nais. O ativismo cooperativo inspira a maior parte dos ordenamentos[235] — entre os quais o italiano e o alemão —, que preveem alguns poderes de iniciativa instrutória atribuídos ao juiz. A direção do processo, na Alemanha, cabe ao juiz, sem que as partes possam interferir, inclusive, quanto ao adiamento de audiências, que só pode ocorrer por motivo imperioso. O objetivo consiste em garantir o deslinde do processo no menor prazo possível, de preferência, numa mesma audiência[236]. Como afirma Bauer, o movimento reformista *Stuttgarter Modell* tentou eliminar o inconveniente da longa duração dos processos, mas as medidas tomadas, se não contassem com um juiz pronto a realizá-las, apenas seriam soluções "tomadas ao vento" [237]. O legislador trabalha com expectativa de atitudes dos juízes para a conclusão de um processo, não só no que se refere ao tempo de sua duração, mas, e principalmente, no campo da justiça, que é o desiderato de todo o trabalho do Judiciário.

Também em relação à prova dos fatos, o juiz alemão tradicionalmente possui amplos poderes, mas trata-se de um poder-dever, e as partes podem influir diretamente na instrução do feito, fazendo perguntas diretamente a testemunhas e peritos. É dever do juiz discutir com as partes, esclarecendo-as sobre as provas, solicitando-lhes informações completas e verdadeiras e todos os fatos relevantes da causa. O magistrado pode dispor de todos os meios de prova, mesmo que as partes não os tenham oferecido[238], exceto da testemunhal. Mesmo no caso de não produzirem as partes prova testemunhal considerada relevante pelo juiz, ele pode perguntar-lhes se consideraram essa possibilidade e por que não se serviram dela, induzindo, pois, esses sujeitos processuais à produção da prova omitida. Em contrapartida, o juiz não pode ignorar provas oferecidas pelas partes, senão por decisão fundamentada. Em 2001, ampliaram-se ainda mais tais poderes, por meio do art. 142 da lei processual alemã, facultando ao juiz ordenar de ofício às partes e aos terceiros a exibição de documentos referenciados. No art. 144 da mesma lei, o magistrado pode dispor sobre a inspeção das coisas[239], significando a ampliação de fiscalização sobre as provas produzidas. Segundo Bauer, essa nova forma de ver a atividade do juiz tem um viés compensatório das desigualdades sociais, o que é uma vantagem, mas tem também suas desvantagens e perigos: "[...] há que se dizer que o juiz, simultaneamente, sai do seu papel passivo e assume de alguma maneira a responsabilidade pela 'cura' de uma relação 'doente' entre o direito e a vida"[240].

---

(235) TARUFFO, Michele. Poteri probatori delle parti e del giudice in Europa. *Rivista Trimestrale di Diritto e Procedura Civile*, p. 451-482, 2006.
(236) BAUER, Fritz. O papel ativo do juiz. *Revista de Processo*, n. 27, ano VII, p. 186-199, jul./set. 1982.
(237) *Idem*.
(238) *Idem*.
(239) TARUFFO, 2006, p. 451-482.
(240) BAUER, 1982, p. 186-199.

Já o direito processual italiano, segundo Taruffo[241], realizou mudanças mais modestas. As provas são propostas pelas partes, que têm o ônus de investigar as fontes e trazê-las ao processo[242]. O Código Civil italiano, em seu art. 2.697, I, atribui esse ônus a quem deseja ver reconhecido um direito em juízo[243]. Carnelutti[244] critica expressamente tal comando legal, pois, se o juiz fosse livre no uso do meio de prova, talvez chegasse à descoberta da verdade ocultada pela necessidade de seguir a regra jurídica da pesquisa das provas facultada apenas às partes. Bedaque[245], por outro lado, leciona que, embora prevaleça a disposição das partes quanto às provas, parte da doutrina admite o poder instrutório do juiz, em face de determinadas regras do Código. O art. 257 do Código de Processo Civil italiano, por exemplo, prevê a possibilidade de o juiz ordenar o comparecimento de testemunha referida no processo. No art. 118, há a previsão de determinar o juiz a inspeção de pessoas ou coisas. E, ainda, o art. 281[246], com alteração ocorrida em 1998, dispõe que, se houver necessidade, o juiz pode determinar de ofício a realização de um ou mais meios de prova.

As alterações introduzidas na legislação italiana em 1990, que estabeleceram um sistema de preclusões, segundo Grasso[247], foram entendidas como redução do poder do juiz para concorrer com as partes na formação da matéria a ser objeto de sua decisão. Em verdade, tal não ocorreu, porque "as decadências" não impedem o desenvolvimento, pelo juiz, de atividades ou intervenções, em papel suplementar às partes, poder que já lhe é conferido por lei, não a favor da parte inerte, que porventura já esteja impedida de produzir alguma prova em face da preclusão consumada, mas em benefício da justiça substancial da decisão a ser proferida.

Tonini[248] defende que o juiz italiano deve rejeitar as pretensões da parte incapaz de obter as provas por seus próprios meios, apoiando-se no princípio da equivalência substancial dos direitos no Processo Civil. No Processo Penal, contudo, Tonini[249] admite, no curso dos debates, determinar o juiz a produção de novos meios de prova, se concluir sejam elas insuficientes. Cappelletti informa que, na Itália, o juiz não pode assumir de ofício a prova testemunhal,

---

(241) TARUFFO, 2006, p. 451-482.
(242) Art. 115 do Código civil italiano apud TARUFFO, 2006, p. 451-482.
(243) TONINI, Paolo. *A prova no processo penal italiano*. São Paulo: Revista dos Tribunais, 2002. p. 66.
(244) CARNELUTTI, Francesco. *A prova civil*. São Paulo: Universitária de Direito, 2003. p. 50.
(245) BEDAQUE, José Roberto dos Santos. *Poderes instrutórios do juiz*. São Paulo: Revista dos Tribunais, 1994. p. 62.
(246) ITÁLIA. *Código de processo civil italiano*. Campinas: Aga Juris, 2000.
(247) GRASSO, Eduardo. Note sui poteri del giudice nel nuovo processo di cognizione in primo grado. *Rivista di Diritto Processuale*, p. 711-730, 1992.
(248) TONINI, 2002, p. 69.
(249) *Ibidem*, p. 67-68.

nem a documental, mas pode realizar inspeção judicial de lugares, determinar uma perícia.

Outros modelos, entretanto, merecem ser apreciados. Na Áustria e na França, o juiz pode determinar prova testemunhal sem requerimento da parte, com limitações quanto aos questionamentos, ou seja, não pode o juiz questionar fatos jurídicos não alegados pelas partes. Cappelletti afirma, outrossim, que, na prática, é raro o juiz usar desses poderes na Europa Ocidental, porque a parte que alega um fato que lhe é favorável dificilmente deixa de requerer a produção da prova que demonstre a verdade do que está a proclamar[250].

Já em Portugal, antes das reformas iniciadas em 1926, competia às partes a tarefa de impulsionar a atividade dos tribunais e a tudo definir, inclusive com o encargo de carrear aos autos todas as provas necessárias à apreciação da matéria de fato por elas delimitada. Com a finalidade de garantir a imparcialidade processual, o juiz devia assistir a tudo, numa posição eminentemente passiva[251]. Não havia qualquer controle da atividade instrutória e o formalismo excessivo era a tônica. Desse marco, processaram-se inúmeras reformas, até que, pelo Decreto-Lei n. 329-A/1995, consagrou-se "o princípio da cooperação como princípio angular e exponencial do processo civil, de forma a propiciar que juízes e mandatários cooperem entre si, de modo a alcançar-se, de uma feição expedita e eficaz, a justiça do caso concreto [...]". O juiz passou, assim, a possuir controle da instrução probatória, mas com o dever de garantir o contraditório, "traduzindo uma visão participada do processo, e não numa visão individualista, numa visão cooperante, e não numa visão autoritária"[252].

Na Espanha, segundo Taruffo[253], verifica-se situação diferente. A lei processual de 1881 previa, no art. 340, poderes de iniciativa instrutória para o juiz, se considerasse necessário integrar as provas oferecidas pelas partes. Em 2000, entretanto, a nova lei eliminou esse poder e passou a prever, no art. 435, apenas a diligência em que o juiz, de ofício, determina a renovação das provas já admitidas pelas partes se o resultado não se apresentar satisfatório. Não se pode afirmar que o juiz foi reduzido a total passividade. O art. 429 faculta ao juiz declarar às partes as provas que entende convenientes, nos casos em que observa as provas deduzidas redundarem em fracasso para o

---

(250) CAPPELLETTI, Mauro. *O processo civil no direito comparado*. Belo Horizonte: Cultura Jurídica — Líder, 2001. p. 60-62.
(251) PORTUGAL. *Decreto-Lei n. 44.129, de 28 de dezembro de 1961*. Edição digital. Coimbra: Almedina, 2007.
(252) PORTUGAL. *Decreto-Lei n. 329-A, de 12 de dezembro de 1995*. Edição digital. Coimbra: Almedina, 2007. O § 3º do art. 265 do Código português dispõe: "Incumbe ao juiz realizar ou mesmo ordenar, oficiosamente, todas as diligências necessárias ao apuramento da verdade e à justa composição do litígio, quanto aos factos de que é lícito conhecer".
(253) TARUFFO, 2006.

esclarecimento dos fatos, indicando aqueles cuja prova seja insuficiente. Ressalte-se que essa norma constitui uma espécie de sugestão que o juiz dirige às partes, mas, evidentemente, com notável força persuasiva. Assim, tal regra apresenta-se como fruto de um compromisso entre diferentes tendências relacionadas à definição do papel do juiz no processo civil.

Em contrapartida, Picó I Junoy[254], embora admita o poder instrutório do juiz na Espanha, estabelece alguns limites: em primeiro lugar, os fatos devem ser trazidos aos autos pelas partes, de modo que sejam controvertidos ou discutidos entre elas; segundo, impossibilitado está o juiz de investigar fontes de prova, devendo valer-se apenas daquelas oferecidas pelas partes, sendo-lhe vedado uso de seu conhecimento privado, sob pena de ferir a imparcialidade e perder a confiança do jurisdicionado; e, em terceiro lugar, a obediência ao princípio do contraditório. Os objetos a proteger, segundo o autor, consistem nos "Principios dispositivos y aportación de parte, imparcialidad judicial y derecho a la defensa"[255].

Noticia Cappelletti[256] que, nos Estados Unidos, em 1906, um jovem e obscuro professor de Direito de Nebraska, Roscoe Pound, pronunciou, numa convenção da *America Bar Association*, um discurso sobre as causas da insatisfação popular na administração da Justiça. Naquela oportunidade, Pound atacava, sem piedade, o santuário do Direito anglo-americano, que chamou desdenhosamente de "a teoria agonística da justiça". Suas críticas dirigiam-se à sacralização da concepção política de que o juiz deveria ser um mero árbitro e que as partes haveriam de combater seu duelo à sua maneira, sem interferência do juiz.

Em 1961, o Juiz Irving R. Kaufman anunciou, numa convenção de juristas, a tendência de conferir participação mais ativa do juiz no procedimento. E concluía Kaufman que a aceitação quase evangélica do sistema puramente adversarial não constituía "garantia automática de justiça"[257]. Cappelletti[258] afirmou que os americanos necessitavam, ainda, percorrer longo caminho, porque, em muitos aspectos, perduravam as semelhanças entre a situação denunciada em 1906 e aquelas presentes, como reconheceu o Presidente da Suprema Corte Americana em 1970. Atualmente, alterou-se a concepção do papel do juiz, em parte, já se admitindo uma atitude mais ativa do juiz, embora Cappelletti e Garth[259] afirmem que ainda há severas críticas quanto

---

(254) PICÓ I JUNOY, Joan. *El juez y la prueba*. Barcelona: J. M. Bosch, 2007. p. 117-118.
(255) PICÓ I JUNOY, Joan. Los principios del nuovo proceso civil español. *Revista de Processo*, n. 103, ano 26, p. 58-94, jul./set. 2001.
(256) CAPPELLETTI, Mauro. Aspectos sociais e políticos do processo civil. In: *Processo, ideologias e sociedade*. Porto Alegre: Sergio Antonio Fabris, 2008. v. 1, p. 361-377.
(257) CAPPELLETTI, 2008, p. 362.
(258) *Idem*.
(259) CAPPELLETTI; GARTH, 1988, p. 77.

ao sistema americano de neutralidade judicial, desde o famoso discurso de Roscoe Pound em 1906.

Nos Estados Unidos, as provas são apresentadas antes mesmo da instauração do processo. Os advogados conduzem a produção de todas as provas, sem a participação do juiz. Na instauração do processo, observa-se a admissibilidade das provas constantes dos autos, facultando-se, inclusive, a produção de outras, se o juiz julgar necessário, e, a partir daí, o que for produzido ocorrerá perante ele. Há regras federais[260] sobre a produção de provas, como a *Rule* 614 da *Federal Rules of Evidence*, que atribui ao juiz o poder de dispor, de ofício, de provas testemunhais não deduzidas pelas partes, enquanto a *Rule* 614 também atribui ao magistrado o poder de interrogar testemunhas coligidas pelas partes ou chamadas de ofício pelo mesmo juiz. Além disso, a *Rule* 706 atribui ao juiz o poder de dispor de consultas técnicas, nomeando os especialistas que o assessoram, principalmente, em razão de esclarecimentos prestados por especialistas contratados pelas partes. Mas essas regras não são rígidas[261], portanto, pouco praticadas[262], na medida em que raros juízes a utilizam, exceto em relação ao assessoramento de especialistas.

Cappelletti[263] afirma que os sistemas da França e da Áustria, que autorizam o juiz a produzir determinadas provas de ofício, causariam assombro a muitos juízes anglo-americanos, embora autores como Wignore e M. C. Cormick confirmem que, nos Estados Unidos, os juízes podem convocar testemunhas, independentemente de requerimento das partes. A jurisprudência americana, entretanto, viria seguindo apenas escassamente a tese dos autores, segundo, ainda, Cappelletti[264].

Nancy Andrighi assevera que nem a morosidade do processo nos Estados Unidos tampouco seu alto custo podem ser atribuídos ao Poder Judiciário, uma vez que a instrução probatória, a parte mais demorada e custosa do processo, é realizada extra-autos[265]. O juiz, nesse sistema, funciona mais como um fiscal do processo, possui poderes mais amplos no julgamento, com vistas a limitar o âmbito da atividade do júri, em que pese o sistema adversarial estar enfrentando pressões por mudança, mormente nos casos das *class actions*[266]. Em conclusão, não se pode afirmar que o caráter adversarial reine

---

(260) TARUFFO, 2006.
(261) COLE, Charles. A súmula vinculante nas experiências americana e brasileira. Samfor University. *Ponto de Vista*: Jornal da Associação de Magistrados da Justiça do Trabalho da 3ª Região, out./nov./dez. 2007.
(262) TARUFFO, 2006.
(263) CAPPELLETTI, 2001, p. 61.
(264) *Idem*.
(265) ANDRIGHI, Fátima Nancy. *Provas no direito americano*. Disponível em: <http://bdjur.stj.jus.br> Acesso em: 20.3.2008.
(266) AMENDOEIRA JR., Sidnei. *Poderes do juiz e tutela jurisdicional:* a utilização racional dos poderes do juiz como forma de obtenção da tutela jurisdicional efetiva, justa e tempestiva. São Paulo: Atlas, 2006. p. 90-91.

absoluto nas arenas jurídicas norte-americanas, pois, mesmo nos casos de processos individuais, as novas regras disponibilizadas no seu ementário legal apontam para o ativismo dos juízes, cuja imagem se distancia de um árbitro, emergindo a figura do *managerial judge*[267].

Na Inglaterra, o juiz agia muito pouco. Seu papel era predominantemente passivo, em matéria probatória. Os litigantes decidiam livremente a produção das provas, desde a forma até o modo de coletá-las. A partir de abril de 1999, porém, com a vigência das regras de procedimento civil, de 1998, houve um deslocamento da tônica — dos poderes das partes para os do juiz[268]. Essas regras não chegam a autorizar provas de ofício, mas conferem ao juiz importantes poderes na instrução probatória, como a indicação das questões a serem provadas, a determinação do modo como a prova deve ser produzida, a exclusão da prova, a limitação da reinquirição de testemunha pelo advogado da parte contrária, a determinação de prestar a parte esclarecimentos, acerca de qualquer ponto controvertido e em qualquer momento do processo, e, ainda, a nomeação de assessores, para assisti-lo em casos necessários. Consoante opina René David[269], o processo inglês tornou-se mais simples, e os tribunais de justiça funcionam como se houvesse júri, embora em matéria cível seja excepcional a presença de jurados. A audiência é única, pública, *the day in court*, em que os pontos de desacordo são elucidados oralmente, no sistema *cross examination*: "O jurista inglês, herdeiro dos práticos, desconfia daquilo que ele considera, muito naturalmente, como fórmulas ocas: que vale a afirmação de um direito ou de um princípio, se na prática não existe um meio de aplicá-lo?" O autor explica ainda que as atenções dos juristas ingleses estiveram voltadas, durante muito tempo, apenas para o processo, não se preocupando com as regras de direito substancial, o que vem ocorrendo muito lentamente.

Interessante observar que, séculos antes, Bentham (1748-1832)[270] era favorável à investigação pelo juiz se as partes não conseguissem obter as provas de que necessitassem. Estabeleceu regras para essa investigação: a primeira é que o procedimento deve ser aplicado a toda classe de causas, tanto cíveis, como penais; a segunda é que cada tribunal deve ter e exercer essa faculdade[271], porque tribunal algum pode estar seguro de que fará justiça, se não tiver o poder de investigar os fatos; a terceira é que a investigação deve ficar a cargo de quem vai sentenciar, ou seja, o poder de investigar e de sentenciar deve estar nas mesmas mãos.

---

(267) MOREIRA, 2004, p. 56.
(268) MOREIRA, José Carlos Barbosa. A revolução processual inglesa. In: *Temas de direito processual*. São Paulo: Saraiva, 2007. p. 72-77. (9ª série).
(269) DAVID, René. *Os grandes sistemas de direito contemporâneo*. São Paulo: Martins Fontes, 1998. p. 321-322.
(270) BENTHAM, 1971, t. I, p. 10; t. II, p. 265-266.
(271) Embora Dinamarco afirme: "O juiz não tem faculdades no processo, senão deveres e poderes". (DINAMARCO, Cândido Rangel. O princípio do contraditório e sua dupla destinação. In: *Fundamentos do processo civil moderno*. São Paulo: Malheiros, 2002. t. I, p. 127.)

Em recente seminário ocorrido em Londres, conforme noticiam Marco Gradi, Paula Costa e Teresa Wambier[272], a propósito do aniversário de 10 anos de vigência do Código de Processo Civil inglês, juristas de renome discutiram o acesso à justiça, o alto custo do processo, um dos mais sérios problemas do sistema judiciário inglês, a interpretação das novas regras a fim de permitir ao juiz lidar com os casos de maneira justa, a eficiência do processo e a efetiva tutela dos direitos. Discutiu-se ainda "o efetivo êxito da ambiciosa reforma do *Lord Woolf*, que se propunha justamente reduzir *cost, delay, complexity and excessive adversarialism*, principalmente, por meio da atribuição de um papel mais ativo e muito mais gerencial do juiz". Mas o ponto central, segundo os autores, foi o poder de gestão do processo, que está intimamente ligado à ideia de que o juiz deve efetivamente desempenhar papel muito mais ativo. Entretanto, ao fim do encontro, chegou-se à conclusão de que pairava sobre o processo "excessiva discricionariedade reconhecida ao juiz e a inexistência de uma cultura de gestão do processo entre os magistrados".

Dentre as "bases constitucionales mínimas del proceso civil justo para a América Latina", Morello[273] aponta: o poder-dever do juiz de garantir o contraditório, em condições de efetiva paridade, o poder-dever de promover de ofício as provas atribuídas por lei, no caso específico em que seja imprescindível para remover uma incerteza objetiva de fatos controvertidos, no interesse do descobrimento da verdade, com oportunidade para que as partes possam produzir contraprova, se o desejarem, e a proibição de prova de ofício com o objetivo de eximir uma das partes, em prejuízo da outra, de sua carga probatória. É do mesmo autor a informação das conclusões do "XXII Congreso Nacional de derecho procesal debido proceso", ocorrido em 2003, na Argentina. No que tange às provas, ficou decidido, no congresso, que a prova ordenada de ofício deve ser controlada pelas partes, que podem oferecer contraprova, qualquer que seja a etapa em que se encontre o processo. Em suma, na Argentina, também é possível ao juiz determinar provas de ofício, desde que haja a possibilidade de controle das partes, por meio do contraditório.

No Brasil, a resistência em conceber a iniciativa[274] da instrução processual ao juiz provém da origem de nosso Direito[275], nossa cultura de direito

---

(272) GRADI, Marco; SILVA, Paula Costa; WAMBIER, Teresa Arruda Alvim. Seminário sobre os 10 anos de vigência do código de processo civil inglês. *Revista de Processo*, n. 170, ano 34, p. 157-160, abr. 2009.
(273) MORELLO, Augusto M. *El proceso justo*. La Plata: Platense, 2005. p. 789; 795.
(274) "A tradição dos magistrados no Brasil, no Estado contemporâneo, é ainda de um juiz distante das partes, mero espectador e isento de qualquer participação [...]. [...] a prática do Judiciário tem demonstrado que os juízes não são afetos a participar na instrução probatória, ficando o encargo à mercê dos litigantes [...]." (MARTINS, José Renato Silva. *O dogma da neutralidade judicial*. Rio de Janeiro: Lumen Juris, 2007. p. 58-59.)
(275) Em verdade, as dificuldades dos magistrados não se limitavam à produção de provas. No Brasil Colônia (MANCHESTER, Alan K. *Preeminência inglesa no Brasil*. São Paulo: Brasiliense, 1973. p. 81 e 87), os cidadãos ingleses tinham tantos privilégios que para eles havia um juiz especial que eles próprios elegiam.

privatista, hoje superada. Nas Ordenações Manuelinas, por exemplo, no Livro 3, Título L, consta que o juiz, ao sentenciar, deve ater-se ao alegado e provado pelas partes, ainda que a consciência lhe dite o contrário. Nas Ordenações Filipinas, da mesma forma (Livro 3, Título LXVI): se o juiz tomar ciência de um documento fora dos autos, mandará juntar, mas isso não haverá lugar nos feitos cíveis, e ele julgará segundo as provas nos autos: "Autor e réu eram senhores absolutos da lide, *domini litis*"[276]. Então, os poderes do juiz, em nossa legislação anterior, era pequeno, limitando-se à fiscalização do ritmo do processo.

Precursor da reação, segundo Bedaque[277], ao escasso poder do juiz foi Alexandre de Gusmão, professor da Faculdade de Direito do Largo de São Francisco, a quem, a exemplo da legislação alemã, austríaca e húngara, o juiz deveria ter a liberdade de determinar diligências que lhe parecessem necessárias à apuração dos fatos. Segundo ele, o juiz não poderia ser uma figura inerte, sem iniciativa própria na marcha e andamento do processo, só agindo por requerimento ou insistência das partes. Essas ideias foram encampadas pelo Ministro Francisco Campos, na exposição de motivos do Código de 1939. Vale destacar que, nessa exposição, o ministro deixava certo que não vale o juiz apenas conduzir o feito, mas também intervir no processo de maneira que atinja seu objetivo no esclarecimento dos fatos e na procura da verdade. A regra deve ser temperada com a prudência do juiz, isto é, quando a sua atuação se revelar necessária. E acrescenta:

> O juiz é o Estado administrando a Justiça; não é um registro passivo e mecânico dos fatos, em relação aos quais não o anima nenhum interesse de natureza vital. Não lhe pode ser indiferente o interesse da Justiça. Este é o interesse da Comunidade, do povo, do Estado e é no juiz que um tal interesse se representa e personifica.

Teria sido a concepção publicista do processo, inspirado em Chiovenda, que levara o Ministro a essas considerações, explica. Segundo a concepção de Bedaque, os poderes instrutórios não podem ser deixados apenas nas mãos

---

Esses juízes também eram privilegiados porque só poderiam ser removidos para Portugal por pedido do embaixador ou ministro inglês. As dificuldades continuaram no Império, quando os juízes eram nomeados pelo Imperador, que também era detentor do Poder Moderador e, dessa forma, poderia o juiz ser removido ou afastado de suas funções (Veja-se a Constituição de 1824, arts. 101, VII e 102, III). Também as ações de liberdade dos escravos traziam "sérios embaraços para os magistrados", além de outros, porque estavam sujeitos ao "princípio de obediência à vontade senhorial". (Veja-se em CAMPOS, Adriana Pereira. *Escravidão e liberdade nas barras dos tribunais*. Disponível em: <www.historica.arquivoestado.sp.gov.br/materiasanteriores/edicao09/material03> Acesso em: 13.5.2009) "Um exemplo concreto desse problema nos é fornecido pelo próprio Conselho de Estado, quando, em 1953, decidiu que 'não pode ser o senhor obrigado a alforriar o escravo contra sua vontade [do primeiro], mesmo dando àquele seu valor', pois a 'Constituição garante a propriedade em toda sua plenitude'", afirma a autora.

(276) OLIVEIRA, Carlos Alberto Alvaro. *Do formalismo no processo civil*. São Paulo: Saraiva, 2003. p. 32.
(277) BEDAQUE, 1994, p. 58-60.

das partes, porque o escopo do processo é atuar de forma justa e igualitária. O processo, não se limitando a dirimir conflitos, é instrumento de justiça que não se produz sem a efetiva e ampla atuação do juiz. Pontes de Miranda[278], contudo, afirmou, criticando o CPC de 1973, que dar poderes ao juiz para produzir quaisquer provas, que as partes nem sequer demonstraram desejar, como autoriza o CPC, desde 1939, "é quebrar toda a longa escadaria que se subiu através de cento e cinquenta anos de civilização liberal". Enfatiza que o problema técnico apresentado ao legislador consistia em subordinar o juiz à prova dos autos ou entregar todo o poder na instrução. Se a primeira opção era ruim, por pecar por omissão, a segunda pecou por excesso.

O direito processual moderno preocupa-se em intensificar os poderes investigatórios do juiz, possibilitando-lhe formar a convicção, focando a condução do processo de forma rápida, segura, leal e eficaz, nos estritos limites da lide, apresentados pelas partes. Sabe-se, contudo, do perigo desse princípio[279] ao ter juiz o total controle do processo[280], conduzi-lo autoritariamente, sem ouvir as partes, vulnerando o princípio do contraditório, ponto fundamental da paridade de armas.

Segundo Marinoni[281], o poder do juiz para determinar provas de ofício não tem o objetivo de conduzi-lo à persecução da verdade, mas apenas de ajudá-lo na formação do convencimento, quando as provas produzidas não lhe dão o suporte necessário para uma decisão justa. A atuação de ofício não é um remédio milagroso, mesmo porque só pode ser utilizado em situações específicas, como em relação à prova pericial, já que outros meios de prova que possam ajudar na elucidação dos fatos alegados pelas partes, nem sempre o juiz consegue conhecê-los. Não se pode olvidar que, mesmo havendo produção de provas de ofício, o poder de participação das partes deve ser garantido, tanto na sua formação quanto no seu resultado.

---

(278) MIRANDA, Pontes de. *Comentários ao código de processo civil.* Atualização de Sérgio Bermudes. Rio de Janeiro: Forense, 1995. t. II, p. 398.
(279) "A frequência, em hipótese bastante elevada, dessas iniciativas de ofício, que surgem e se exaurem no segredo das câmaras de conselho, pode restringir consideravelmente o campo da colaboração" [...] "que o fato não pode ser observado de ofício pela primeira vez com a sentença é visivelmente estranho à norma geral sobre o contraditório expressa pelo art. 101 do Proc. Civ.". (GRASSO, 1966, p. 380-409, em tradução livre.)
(280) "Si se recorriese la historia de los tribunales para destacar todas las prácticas que han sido establecidas en perjuicio de la verdad y para ruína del verdadero derecho y de la inocência, nos encontraríamos con un cuadro desolador. En muchos casos há habido más error que mala fe, pues seguiendo el camino contrario a los intereses de la justicia se creia servila. Pero conviene confesar que los legisladores, tímidos por ignorância, han dejado que los hombres de ley adquieran un imperio absoluto del procedimiento [...] Cuanto más oscuro y complicado há sido el sistema, más necesarios han resultado sus servicios. Los tribunales de justicia han estado poblados de leguleyos que devoraban a los desgraciados litigantes: ficciones legales, nulidades, formas supérfluas, embustes privilegiados, han cubierto el campo de la ley. Y el desventurado a quien se oprime, obligado a reivindicar sus derechos, compruba frecuentemente que la reparación de una injuria es mucho más ruinosa que la injuria misma" (BENTHAM, 1952, t. I, p. 76).
(281) MARINONI, 2008.

A jurisprudência do Superior Tribunal de Justiça admite iniciativa probatória do julgador, se, para suprir deficiências probatórias das partes e por encontrar-se em estado de perplexidade, desde que haja "equilíbrio e razoabilidade" na sua atitude[282]. Consoante assinala Greco Filho[283], o art. 130 do Código pode levar a uma interpretação inadequada dos seus ditames, atribuindo ao juiz poderes ali não previstos, como a autorização para utilização do princípio inquisitivo na instrução probatória. Tal preceito seria corretamente interpretado com análise, em conjunto, com o sistema dispositivo que confere às partes a iniciativa no processo, inclusive quanto a provas. Forma diferente de interpretar o artigo da lei vulneraria o princípio dispositivo.

Alvaro de Oliveira[284] alerta que a atividade probatória do juiz não pode ser confundida com o princípio dispositivo. A dedução dos fatos em que se firma o direito é interesse exclusivo da parte, da mesma forma o poder de ajuizar ação. Essas afirmações, entretanto, não autorizam concluir-se que a parte tenha também disposição sobre o curso e o impulso do processo. Tal princípio, para Bedaque[285], não tem o poder de limitar a atuação do juiz, além do que consta dos arts. 128 e 460 do CPC, ou seja, na decisão, o magistrado deverá obedecer aos limites do pedido e da defesa. E jamais poderia o órgão jurisdicional cessar a demanda, alterar o pedido, a causa de pedir ou, mesmo, não considerar tais situações eriçadas no processo pelas partes, que detêm seu monopólio.

João Batista Lopes, com suporte em Cappelletti e Joan Picó[286], afirma que o princípio dispositivo, em sua moderna configuração, significa que o início da atividade jurisdicional pertence às partes, bem como a determinação do objeto do processo e a possibilidade de finalizar a atividade jurisdicional por vontade própria. A iniciativa das provas, porém, não é privativa das partes, exercendo o juiz diversos poderes, de intervenção, de solicitação, de estímulo etc.

Calamandrei[287], da mesma forma, assinala que o poder de disposição das partes se concentra no *thema probandum* e que determinados poderes concedidos ao juiz para averiguar a verdade, com o objetivo de fazer justiça por meio do processo, não vulneram o princípio dispositivo. É necessário que o juiz tenha autonomia dentro de certos limites para instruir o processo, constituindo-se mesmo numa questão de "ordem técnica", o que não contradiz com o imperativo de respeito à vontade das partes.

---

(282) Vejam-se, por exemplo: Recursos Especiais ns. 1.012306-PR; 629.312-DF; 471857-ES; 166.801-GO; 126.777-MG.
(283) GRECO FILHO, Vicente. *Direito processual civil brasileiro*. São Paulo: Saraiva, 1999. v. 1, p. 227.
(284) OLIVEIRA, 2003, p.145.
(285) BEDAQUE, 1994, p. 71 e 96.
(286) LOPES, João Batista. *A prova no direito processual civil*. São Paulo: Revista dos Tribunais, 2007. p. 72-73.
(287) CALAMANDREI, 1999, v. 1, p. 322.

Tal princípio não se entrelaça com o poder de instruir o processo, tampouco se transforma em amarras para o juiz cuja função primordial é a realização da justiça, por meio do processo. Em verdade, não se pode atribuir virtude alguma a um Judiciário que apenas se preocupa em reduzir o número de processos e acabar, o mais depressa possível, com aquele mal que mais e mais entope os escaninhos dos cartórios.

Outro princípio que procura ser manejado para inibir o juiz ativo é o da imparcialidade[288][289] que constitui um dos eixos da tridimensionalidade[290] da garantia do juiz natural. É, pois, uma exigência constitucional, além de garantia do cidadão e do juiz, conforme decidiu o Conselho da Magistratura do Tribunal de Justiça do Estado de Minas Gerais[291]:

> No Estado Democrático de Direito, um dos maiores postulados de credibilidade é a imparcialidade do Poder Judiciário. A imparcialidade constitui uma garantia para o Estado, porquanto lhe interessa que a sua vontade seja respeitada e que a justiça se administre corretamente; constitui uma garantia para o cidadão, que vê livre de iniquidade e tendenciosidade, e constitui, também, garantia para o próprio juiz que se acoberta contra a suspeita de arbitrariedade, de favorecimento ou de outra injustiça.

O Código Ibero-americano de Ética Judicial traça algumas diretrizes para atuação dos juízes e tem como uma das exigências intrínsecas à tarefa judicial a imparcialidade, "que se orienta no sentido de evitar todo tratamento desigual

---

(288) Mário Quintana afirma que "A imparcialidade é uma atitude desonesta. De duas uma: ou o imparcial está mentindo, traindo acaso as suas mais legítimas preferências, ou então não passa de um robô, mero boneco mecânico sem opinião pessoal, sem nada de humano. [...] Quem começou a desmoralizar o conceito de imparcialidade foi Pilatos, que apenas desempenhou uma pontinha na História... Mas que pontinha! Todavia, a verdadeira imparcialidade não deve ser essa de Pilatos, tão cômoda e tão cara aos hedonistas. Mas sim do reconhecimento e proclamação da verdade, antes, acima e apesar de tudo". E dá um exemplo de imparcialidade, que entende como objetiva e realista: "O prefeito de Nagasaqui, Tsume Tajawa, após o bombardeio atômico de sua cidade, declarou: 'Se o Japão possuísse o mesmo tipo de arma, tê-la-ia usado'." E conclui: "Só resta discutir o que você teria feito se estivesse na pele de Pôncio Pilatos". (QUINTANA, Mario. *Da preguiça como método de trabalho*. São Paulo: Globo, 2007. p. 190-191.)
(289) Segundo Blackburn, imparcialidade é "Virtude fundamental associada à justiça e à equidade. Uma distribuição dos benefícios e das obrigações é feita imparcialmente se nenhuma consideração a influencia, exceto as que determinam o que é devido a cada indivíduo" (BLACKBURN, 1997, p. 198).
(290) "[...] não haverá juízo ou tribunal *ad hoc*, ou seja, de exceção; todos têm o direito de submeter-se a julgamento (civil ou penal) por juiz competente; o juiz competente tem de ser imparcial." (NERY JUNIOR, Nelson. Imparcialidade e juiz natural: opinião doutrinária emitida pelo juiz e engajamento político do magistrado. In: MARINONI, Luiz Guilherme (coord.). *Estudos de direito processual*. São Paulo: Revista dos Tribunais, 2005. p. 175-183.)
(291) BRASIL. Conselho da Magistratura do Tribunal de Justiça de Minas Gerais. *Comunicação — suspeição afirmada por juiz de direito* n. 1.0000.08.481045-6/00, Comarca de Rio Paranaíba. Relatora: Desembargadora e Conselheira Maria Elza. Belo Horizonte, 9 jan. 2009. Disponível em: <www.tjmg.jus.br> Acesso em: 6.8.2009.

ou discriminatório para as partes e seus advogados", segundo os autores Manuel Atienza e Rodolfo Luis Vigo[292]:

> Um juiz imparcial é aquele que não só persegue objetividade em seu trabalho específico, mas rejeita *todo tipo de comportamiento que pueda reflejar favoritismo, predisposición o prejuicio* (art. 10). Com esses fins, deve abster-se de participar das causas nas quais *vea comprometida su imparcialidad o en lasque un observador razonable pueda entender que hay motivo para pensar así* (art. 11).

Referido código (art. 10) dispõe que o fundamento da imparcialidade é o direito de serem as partes tratadas com equidade, ou seja, com a garantia de participação igual no desenvolvimento do processo. Isso se faz, segundo os autores, mediante o respeito que deve o juiz ao debate contraditório no marco do devido processo.

Costuma-se, inadequadamente, atribuir ao sistema que admite poderes do juiz no campo de provas a denominação de inquisitivo[293], mesmo quando o princípio dispositivo impera quanto à iniciativa da demanda, às impugnações, às exceções. A disposição das partes está justamente nesses pontos assinalados, porque, caso contrário, o processo voltaria a ser "coisa das partes", como ocorreu até a primeira metade do século XIX, em que elas decidiam o tempo do processo, as provas e tudo o mais. Cappelletti[294] afirma que a questão era vinculada à preocupação com a perda da imparcialidade do juiz. Não se pode negar que é um risco para a imparcialidade o contato do juiz com partes, advogados, testemunhas etc. Consoante expõe Barbosa Moreira, determinar *ex officio* a produção de provas não significa, entretanto, quebra da imparcialidade, uma vez que não há possibilidade de deduzir-se previamente a quem beneficiará a prova. E, se o juiz se omitisse, também poderia beneficiar uma das partes[295], daí que, também nesse caso, poderia ser considerado parcial.

Embora sério o argumento[296] contrário à iniciativa probatória do juiz, a garantia da imparcialidade situa-se no respeito ao princípio da igualdade das partes e do contraditório (o que, aliás, é condição de validade de qualquer

---

(292) ATIENZA, Manuel; VIGO, Rodolfo Luís. *Código Ibero-Americano de ética judicial*. Disponível em: <http://www.cidej.org/c/document_library/get_file?uuid=5b142f88-73ce-47f2-beb5 d82c7d75db81& groupId=10124> Acesso em: 24.7.2009.
(293) CAPPELLETTI, 2001, p. 38-42.
(294) *Idem*.
(295) MOREIRA, José Carlos Barbosa. Reflexões sobre a imparcialidade do juiz. In: *Temas de direito processual*. São Paulo: Saraiva, 2001. p. 19-37. (7ª série).
(296) "La necesidad de separar las funciones de investigar y de juzgar, en aras a garantizar la imparcialidad del juzgador, ya fui destacada por Chiovenda, afirmando que 'las esferas del juez y del defensor deben estar separadas, porque existe una verdadera incompatibilidad psicológica entre el oficio de juzgar y el de buscar los elementos de defensa de las partes'." (PICÓ I JUNOY, 2007, p. 110-111.)

prova) e na imposição do dever de motivar as decisões. Marinoni e Arenhart[297] pontificam que a omissão do juiz na determinação da produção de uma prova relevante para o processo o torna parcial ou desidioso. Já o juiz que cumpre corretamente o que dispõe o art. 130 do CPC, porque lhe interessa a solução da causa de forma que mais se aproxime da verdade, ou da verdade provável, cumpre o papel que a ordem jurídica lhe confere, ou seja, de cuidar da efetividade do processo.

O princípio da distribuição do ônus da prova (CPC, art. 333), que também é erigido em benefício de maior atividade das partes, não é subordinante da regra do art. 130, porque tais dispositivos são aplicados em momentos diferentes do processo. O primeiro momento é o da instrução, quando as partes e o juiz estão voltados para a fase de obtenção das provas. Aliás, nesse momento, é que as partes podem ainda convencionar quem sairá prejudicado caso não consiga provar algum fato controvertido, exceto quando se tratar de direito indisponível ou se a convenção tornar-se mais gravosa para uma das partes. Aquele que tiver mais facilidade para apresentação da prova[298], cumprindo a convenção, poderá apresentá-la, sem necessitar da intervenção do juiz, sofrendo o ônus do resultado negativo, se houver. O segundo momento em que se leva em conta a distribuição do ônus da prova é o julgamento da lide, caso o juiz se vir em estado de perplexidade, mesmo com todas as provas possíveis já produzidas. Assim, julgará conforme o art. 333, observando a distribuição do ônus da prova, segundo o alegado pelas partes. Ao contrário, se o resultado da instrução for satisfatório, o juiz analisará as provas, e com elas decidirá, independentemente de quem as haja produzido. Nesse caso, o art. 333 do CPC não terá qualquer influência no resultado da demanda.

É interessante ressaltar que a aplicação do princípio da distribuição do ônus da prova tanto se repetirá quanto recorrente for a passividade do juiz. Essa talvez seja a única ligação que o ativismo possa ter com a distribuição do ônus da prova. Barbosa Moreira[299] chega a dizer que a ciência interroga da permanência desse princípio em confronto com o da iniciativa do juiz no campo da prova, porque, se a parte conta com a participação do juiz, é natural que deixe a ele o trabalho de investigação. Entretanto, não é assim, ele mesmo conclui. Não é lógico pensar que a parte, por esse motivo, fique inerte, sem produzir prova, aguardando que o juiz o faça. Mesmo porque essas são regras de julgamento e auxiliares do juiz, em estado de dificuldade diante do feito, já que lhe é vedado o *non liquet*. Barbosa Moreira[300] ainda afirma

---

(297) MARINONI; ARENHART, 2007, p. 285.
(298) GRECO, Leonardo. *Os atos de disposição processual* — primeiras reflexões. Disponível em: <http://www.revistaprocessual.com/ediçõesletrônicas/Ano_1_2007/out-dez2007> Acesso em: 31.7.2008.
(299) MOREIRA, José Carlos Barbosa. Julgamento e ônus da prova. In: *Temas de direito processual*. São Paulo: Saraiva, 1988. p. 77-78. (2ª série).
(300) MOREIRA, 2001, p. 23.

categoricamente que o juiz cuidadoso não procura valer-se do que denomina tábua de salvação. Por isso, ele tenta buscar as provas que as partes, por dificuldade ou desídia, não conseguiram apresentar. Por outro lado, consoante Arruda Alvim e Teresa Arruda Alvim, o caminho normal para a solução do litígio é o princípio do ônus da prova[301].

Arruda Alvim[302] explica que o art. 130 do Código de 1973, repetindo o art. 117 da lei anterior, tem base no art. 275 do Código de Processo Civil da Áustria e há de ser entendido e interpretado no sistema de nossa lei processual, ou seja, quando se falar de poder instrutório do juiz, deve-se, em conjunto, analisar o princípio do ônus da prova. O dever das partes limita o poder do juiz na instrução do processo. Pelos ditames do art. 333 do mesmo Código, há de ser vencedor na causa aquele que alegar e provar o fato determinante da disputa judicial. Ao contrário, quem não provar há de ser vencido. Ainda segundo o mesmo autor, a interpretação do citado artigo há de levar em conta o artigo seguinte, o art. 131, que determina o critério do livre convencimento motivado, diante das provas produzidas, pressupondo-se, pois, que as partes teriam cumprido seus deveres de produzir determinadas provas, relevantes para o deslinde da controvérsia.

A decisão com base na distribuição do ônus da prova constitui o último recurso a ser utilizado pelo julgador. A regra é necessária, e auxiliar do juízo, mas deve ser exceção. Tomando de empréstimo as palavras de Leonardo Greco[303], dizemos que é importante:

> [...] o equilíbrio que deve existir entre os poderes do juiz e os poderes de disposição das partes no processo civil brasileiro. A cooperação e o diálogo humano, que devem constituir o clima dominante no desenvolvimento do processo, exige o mútuo reconhecimento das posições de vantagem que cada um dos interlocutores está em condições mais favoráveis de tutelar, sem rivalidades, nem autoritarismos, mas no espírito construtivo do processo mais justo possível e da consequente solução mais adequada possível da causa.

E se, a final, no momento de sentenciar, apresentadas todas as provas, o juiz verificar que há algum ponto obscuro com possibilidade de ser esclarecido, poderá converter o julgamento em diligência, para determinar repetição de prova ou mesmo a realização de uma nova, mas tem o dever de intimar as partes, com os esclarecimentos acerca do ponto específico ainda duvidoso, em respeito dos princípios do contraditório e ampla defesa.

---

(301) ALVIM, Arruda; PINTO, Teresa Arruda Alvim. *Manual de direito processual civil*. São Paulo: Revista dos Tribunais, 1991. v. 2, p. 244.
(302) ALVIM, Arruda. *Código de processo civil comentado*. São Paulo. Revista dos Tribunais, 1979. v. 5, p. 214.
(303) GRECO, 2007.

A possibilidade de malferimento do princípio da igualdade[304] também fomenta desconfiança em relação ao ativismo do juiz em matéria de prova.

Consoante ensina Francisco Bacon[305], compete ao juiz nivelar as desigualdades:

> O juiz deve preparar o caminho para uma justa sentença como Deus costuma abrir o seu caminho *elevando vales e abaixando montanhas*; de maneira que, se aparecer, do lado de uma das partes, um braço poderoso, uma pressão violenta, astuciosas vantagens, combinações, poderes, grandes conselhos, nesse caso a virtude do juiz consiste em nivelar as desigualdades, para poder fundar a sua sentença num terreno plano.

Comoglio[306], tratando do processo justo na União Europeia, cita como terceiro elemento para se chegar a esse objetivo o "contraditório entre as partes, com bases paritárias, em obediência ao princípio da 'paridade de armas'". E explicita que o contraditório é o primeiro valor contemplado pelo art. 6º da Convenção Europeia de Direitos Humanos. Quanto à paridade de armas, pressupõe-se um equilíbrio entre as possibilidades probatórias de uma e de outra das partes contrapostas. Deve cada parte obter espaço para produzir suas provas e que uma não fique em desvantagem substancial em relação à outra a ponto de admitir até mesmo um depoimento que, em outras circunstâncias, seria inadmissível, como de uma testemunha incapaz, em nome do princípio da igualdade. E pontifica:

> Na constitucionalização do conceito de justo processo — que é cláusula geral de justiça processual, princípio de ordem variável ou de tessitura aberta, eticamente aceitável por estar conforme a cultura jurídica da legalidade, no estado de direito moderno — encontra-se espaço tanto a ideia de processo justo, enquanto regulado pela lei (ou segundo a legalidade processual), como aquela

---

(304) "Se eu julgasse contra a força, meus julgamentos não seriam executados. Observai, senhores, que os juízes não são obedecidos senão quando têm a força por eles. Sem os gendarmes, o juiz não passaria de um pobre sonhador. Eu me prejudicaria se tirasse a razão de um gendarme. Aliás, a índole das leis opõe-se a tal. Desarmar os fortes e armar os fracos seria mudar a ordem social que eu tenho por missão preservar. A justiça é a sanção das injustiças estabelecidas. Já foi ela vista alguma vez em oposição aos conquistadores, contrária aos usurpadores? Quando um poder ilegítimo se eleva, basta que ela o reconheça para torná-lo legítimo. Tudo está na forma, não há entre o crime e a inocência mais que a espessura de um papel timbrado. [...] A justiça é social. Só as mentes depravadas podem querê-la sensível e humana. Ela é administrada com regras fixas, não com os estremecimentos da carne ou os clarões da inteligência. [...] Direi mesmo que a ideia de uma justiça justa só pode ter germinado na cabeça de um anarquista. É verdade que o presidente Magnaud profere sentenças equitativas. Mas elas são revogadas, e isto é de justiça. O verdadeiro juiz pesa os testemunhos pelo peso das armas." (FRANCE, Anatole. *A justiça dos homens*. Rio de Janeiro: Civilização Brasileira, 1978. p. 25-26.)

(305) BACON, 1952, p. 237.

(306) COMOGLIO, 2004, p. 97-158.

da paridade de armas, entendidas como correspondência dinâmica de recíprocos direitos entre as próprias partes com base em sua substancial igualdade.

Uma preocupação do terceiro imparcial (juiz)[307] deve ser a direção adequada do processo, cuidando para que os sujeitos parciais, as partes, ajam com lealdade, de forma a evitar a "melhor razão do mais forte". A cooperação entre esses sujeitos, a firmeza na condução das provas pelo juiz, o respeito ao correto procedimento, regras claras e precisas, observando a igualdade das partes, levam o processo a bom termo, cumprindo sua função: a justiça.

Diz Greco Filho[308] que o juiz vulneraria o princípio da igualdade, se determinasse provas de ofício, auxiliando uma das partes em detrimento da outra. Nesse caso, o juiz estaria substituindo a iniciativa probatória dos litigantes. Só pode haver produção de provas de ofício, no dizer do autor, nos procedimentos de interesse público, para complementar alguma prova já requerida pela parte, quando seu convencimento correr o risco de ser sacrificado, pela insuficiência da prova. Exemplifica a situação com o complemento de perícia ordenado pelo juiz, após o resultado incompleto dessa prova, antes requerida a tempo e modo pela parte interessada em seu resultado. Fora de situações da estirpe, complementa, não tem o juiz poder e autorização legal para agir de ofício, tomando a iniciativa probatória própria das partes, "[...] sob pena de violar o princípio da isonomia e sob pena de comprometer-se com uma das partes, extinguindo, com isso, o requisito essencial da imparcialidade".

Segundo Cappelletti[309], o princípio da igualdade tem maior probabilidade de ser vulnerado, na Inglaterra e nos Estados Unidos, porque as partes têm mais liberdade de movimento do que na Áustria ou Alemanha, por exemplo. No sistema americano, o processo seria mais dramático, mais "litigatório", porque o advogado pode convocar ou constranger a outra parte ou a testemunha a comparecer a seu escritório, a encontrar-se com ele, quando são interrogadas antes do *trial*. Aqui, entra a habilidade dos defensores, porque a luta é entre as partes (por intermédio de seus advogados). Mesmo no *trial* os advogados é que conduzem os interrogatórios, "numa espécie de jogo dialético". No processo austríaco, por outro lado, procurou-se democratizar ou socializar o processo, com a finalidade de assegurar às partes a efetiva igualdade, visando privilegiar quem "sustente a causa mais justa", e não àquele que tem o advogado mais astuto, mais ágil ou o investigador mais diligente.

---

(307) BIDART, Adolfo Gelsi. Participação popular na administração da justiça: conciliación y proceso. In: GRINOVER, Ada Pellegrini; DINAMARO, Cândido Rangel; WATANABE, Kazuo (coords.). *Participação e processo*. São Paulo: Revista dos Tribunais, 1988. p. 253-261.
(308) GRECO FILHO, 1999, p. 227-228.
(309) CAPPELLETTI, 2001, p. 54-58.

Justiça gratuita apenas não seria suficiente. A advertência de um conhecido jurista, segundo Cappelletti, teria sido:

> [...] a mensagem mais importante que o estudioso do direito comparado tem a obrigação de difundir nos Estados Unidos é que "até no país mais ditatorial da órbita do direito civil, o homem pequeno tem tido, de muitos modos, um acesso mais rápido ao juiz e à justiça do que neste país".[310]

Embora a igualdade substancial consignada no Código de Processo Civil português não seja expressa no Código de Processo Civil brasileiro, o art. 125 do CPC determina que o juiz cuide da igualdade das partes, porque a ele compete a direção do feito, reprimindo atitudes que tenham a pretensão de alongar o tempo do processo ou prejudicar uma das partes.

A Constituição Federal, ao contemplar o princípio da igualdade[311], não deixa dúvida sobre a sua existência no plano substancial, porque a interpretação da norma não pode levar ao vazio. E essa garantia deve, pois, refletir-se no processo que tem um fim social e persegue o justo. A plena disponibilidade das provas é um ponto a ser levado em conta, mas sozinho, não garante a igualdade, senão a formal, se a passividade do juiz for a tônica do procedimento.

O maltrato do princípio constitucional da igualdade ocorre quando o juiz defere a realização de prova apenas por uma das partes, quando o requerimento de ambos os contendores for importante para o deslinde da controvérsia[312]. A imparcialidade é uma garantia evocada em nome da igualdade das partes, significando dizer que o juiz não deve tomar qualquer atitude que importe no desequilíbrio das forças[313]. O sistema liberal[314] coloca o juiz superpartes e acaba sendo mais autoritário do que aquele juiz que participa ativamente do processo, dialogando com as partes e colocando-se como autoridade apenas no momento da decisão. Por outro lado, Grasso[315] afirma que "O juiz não pode relevar nem o erro da parte nem a necessidade da prova sem violar aquele princípio: de fato, de sua indicação é certo que a um dos contendores derivará uma vantagem e ao outro um dano".

---

(310) CAPPELLETTI, 2001, p. 56.
(311) Observem-se também os incisos I, VIII, XIII, XLI, XLII do art. 5º da CF/1988, além do *caput*.
(312) BRASIL. Supremo Tribunal Federal. *Igualdade processual. Alegação de maltrato ao art. 153, § 1º, da anterior Constituição Federal*. Agravo Regimental n. 01305835/140. Relator: Ministro Aldir Passarinho. Brasília, 6 nov. 1990. Serviço de Jurisprudência, DJ 31 mar. 1991, Ementário n. 1622-2.
(313) "O juiz não pode dar mão forte a uma das partes, em detrimento da outra, com a finalidade de suprir deficiência probatória em que aquela incorreu." (NEGRÃO, Theotonio. *Código de processo civil e legislação processual em vigor*. São Paulo: Saraiva, 2007. p. 262, nota art. 125: 7b.)
(314) GRASSO, 1966, p. 580-609.
(315) *Idem*.

O processo está a serviço da justiça e, portanto, não pode servir de escada ao contendor mais esperto[316] ou mais rico, que tem o poder de pagar um defensor especial, diante de um "juiz-esfinge"[317], alheio à situação de cada uma das partes, cujo interesse é apenas a bela técnica processual, sem preocupar-se com a justiça de sua decisão. O exercício do poder estatal, entretanto, não pode ser arbitrário. As decisões coercitivas só são legítimas na medida em que as partes sujeitas às suas consequências tenham oportunidade de participar, oportunidade de ser ouvidas e também possibilidade de contrapor-se nos momentos adequados[318].

O aforismo de Bulgaro — *Judicium est actus ad minus trium personarum: actoris, rei, judicis* — quer designar o sentido unitário do processo, com a atuação de cada um dos sujeitos (autor-proponente, réu-oponente e juiz), em perfeita sintonia, cada um em seu papel, mas numa sequência de "pré-ordenada comunhão de trabalho"[319]. As ideias de faculdade, de poder, de dever, de direito, de obrigação e de ônus, que estão tipificadas no ordenamento jurídico, como a competência de cada ramo do Judiciário prevista na Constituição Federal, ou mesmo os direitos dos cidadãos previstos na mesma Carta, ou, então, as regras dos Códigos de Processo Civil e Civil, acerca de provas, da carga probatória, do papel de partes e do juiz em audiência etc.[320], embora soem como uma camisa de força para os sujeitos processuais, inspiram também a compreensão de coordenação e, por que não, de cooperação entre esses mesmos sujeitos. Como salienta Grasso, a doutrina delineia colaboração, selecionando critérios organizativos "das forças operantes no processo". Fala-se em colaboração mais do que de cooperação dessas forças. Na sequência dos atos processuais, porém, não se vê um só ato do juiz ou de uma das partes que não tenha como antecedente a ação de uma parte ou do juiz, ao menos de forma remota. A parte não pode ver aplicada a lei sem o juízo, e o juízo não pode atuar sem provocação da parte. Nesse sentido, entretanto, a colaboração limita, porque quer indicar uma organização interna dos atos processuais. Não é só isso. Colaboração pressupõe pessoas trabalhando em uníssono por um objetivo comum[321], autor, réu e juiz, nos mesmos elementos de fato e de direito, fornecendo o produto dessa colaboração, para o produto final que é a sentença. Então, o juiz exerce dois papéis: primeiro, ao lado das partes e, depois, superpartes, como Estado-Juiz, declarando o direito.

---

(316) RICCI, 2000, p. 1.129-1.163.
(317) ALLORIO, Enrico. *A vida e a ciência do direito na Itália*, apud GRASSO, 1966.
(318) CABRAL, Antonio do Passo. Il principio del contraddittorio come diritto d'influenza e dovere di dibattito. *Rivista di Diritto Processuale*, p. 449-464, anno 2005.
(319) GRASSO, 1966, p. 580-609.
(320) Por exemplo, os arts. 5º e 93 da Constituição Federal de 1988 e os arts. 14-17;112-113;125-136; 331, 333, 339 do Código de Processo Civil.
(321) GRASSO, 1966, p. 580-609.

Se o processo, dessa forma, não atinge a verdade é questão que se pode indagar, mas o princípio da igualdade das partes é garantido, uma vez que, nesse sistema, embora a atuação da parte seja espontânea, nada pode impedir sua manifestação simultânea com os demais sujeitos processuais, com a exposição de ideias acontecendo num ambiente de paridade.

Lição de Artur de Souza[322] é que a igualdade perante a lei só deixa de ter uma dimensão estática, de ficção jurídica, quando o Estado-Juiz assume seu dever de suprimir a desigualdade (que a ficção jurídica não conseguiu extirpar), transformando-a em igualdade real ou material, que é a dimensão dinâmica da igualdade. Não se pode tratar a igualdade como um ideal ou uma abstração no processo. Atitude da estirpe apenas agravaria as desigualdades das partes, prejudicando a justiça processual.

O contraditório seria consoante, leciona Ada Pellegrini[323], o meio adequado para se obter a igualdade dinâmica no processo.

> O contraditório, como contraposição dialética paritária e forma organizada de cooperação no processo, constitui o resultado da moderna concepção da relação jurídica processual, da qual emerge o conceito de *par conditio*, ou igualdade de armas.

A autora explica que o termo "igualdade de armas" modernamente deve ser entendido como equilíbrio de situações, de reciprocidade. Seria como no processo penal a acusação e a defesa. Ainda segundo a autora, a concepção tradicional do contraditório era estática e correspondia à igualdade formal das partes. Por isso, exigia-se a figura do juiz equidistante. Presumia-se que às partes seria assegurada a possibilidade de desenvolverem plenamente a defesa, se o juiz permanecesse neutro e alheio à produção de provas. Hoje, no processo "publicizado", com plenos poderes atribuídos ao juiz, essa equidistância deve ser temperada, "a fim de estimular a participação das partes no contraditório e, consequentemente, sua colaboração e cooperação no justo processo" [324]. Dinamarco[325] pontifica:

> Instaurado o processo, cresce hoje a tendência de reforçar os poderes do juiz e seus deveres de participação — mas ainda assim todo sistema processual é construído de modo a oferecer a cada uma das partes, ao longo de todo o procedimento, oportunidades para

---

(322) SOUZA, Artur César de. *A parcialidade positiva do juiz*. São Paulo: Revista dos Tribunais, 2008. p. 202-203.
(323) GRINOVER, Ada Pellegrini. *Novas tendências do direito processual*: de acordo com a Constituição de 1988. Rio de Janeiro: Forense, 1990. p. 7.
(324) GRINOVER, 1990, p. 7.
(325) DINAMARCO, 2002, p. 126.

participar pedindo, participar alegando e participar provando. Oferecer-lhes *his day in court* é abrir as portas para essa tríplice participação.

Por sua vez, Grasso[326] posiciona-se no sentido de que a aplicação tradicional do princípio do contraditório só poderia realizar uma "desvanecida imagem do sistema de colaboração". Entretanto, a norma *audiatur et altera pars,* se obedecida em todo *iter* procedimental, além de propiciar a igualdade material, seria um instrumento hábil à busca da verdade. Um juiz que se pronuncie de ofício sobre qualquer matéria sem dar oportunidade às partes para que se manifestem não cumpre em sua integridade o princípio do contraditório. Mantém-se, portanto, em sua posição equidistante, superpartes, não desenvolvendo o processo no sentido da cooperação, mas na concepção "da mecânica processual".

O contraditório auxilia o juiz na instrução do processo, porque, em verdade, seriam três pontos de vista com maior proveito conforme maior a disparidade entre os enfoques apresentados pelas partes. Seria "[...] a verdade em três dimensões; se não fossem duas as partes, o juiz não poderia ser imparcial"[327]. É o que há de mais importante para a correta aplicação da lei, visando garantir a justiça. Interessante observar que Grasso[328] considera que Calamandrei, "um jurista finamente dotado", [...] "ainda que num momento de geral falta de confiança nas sortes da justiça", tenha entendido o contraditório como "uma disputa de habilidades na qual o juiz dará a palma a quem saberá melhor persuadi-lo". Mas, continua o autor, o contraditório deve observar regras apropriadas para oferecer ao juiz elementos necessários a seu convencimento e não pode ser um jogo interessado a apenas aproveitar-se da imprudência do adversário. E o juiz deve estar atento a essas circunstâncias.

Antes da decisão, na instrução probatória, nessa perspectiva, o juiz só exerce o poder de império na condução do processo, dentro dos limites que lhe são traçados, preparando dados para a sentença, utilizando-se de seus poderes instrutórios, conformando a instrução como o momento processual de paridade de armas, dialogando, explicitando pontos obscuros em cada parcela dos fatos controvertidos, cumprindo o dever inserto na norma do art.

---

(326) GRASSO, 1966, p. 580-609.
(327) CALAMANDREI, Piero. *Direito processual civil.* Campinas: Bookseller, 1999. v. 2, p. 227.
(328) GRASSO, 1966, p. 580-609. Embora o autor tenha registrado, na nota de rodapé n. 24 (em tradução livre), que, para Calamandrei, "o processo tornou-se de brutal embate de ímpetos guerreiros jogo sutil de engenhosos raciocínios", "no qual 'cada competidor, antes de dar um passo, deve procurar prever com atento estudo não apenas da situação jurídica mas também da psicologia do adversário e do juiz, com quais reações o antagonista responderá à sua ação', registrou também que para Calamandrei tudo isso é conatural ao princípio dispositivo, no qual 'a disputa entre os contrapostos interesses de parte é considerada e explorada pelo Estado como instrumento mais idôneo para satisfazer no final o interesse público à justiça'".

125 do Código de Processo Civil. O auxílio do diálogo entre juiz e partes e entre partes é de indubitável valor para se chegar à justiça do processo. Grasso compara os sistemas da total imobilidade do juiz — os da *Common Law* e os da Europa Oriental —, em que tem o dever de máxima intervenção, porque, segundo ele, ambos ferem o princípio do contraditório, em sua perspectiva moderna.

Nesse desiderato, o dever de lealdade deve estar presente no curso do processo, porque a regra do contraditório deve assegurar a ambas as partes o conhecimento de todos os aspectos da causa, não podendo um dos contendores esconder qualquer elemento relevante, nem impedir que a outra parte exerça seus direitos ou dificulte ao juiz o exercício de seus poderes. Grasso acrescenta, ainda, que o aforismo *nemo tenetur edere contra se* não se justifica, no plano moral, no processo civil e, além disso, não serve para atenuar comportamento de deslealdade processual.

Cabral[329] afirma que, no contraditório, a parte tem também deveres, não só poderes. Em verdade, um dos objetivos do contraditório é a cooperação dos sujeitos processuais para chegar-se a um resultado justo. Então, impõe-se o dever de lealdade, justificando os atos de repressão dos comportamentos de má-fé e os atos ofensivos à dignidade da justiça.

A contribuição[330] à colaboração, no processo civil italiano, é visível no ordenamento, visto que tanto o juiz como as partes podem ter a iniciativa da prova. Mas não teria efeito para o processo justo, se ao juiz não fosse permitido, dentro de certos limites, se aproximar das partes e dialogar com elas. O juiz, no regime de colaboração, coloca-se no nível das partes, transformando a tradicional construção triangular em perspectiva paralela. Os três sujeitos do processo identificam-se, tornando-se uma única força "que penetra na matéria em busca da verdade"[331]. O contraditório[332] é exigido em relação a todas as provas adquiridas ou admitidas a qualquer título, mesmo as pré-constituídas, antes de sua apreciação e valoração pelo juiz na fase decisória. Nenhuma opção de "terceira via" na formação do juízo de fato poderá ser admitida sem que as partes tenham oportunidade de conhecer e discutir acerca de seu conteúdo, estendendo-se esse dever aos fatos notórios, senso comum, indícios etc. A omissão constituirá *error in procedendo* ou mesmo erro de julgamento, denunciáveis, com as consequências legais. Quando a prova for determinada de ofício, com mais razão as partes deverão ter oportunidade de exercitar o direito de defender-se e opor-se a esses meios probatórios *ex officio*. O

---

(329) CABRAL, 2005, p. 449-464.
(330) GRASSO, 1966, p. 580-609.
(331) *Idem*.
(332) COMOGLIO, 2004, p. 97-158.

contraditório[333] não pode ser limitado a um ou outro meio de prova, mas o "mais amplo possível, sem pré-constituídas exclusões, deixando livre espaço para o exercício do direito da parte à contraprova ou à prova contrária"[334].

O Código de Processo Civil[335] português não deixa dúvida quanto à necessidade de debates. O Decreto-Lei n. 211, de 14 de junho de 1991, contém previsão de mecanismos que sugerem a adoção do princípio da cooperação. Com a edição do Decreto-Lei n. 329-A, de 12 de dezembro de 1995[336], registrou-se:

> Sector em que, decididamente, as inovações são mais profundas, representando uma verdadeira alteração estrutural, é da fase de saneamento e condensação, com o acentuar da cooperação, do contraditório e da autorresponsabilidade, tudo informado por um redimensionar os poderes de direção do juiz, a quem incumbirá um papel eminentemente activo e dinamizador [...].

A partir dessa reforma, portanto, são princípios fundantes do processo o contraditório, a igualdade das partes e a cooperação. O princípio do contraditório envolve a proibição de decisões que surpreendam as partes, seja em questões de fato, seja de direito, ou mesmo aquelas que podem ser conhecidas de ofício, sem que previamente tenham as partes envolvidas oportunidade de sobre elas manifestar-se. O princípio da cooperação é consagrado no processo civil, como já referido, sendo obrigação de todos os sujeitos processuais, de forma a conduzirem o processo para o seu fim precípuo — a justiça.

Na mesma esteira, encontra-se o direito alemão, que consagra "o dever do juiz de provocar as partes a esclarecer todos os fatos relevantes, de externar sua visão jurídica a respeito de um assunto discutido[337], e também se tendente a decidir contrariamente à posição jurisprudencial dominante"[338]. Aliás, segundo Lúcio Grassi[339], no direito alemão, nasceu o princípio da cooperação,

---

(333) "E, em verdade, a controvérsia é muito frequente no concreto: é ela que torna completa a ideia do contraditório, do dizer e contradizer." (FAZZALARI, Elio. *Instituições de direito processual*. Campinas: Bookseller, 2006. p. 125.)
(334) COMOGLIO, 2004, p. 97-158.
(335) Portugal. *Código de processo civil*, art. 3º, 3: O juiz deve observar e fazer cumprir, ao longo de todo o processo, o princípio do contraditório, não lhe sendo lícito, salvo caso de manifesta desnecessidade, decidir questões de direito ou de facto, mesmo que de conhecimento oficioso, sem que as partes tenham tido a possibilidade de sobre elas se pronunciarem.
(336) PORTUGAL. *Código de processo civil*. Edição digital. Coimbra: Almedina, 2007. p. 51; 31-32.
(337) "El aforismo *jura novit curia* [...] parece escucharse la vieja admonición: 'Abogado, pasad a los hechos; la Corte sabe el derecho'!; pero la Corte debe tener la modestia de decir, en ocasiones, que necesita ayuda; aunque con ello parezca reconocer que el derecho se le ha convertido en hecho; tener la modestia de reconocer que, encuanto a esas afirmaciones, aunque relativas a normas jurídicas, necesita, si no prueba, al menos colaboración específica de las partes." (MELENDO, 1974, p. 11-22.)
(338) CABRAL, 2005, p. 449-464.
(339) GOUVEIA, Lúcio Grassi. Cognição processual civil: atividade dialética e cooperação intersubjetiva na busca da verdade real. *Revista Dialética de Direito Processual*, n. 6, p. 47-59, set. 2003.

que corresponde à obrigação de o juiz fazer com que as partes se manifestem, formulando pedidos úteis, complementem alegações insuficientes, indiquem meios de prova, façam perguntas, apontando as provas que deverão ser levantadas de ofício, submetendo-as ao contraditório. Segundo o mesmo autor[340], há uma ampliação dos poderes do juiz, o que concorre para a justiça social, porque a parte mais fraca, sem advogado, como ocorre no direito teuto, recebe a atuação do juiz como assistência efetiva, favorecendo o que a "doutrina moderna chama de igualdade de armas no processo civil". Conforme Vittorio Denti[341]:

> A intervenção do juiz tende a provocar o esclarecimento das questões de fato e de direito que fundamentam a pretensão da parte. O exemplo mais conhecido de intervenção desse tipo é o interrogatório da parte com a finalidade de esclarecer as alegações, que teve sua aplicação mais importante nos códigos processuais, alemão e austríaco e que foi estudado por Mauro Cappelletti como instrumento direto a promover a efetiva igualdade das posições das partes no processo. Esse tipo de poder do juiz se presta a, além de garantir a assistência ao litigante débil, suprir a deficiência da sua defesa, também sob o plano de uma verdadeira e própria "inquisição" para além dos limites formais das alegações das partes [...] Não há dúvida de que o poder de esclarecimento, no seu uso assistencial direto visando a obter a melhor defesa das razões do litigante débil, ingressa no quadro do emprego da técnica do processo por finalidade social.

É também dever do juiz atentar para as alegações das partes, considerado o contraditório como direito de influência, ou de informação-reação, e dever de debate. Se o contraditório tivesse apenas a conotação de manifestação nos autos e não representasse o direito de influência, não haveria dever de motivar as decisões levando em consideração os argumentos utilizados pelas partes[342]. Mesmo para rejeitar a tese argumentativa, o juiz tem o dever de fundamentar a decisão. O contraditório é direito de influência que, de alguma forma, é poder, uma forma moderada de poder[343], é certo, mas poder.

O perigo do diálogo, com o juiz exprimindo seu pensamento sobre fatos e fundamentos jurídicos da causa, antes da decisão, poderia assentar-se na possibilidade da perda da imparcialidade do juiz, mas essa ideia começa a ser abandonada[344], porque o juiz já se manifesta em casos e situações espe-

---

(340) GOUVEIA, 2003, p. 47-59.
(341) DENTI, Vittorio. *Processo civile e giustizia sociale*, apud GOUVEIA, 2003, p. 51.
(342) CABRAL, 2005, p. 449-464.
(343) DINAMARCO, 2007, p. 127.
(344) CABRAL, 2005, p. 449-464.

cíficas, por exemplo, quando preside a uma audiência de conciliação, ou quando, na audiência preliminar, dialoga com as partes acerca do ônus da prova e fixa pontos controvertidos. "O processo não é produto apenas da atividade do juiz. No sistema democrático de processo, o resultado da prestação jurisdicional é gerado pelo esforço conjunto de todos os sujeitos processuais, inclusive, pois, do autor e do réu", leciona Theodoro Júnior[345]. E consoante Fazzalari[346],

> Processo e procedimento, portanto, são ambos sequências de normas, de atos por elas qualificados, de posições jurídicas delas extraídas; mas o primeiro se distingue do segundo pela sua estrutura dialética. A qual consiste, exatamente, na participação dos destinatários dos efeitos do ato final na fase preparatória do mesmo; na simétrica paridade de suas posições; na mútua implicação de suas atividades, voltadas, respectivamente, a promover e a impedir o aperfeiçoamento daquele ato, de modo que cada contraditor possa exercitar um conjunto de escolhas, de reações, de controles, e deva sofrer os controles e as reações dos outros, e que o autor do ato deva considerar os resultados.

Embora Fazzalari trabalhe com a técnica processual, e, segundo Dierle Nunes[347], represente um contraponto à ideia que centraliza a jurisdição e o papel do juiz no estudo do processo, o importante é que o autor italiano pensa na dialética do processo e nos sujeitos processuais em simétrica paridade, a interferirem na formação do convencimento do juiz.

No regime de cooperação[348], o processo é um produto de todos os sujeitos processuais, cada qual com sua função, com o magistrado dialogando, esclarecendo dúvidas, pedindo esclarecimentos ele próprio, se deles carecer, e, ainda, orientando as partes, quando necessário. No Estado Democrático de Direito, em consonância com a Constituição Federal de 1988, somente argumentos racionais[349] que passarem pelo crivo do debate dos interessados podem ter o aval da comunidade jurídica. O contraditório[350] erigido a

---

(345) THEODORO JÚNIOR, Humberto. *Boa-fé e processo* — princípios éticos na repressão à litigância de má-fé — papel do juiz. Disponível em: <www.abdpc.com.br> Acesso em: 22.7.2008.
(346) FAZZALARI, Elio. La dottrina processualistica italiana: dall'azione al processo (1864-1994). *Rivista di Diritto Processuale*, n. 4, p. 911-925, 1994 (em tradução livre).
(347) NUNES, 2008, p. 207.
(348) DIDIER JR., Fredie. *Pressupostos processuais e condições da ação*: o juízo de admissibilidade do processo. São Paulo: Saraiva, 2005. p. 33.
(349) NUNES, 2008, p. 218.
(350) "¿Habrá todavía a estas alturas necesidad de recordar que los *rights* preceden a los *powers*? Parece que hay secuelas precisadas del recordatorio. Lo primeiro es anteRior a lo segundo. Constitución son ante todo los derechos." (CLAVERO, Bartolomé. *Happy Constitution*: cultura y lengua constitucionales. Madrid: Trotta, 1997. p. 154.)

princípio constitucional assim o exige, competindo ao juiz o dever de velar para que a justiça se estabeleça por meio do processo.

2.5. COOPERAÇÃO NO PROCESSO CIVIL: O JUIZ HERMES

Não se tem por meta, por certo, considerar perfeita a atuação do "Juiz--cruzado" ou do *Hércules* do François Ost, que, parodiando Luís XIV (*L'État c'est moi*), age como se fosse a encarnação da Justiça. Entretanto, não se pode compactuar com a omissão do juiz que prefere o julgamento segundo o ônus da prova à justificativa de pertencer às partes as fontes e meios para fazer valer seus direitos em juízo, já que a elas é dado o poder de disposição do feito.

Chega o momento da atuação do *Juiz Hermes*, da metáfora de Ost[351]: o juiz hermeneuta, capaz de ouvir as argumentações das partes, o juiz do diálogo, da cooperação, já que tanto o sistema liberal, da inatividade total do juiz, quanto o moderno-social, com o protagonismo judicial, não se conformam com o Estado Democrático de Direito, pois ambos produzem relações assimétricas[352]. As discussões em torno de possíveis reformas do Poder Judiciário e do processo resultam de uma nova concepção de justiça[353], que não pode mais ser aquela proveniente apenas da correta aplicação de normas e busca de fatos verdadeiros. Isso é necessário, mas é importante que se estabeleça uma hierarquia de valores, para que o processo se volte para a justiça social[354], o que exige maior atenção aos procedimentos e sua adequação à proteção dos direitos das pessoas. Também necessária é a discussão do papel do juiz, de sua postura, do tratamento igualitário das partes e ainda de sua capacidade técnica, jurídica e sensibilidade para lidar com essas pessoas. É o que tem sido estudado pelo Conselho Nacional de Justiça, que redundou em novas normas para concurso da magistratura[355].

---

(351) OST, p. 169-194.
(352) ZANETI JR., Hermes. Democracia e judiciário na (re)politização do direito: notas para o papel dos juízes e do judiciário em um modelo deliberativo-procedimental de democracia (parte I). In: MEDINA, José Miguel Garcia *et al.* (coord.). *Os poderes do juiz e o controle das decisões judiciais:* estudos em homenagem à professora Teresa Arruda Alvim Wambier. São Paulo: Revista dos Tribunais, 2008. p. 199-217.
(353) "Semelhança entre um reino sem justiça e pirataria: Desterrada a justiça, que é todo reino, senão grande pirataria? E a pirataria que é, senão pequeno reino? Também é punhado de homens, rege-se pelo poderio do príncipe [...]. [...] Em tom de brincadeira, porém a sério, certo pirata preso respondeu a Alexandre Magno, que lhe perguntou que lhe parecia o sobressalto em que mantinha o mar. Com arrogante liberdade, respondeu-lhe: 'O mesmo que te parece manteres perturbada a Terra toda, com a diferença apenas de que a mim, por fazê-lo com navio de pequeno porte, me chamam ladrão e a ti, que o fazes com enorme esquadra, imperador'." (AGOSTINHO, Santo, Bispo de Hipona. *A cidade de Deus*. Petrópolis: Vozes, 1990. p. 153.)
(354) CAPPELLETTI; GARTH, 1988, p. 93-94.
(355) Veja-se a Resolução n. 75, de 12 de maio de 2000.

Não faltarão, é certo, críticas à atuação do juiz cooperativo. Poder-se-á argumentar que a imposição do contraditório tal qual o exigem as modernas técnicas não passa de formalismo, com objetivo apenas protelatório. Entretanto, não é possível admitir contraditório[356] estático que nada acrescente à atividade jurisdicional. Ao contrário, o juiz convicto de seu dever, que prepara a atividade probatória, conforme se discutirá no próximo capítulo, poderá chegar a resultados mais corretos, porque mais justos.

---

(356) O anteprojeto do novo código é um alento nesse aspecto: "Art. 10. O juiz não pode decidir, em grau algum de jurisdição, com base em fundamento a respeito do qual não se tenha dado às partes oportunidade de se manifestar, ainda que se trate de matéria sobre a qual tenha que decidir de ofício" e "Art. 110. Parágrafo único. As partes deverão ser previamente ouvidas a respeito das matérias de que deve o juiz conhecer de ofício". (BRASIL. *Anteprojeto do novo Código de Processo Civil*. Disponível em: <http://www.senado.gov.br/senado/novocpc/pdf/Anteprojeto.pdf> Acesso em 16.9.2010.)

Capítulo 3

A Prática do Ativismo Probatório

Já se vão longos anos desde que o art. 130 do Código de Processo Civil reescreveu o art. 117 do código anterior, que autoriza o juiz, de ofício ou a requerimento da parte, determinar as provas necessárias à instrução do processo, indeferindo as diligências inúteis ou meramente protelatórias. Ainda assim, permanece em debate o papel do juiz na instrução do processo, porque, na teoria, todos reconhecem que a lei lhe atribui papel ativo, apenas havendo reservas quanto a seus limites. Observa-se, contudo, na prática, um abismo entre o que se reservou na lei e a realidade dos processos, o que denota a inanição proclamada por Montesquieu, quando se trata de produção de provas, mormente, quanto ao ativismo-cooperativo. Como afirma Ovídio Baptista[357], temos um direito processual desligado da vida: "Que não manchem com exemplos concretos a exposição dos resultados de sua pesquisa; ou a defesa de seus pontos de vista. [...] O jurista está perdido no mundo dos conceitos".

O objetivo deste trabalho é justamente "manchar" o resultado da pesquisa com exemplos concretos, analisando as questões relativas à prova por meio da observação da prática judiciária. Arriscando contrariar os elaborados estudos hermenêuticos, inicio a investigação pela audiência preliminar, passando pela decisão saneadora, seguindo pela audiência de instrução até o encerramento da discussão para sentenciar, buscando observar como se deu

[357] SILVA, 2006, p. 300.

cada ato processual. Procuro discutir se a atuação do juiz foi solitária ou com participação das partes. Preocupo-me, pois, com a postura do juiz em relação às partes e das partes entre si, procurando encontrar, pelo menos, indício da colaboração entre os sujeitos processuais.

Como esclarecido na introdução, escolhi o Fórum de Vila Velha como o campo da pesquisa. A seguir, reproduzo a imagem da instituição, porque este trabalho de Direito buscou a realidade empírica como referência e, assim, desejo fornecer ao leitor um pouco das cores do universo pesquisado.

Foto 1. Fórum de Vila Velha-ES

Foto de Valter Lacerda

Esse Fórum não foi a primeira escolha, pois o Judiciário não está familiarizado com a figura de um pesquisador acadêmico. Minha presença em outros juízos afigurava-se invasiva e inconveniente. No juízo de Vila Velha, porém, a acolhida apresentou-se muito melhor. O trabalho foi bem recebido por todos os juízes e técnicos judiciários, que colaboraram com a pesquisa, permitindo o acesso aos processos para análise, demonstrando perfeita sintonia com atividades acadêmicas e, portanto, visão positiva da Academia.

As dificuldades, no entanto, persistiram, mas se deveram à estrutura física e às condições de funcionamento das Varas. Espaços diminutos, tanto de gabinetes, como de salas de audiência e de cartórios. As salas de audiência são tão exíguas que não se pode nem considerar cumprido o dispositivo constitucional que preceitua audiências públicas[358]. O espaço é tão pequeno que mal acomoda as mesas das partes, do juiz e dos auxiliares na audiência. Oportuno registrar que a 3ª Vara Cível improvisou uma estante no alto da parede para guardar autos findos, em face da saturação do espaço do cartório. Além disso, os servidores estão sempre atarefados e aflitos com a quantidade de serviço a realizar, em número insuficiente para as tarefas, e com guichês de atendimento sempre congestionados.

O Estado do Espírito Santo, entre os estados da Federação, tem o maior número de juízes[359] por cem mil habitantes: são 12,9 magistrados, o que corresponde a mais do dobro da média nacional, que é de 5,9, e mais do que o número adequado[360]. Registram-se apenas 322 casos novos por magistrado do primeiro grau e, coerente com o número de juízes, também o menor número de processos novos por juiz, dentre todos os Estados, quase a quinta parte do número da média nacional, conforme estatística de 2008.

Entretanto, quanto às seis varas cíveis de Vila Velha, os números de processos novos são maiores, conforme apuramos:

Varas	2008[361]			2009[362]		
	Ajuizados	Julgados	Saldos	Ajuizados	Julgados	Saldos[363]
1ª	843	1.113	2.867	949	954	3.151
2ª[364]	818	x	2.906	1.050	821	3.526
3ª	827	631	2.477	1.075	718	2.616
4ª	820	379	2.364	985	816	2.831
5ª	833	1.035	3.002	984	617	3.123
6ª	809	65	2.978	1.054	288	3.649
Totais	4.950	3.224	16.594	6.097	4.214	18.896

(358) "Afinal com quantas peças se faz uma boa Sala de Audiências? Sem dúvida nenhuma com espaços desafogados, mobiliário funcional e adequado às funções, sistemas de insonorização, dispositivos de eficaz circulação natural de mensagens, capacidade de acolhimento dos utentes e dignificação dos que ali trabalham diariamente." (NUNES, António M. Falando das salas de audiência. Apud LOPES, Mônica Sette. *Salas de audiência, diálogos e (ainda uma vez) janelas*. Disponível em: <www.trtmg.jus.br> Acesso em: 28.2.2009.)
(359) CONSELHO NACIONAL DE JUSTIÇA — CNJ. *Justiça em números*. Disponível em: <www.cnj.jus.br/index.> Acesso em: 20.1.2010.
(360) "São 6,59 juízes para cada 100 mil habitantes na Paraíba, quando o mínimo exigido é de sete juízes para cada 100 mil habitantes e o número adequado seria dez juízes para cada 100 mil habitantes." (SILVEIRA NETO, Antonio. *AMPB quer valorização da primeira instância*. Disponível em: <www.ampb.org.br/ampb_na_midia/ver/755> Acesso em: 11.2.2010.)
(361) Dados de 2008 fornecidos pelo Centro de Processamento de Dados do Tribunal de Justiça.
(362) CONSELHO NACIONAL DE JUSTIÇA — CNJ. *Justiça aberta*. Disponível em: <www.cnj.jus.br/corregedoria/justiça_aberta/> Acesso em: 14.2.2010.
(363) Saldos de 2009 fornecidos pela Seção de Estatística da Corregedoria Geral do Tribunal de Justiça e também disponível em: <www.cnj.jus.br/corregedoria/justiça_aberta/> Acesso em: 14.2.2010.
(364) Não foi possível obter dados completos da 2ª Vara Cível quanto aos processos julgados em 2008. Os saldos de 2008, portanto, não estão corretos, considerando-se, ainda, os números de 2009.

Pelos dados encontrados, pode-se ver que o número de processos novos aumentou 23,17%, em 2009, comparando-se com 2008. A Constituição Federal (art. 93, inc. XIII) determina que o número de juízes deve ser "[...] proporcional à efetiva demanda judicial e à respectiva população". Segundo a AMB[365], o número razoável é de 1.000 processos por juiz[366]. Considerando-se apenas os casos novos, metade das varas analisadas recebeu menos do número tido como razoável em 2009, sendo que, em 2008, todas ficaram abaixo do número estipulado pelos próprios juízes nas pesquisas, em que pese o acúmulo verificado, que demandaria um trabalho à parte, como mereceria também investigar a discrepância de processos julgados em cada vara.

Apurou-se, nas próprias varas, o número de servidores em serviço: 1ª Vara: 1 escrivão, 2 escreventes e 1 assessor de juiz; 2ª Vara: 1 escrivão e 4 escreventes; 3ª Vara: 1 escrivão e 2 escreventes, 2 assessores de juiz e um serventuário; 4ª Vara: 1 escrivão, 3 escreventes e 1 assessor de juiz; 5ª Vara: 1 escrivão, 3 escreventes e 1 assessor de juiz; 6ª Vara: 1 escrivão, 5 escreventes e 2 assessores de juiz.

O quadro de todas as varas é composto, ainda, de estagiários, inclusive um voluntário, os quais atendem ao público nos cartórios e auxiliam nos gabinetes de juízes.

Nesse aspecto, as varas analisadas estão abaixo dos padrões. Na pesquisa da AMB acima referida, "[...] os juízes fizeram um levantamento dos funcionários disponíveis e indicaram quantos seriam necessários para o julgamento dos processos em tramitação nas suas unidades de trabalho". A conclusão é que seriam necessários cerca de 10 servidores, entre técnicos e analistas, sem contar os oficiais de justiça.

Antes de explicitar como se deu a pesquisa, interessante assinalar algumas alterações ocorridas no Poder Judiciário, a partir de 2005. A Emenda Constitucional n. 45, de 2004, criou o Conselho Nacional de Justiça, instalado em 14 de junho de 2005, com competência para o controle da atuação administrativa e financeira do Poder Judiciário e do cumprimento dos deveres funcionais dos magistrados. O princípio da duração razoável do processo originou-se também de referida norma.

O Conselho vem atuando de forma persistente[367], para cumprir a sua finalidade, tendo editado um Código de Ética da Magistratura e estabelecido

---

(365) ASSOCIAÇÃO DOS MAGISTRADOS BRASILEIROS — AMB. *1ª Pesquisa sobre as condições de trabalho dos juízes*, jan. 2009. Disponível em: <http://www.amb.com.br/portal/docs/pesquisas/MCI_AMB.pdf> Acesso em: 24.2.2010.
(366) Na Justiça do Trabalho, há antigo critério para criação de vara: após 1.500 processos. Veja-se, a propósito, a Lei n. 6.947/1981, quando ainda existiam as Juntas de Conciliação e Julgamento.
(367) Embora haja sérias divergências na Magistratura, acerca da atuação do CNJ, em face de excessos e mesmo interferência nos Tribunais, tirando-lhes a autonomia. "Uma das principais reivindicações da AMB

dez metas de nivelamento do Poder Judiciário[368]. A meta 2 (dois) visava à solução de todos os processos distribuídos até 31 de dezembro de 2005, e obteve um resultado positivo, na medida em que foram julgados (resultado de novembro 2009) 2.396.847 (dois milhões, trezentos e noventa e seis mil e oitocentos e quarenta e sete) processos nos tribunais do país. E, segundo notícia o jornal *A Gazeta*[369], a Justiça Estadual do Espírito Santo cumpriu 48% da meta estabelecida, julgando 22.218 processos. Ainda nem haviam sido totalizadas as estatísticas e já se disseminavam críticas e previsões negativas acerca do cumprimento da meta[370].

A partir da atuação do Conselho, seja pela fiscalização, seja pela exigência de transparência nas atitudes do Poder como um todo, com acompanhamento pela imprensa do país e intensa cobrança da sociedade, percebe-se uma mudança positiva nos tribunais, propiciando a democratização de suas decisões administrativas. O acolhimento da participação das associações de magistrados no planejamento estratégico e nas prioridades orçamentárias é um exemplo dessa mudança. Alteração de atitude dos juízes, da mesma forma, se faz sentir: visão atenta para a celeridade e a efetividade das decisões, demonstrando conscientizar-se, cada dia mais, de sua responsabilidade na construção de uma sociedade mais justa e mais humana, conforme ditames da Constituição Federal de 1988. Por seu turno, a Resolução n. 75, de 12 de maio de 2009, dita normas para realização de concursos de juízes, detalhando procedimentos e exigências para os candidatos ao cargo, trazendo, ainda, novidade no campo das disciplinas inseridas nas provas discursivas, "Noções Gerais de Direito e Formação Humanística", em que se incluem Sociologia do Direito, Psicologia Judiciária, Filosofia do Direito e Teoria Política, demonstrando, mais uma vez, que o Conselho está sintonizado com as necessidades da população[371], em relação a um Judiciário e, em consequência, a um juiz

---

é a discussão prévia das resoluções e atos do órgão com a magistratura, uma vez que quando editadas elas têm força de lei. 'Isso tornaria o processo bem mais democrático e evitaria surpresas desnecessárias tanto para o Conselho quanto para o Judiciário', argumentou Antônio Silveira Neto, presidente da associação dos Magistrados da Paraíba." (AMB notícia. Disponível em: <www.amb.com.br/?secao=mostra noticia&mat_id=20069> Acesso em: 27.1.2010.)

(368) CONSELHO NACIONAL DE JUSTIÇA. *Metas de nivelamento*. Disponível em: <cnj.jus.br/index> Acesso em: 13.1.2010.

(369) TRIBUNAL pede mais prazo para entregar relatório de ações. *A Gazeta*, Vitória, p. 19, 30 jan. 2010.

(370) "O Judiciário peca pela omissão, pela morosidade, pelo corporativismo e pela inércia ante os códigos que facilitam a não conclusão de milhares de processos. Agora mesmo, prometeu-se, solenemente, acabar com os processos iniciados antes de 2005 até o fim do ano, mas nada acontecerá. Os recursos protelatórios, o jogo de influências, a falta de uma ação efetiva para punir quem acata este tipo de manipulação do poder, seja qual for, junto ao Judiciário é óbvia. Ninguém no Judiciário assume a iniciativa de dar um basta nesta vergonha." (DRUMOND, Aristóteles. *A culpa do judiciário*. Disponível em: <http://jbonline.terra.com.br/pextra/2009/12/07/e07125285.asp> Acesso em: 8.12.2009.)

(371) Boaventura afirma que a imprensa, por vezes, nem sempre de forma equilibrada, influencia o Judiciário, e o meio, segundo ele, para evitar essa influência é a escola. "Penso que a formação tem que ser

menos burocrata e mais humano e, por isso, mais participativo, preocupado com a justiça de suas decisões.

Na realização da pesquisa, não houve uma seleção da amostra no sentido estrito. As dificuldades de indexação dos processos e o modo como os cartórios os guardam impediram a organização de uma amostra com assuntos exclusivos. Optou-se, assim, pela miscelânea. Foram examinados 739 processos, sem preocupação com um número exato por Vara, considerando que cada caixa de arquivo contém quantidade diversa de processos, como é natural, em face do tipo de ação, do tempo de tramitação, e, ainda, do tipo de prova que se realizou, o que, sem dúvida, influi no volume dos autos.

Criou-se um modelo de ficha para cada tipo de processo, na qual foram registradas as ocorrências, marcando-se com um "x" em cada coluna, separando-se aqueles que tiveram prova em juízo, com a elaboração, ao fim do levantamento, de uma ficha-resumo de tudo que foi encontrado, visando ao relatório final.

Como foi identificada uma quantidade expressiva de processos extintos sem julgamento do mérito, criou-se uma ficha específica, para anotação dos motivos das extinções, conforme serão expostos.

Não se trata de trabalho estatístico, apenas. O levantamento estatístico foi realizado e é importante, mas com o objetivo de analisar qualitativamente os dados, buscando identificar a postura dos juízes quando se debruçaram sobre as questões de fato e de direito e participaram da instrução do processo.

Os nomes das partes e dos juízes atuantes não serão informados. Tal atitude visa preservar-lhes a identidade. Os números dos processos serão codificados, como se verá na exposição dos casos, a fim de se evitar a revelação das questões pessoais postas em litígio.

3.1. O JUIZ E SUA ATUAÇÃO PRÁTICA NO PROCESSO

O conjunto dos processos pode ser resumido graficamente assim:

---

outra. A partir das próprias faculdades de Direito. É preciso sensibilizar os alunos para a justiça social. Isso obriga as grandes escolas a não ensinar apenas as técnicas jurídicas, mas o conhecimento social, cultural, para que haja um entendimento de que as sociedades são interculturais, mas muito desiguais. Esses são, portanto, problemas jurídicos e não apenas políticos." (Sociólogo português acredita que próxima década será mais problemática para a América Latina *Agência Brasil*, Brasília, 25 jan. 2020. Disponível em: <http://www.agenciabrasil.gov.br/noticias/2010/01/25/materia.2010-01-25.1368701355/view> Acesso em: 1º.2.2010).

Gráfico 1. Processos Analisados

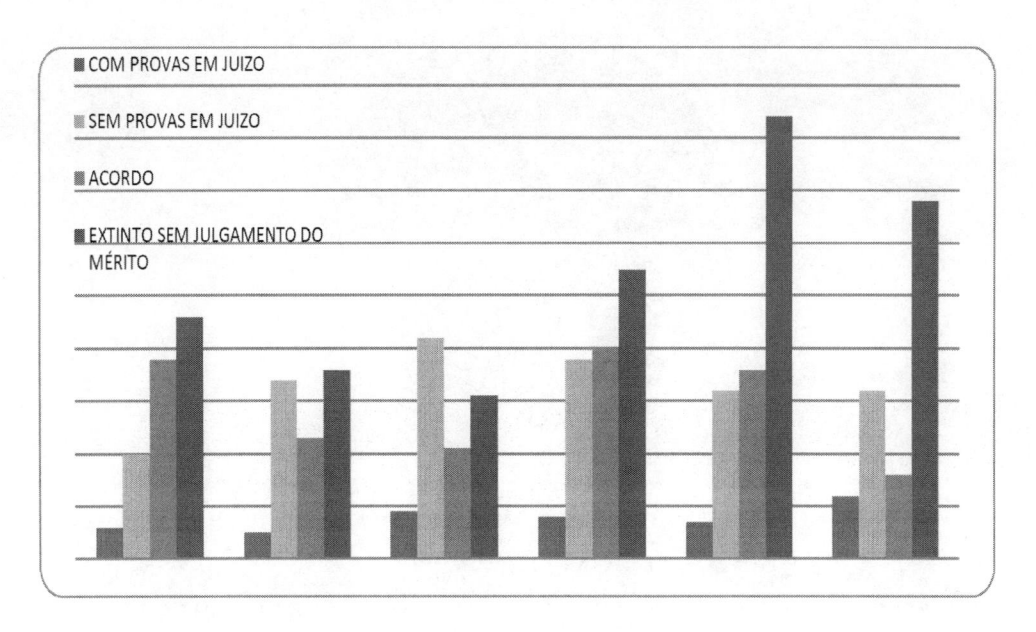

■ COM PROVAS EM JUIZO
■ SEM PROVAS EM JUIZO
■ ACORDO
■ EXTINTO SEM JULGAMENTO DO MÉRITO

Representando-se em números, têm-se:

PROCESSOS	1ª Vara	2ª Vara	3ª Vara	4ª Vara	5ª Vara	6ª Vara
Com provas em juízo[372]	6	5	9	8	7	12
Sem provas em juízo	20	34	42	38	32	32
Acordos	38	23	21	40	36	16
Extintos sem mérito	46	36	31	55	84	68
Totais	110	98	103	141	159	128

---

[372] Tenha-se por "com provas em juízo" aquelas formadas e produzidas no curso do processo, à míngua de termo apropriado; da mesma forma, tenha-se por "sem provas em juízo" aquelas formadas fora do processo, embora Marinoni e Arenhart entendam que a prova, mesmo formada fora do processo, só é produzida após admitida. (MARINONI, Luiz Guilherme; ARENHART, Sérgio Cruz. *Prova*. São Paulo: Revista dos Tribunais, 2009. p. 109.)

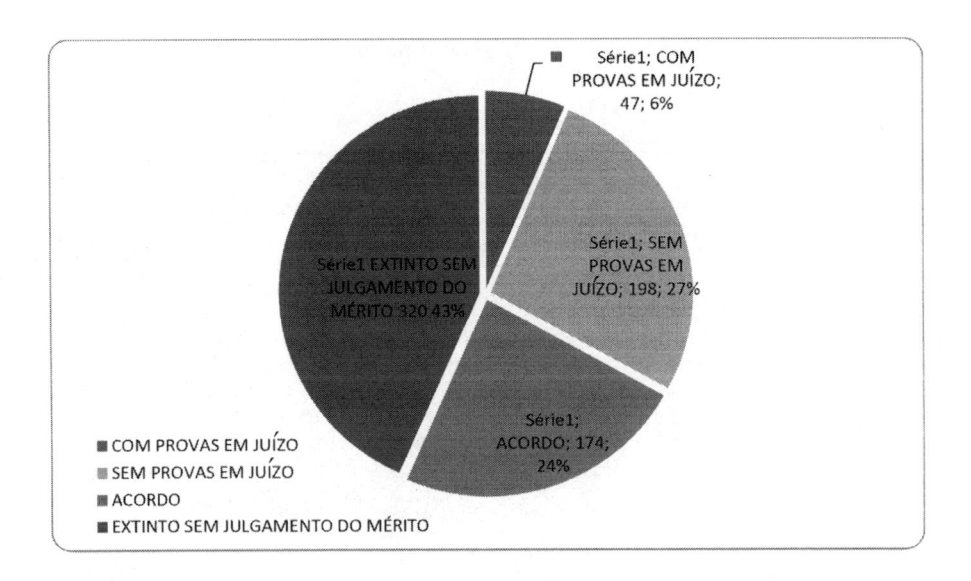

[Gráfico de pizza: COM PROVAS EM JUÍZO 47; 6%; SEM PROVAS EM JUÍZO 198; 27%; ACORDO 174; 24%; EXTINTO SEM JULGAMENTO DO MÉRITO 320; 43%]

Observe-se o gráfico *supra*, com o resumo.

Demonstrando a relação entre os processos com julgamento do mérito e os extintos sem mérito, temos:

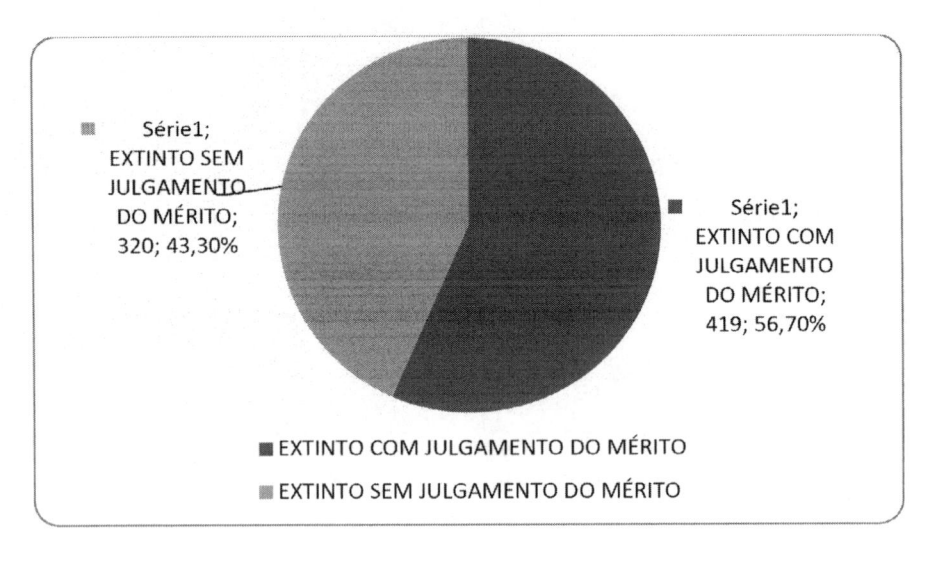

[Gráfico de pizza: EXTINTO SEM JULGAMENTO DO MÉRITO 320; 43,30%; EXTINTO COM JULGAMENTO DO MÉRITO 419; 56,70%]

Como se pode verificar, encontramos 419 (56,70%) feitos com julgamento do mérito e 320 (43,30%) extintos sem julgamento do mérito, sendo 172 por desistência, 96 por abandono da causa pelos autores e 52 pelos mais variados motivos constantes do art. 267 do Código.

Analisando-se essa situação, fica evidente uma tendência de extinção dos processos sem julgamento do mérito. Já que se trata de um "mal social", que deve acabar o mais depressa possível, resta a impressão de que o objetivo é livrar-se rapidamente do incômodo, e a justiça, nesse caso, fica esquecida. Dos processos extintos, 112 (1/3) referem-se a ações de busca e apreensão de veículos (alienação fiduciária), 208 (2/3) a casos relativos às demais ações, como cobrança de aluguéis, indenização por danos morais etc.

Alguns exemplos são necessários para ilustração. Os números não são os originais, pois estão codificados, como já se disse no início deste capítulo, com o objetivo de evitar exposição pública de fatos e pessoas, preservando-se-lhes a identidade.

O Processo n. 0001/2007 teve início num dos juizados especiais cíveis. Trata-se de uma revisão de conta que o autor entendia conter vícios. Reclamou no PROCON e, mesmo assim, a conta do mês seguinte veio muito elevada, ainda. Pensava que devia apenas R$ 65,00 (sessenta e cinco reais), quando lhe foi cobrado o valor de R$ 121,00 (cento e vinte e um reais). O réu argumentou que necessitava de uma perícia e, então, o juizado enviou o processo para ser redistribuído a uma das varas cíveis. Ali, o processo foi extinto, por "[...] falta de capacidade postulatória e requisitos do art. 282 do CPC", sem nem mesmo ser intimado o autor para retificar a inicial e procurar a defensoria pública para assisti-lo em juízo. Se o processo era oriundo de juizado especial e ali não se exige a assistência de advogados, natural que o autor estivesse desassistido. Os processos que tramitam nos juizados especiais são especiais, como especial é a lei que os rege. Por isso, tanto os requisitos da inicial como o rito diferem dos processos regidos pelo Código de Processo Civil.

O magistrado, desse modo, descumpriu o desiderato constitucional de acesso à Justiça, assim como violou o art. 284 do Código de Processo Civil, que determina que o juiz, ao verificar que a petição inicial não atende aos requisitos legais, deve intimar a parte para emendá-la ou complementá-la no prazo de dez dias. Somente após o prazo, se descumprido, pode o juiz indeferir a petição inicial.

Então, além de haver cometido uma ilegalidade, propiciou uma injustiça e, ainda, um desperdício da atividade jurisdicional, durante um ano da tramitação do processo. O "juiz-esfinge", nessa hora, falou mais alto, para desprestígio do Poder Judiciário.

O seguinte caso, Processo n. 0002/2005, também chama atenção. Trata-se de uma execução de título extrajudicial. Realizou-se a citação, mas não houve penhora, porque o oficial de justiça não encontrou bens a penhorar. O exequente, então, requereu ao juiz que oficiasse ao Detran, para informar a existência de veículo em nome do executado. O juiz indeferiu o pedido ao fundamento de que competia ao exequente a providência. Novo requerimento: dessa feita, para que houvesse penhora *on-line*. O juiz determinou a juntada da informação dos dados sobre número de conta, banco etc., o exequente informou apenas o CPF, e o juiz indeferiu o pleito com os argumentos anteriores. O exequente insistiu e acrescentou um pedido: ofício à Receita Federal. O juiz, então, despachou: "Apure-se a existência de BACEN-JUD neste Foro, bem como a existência de bens do devedor na RF, respeitando-se o sigilo fiscal". Por fim, quando deferiu a penhora *on-line*, a conta do executado não tinha saldo algum, e o postulante desistiu da execução, que foi extinta sem julgamento do mérito.

Três questões merecem análise. Em primeiro lugar, observe-se que o juiz não tinha conhecimento da existência do convênio com o Banco Central. É dever do juiz autorizar e mesmo determinar procedimentos necessários à concreção dos seus atos. E, para isso, tem também o dever de conhecer as ferramentas de que dispõe. E o contrário ocorreu. O juiz não sabia da existência do convênio[373], com prejuízo para o processo, já que determinou a providência ao cartório. A segunda questão é a neutralidade do juiz, ao indeferir os requerimentos do exequente, quanto às diligências para localizar bens do devedor. Para que o juiz assim procedesse, seria necessário que a providência pedida fosse acessível à parte. O Detran não fornece dados sobre veículos a terceiros; a Receita Federal procede da mesma forma, em face do sigilo, e o número da conta bancária não é um dado fácil para um credor obter de um devedor. Para a penhora *on-line*, outrossim, não é necessário o número da conta. Tanto isso é correto, que o juiz acabou por autorizar a penhora requerida, sem esse dado.

E, adiando o deferimento do pedido, colaborou para o descumprimento do princípio da razoável duração do processo, que tramitou por dois anos e sete meses para acabar em extinção sem julgamento do mérito.

O terceiro caso, Processo n. 0003/2002, é de cobrança de aluguel. Endereço incerto e não sabido, com citação por edital. Sem resposta, como de praxe, o juiz deu curador à lide, nos termos do inc. II do art. 9º do Código e designou um defensor público, que se escusou por estar atarefado em demasia e, em seguida, mais dois apresentaram as suas justificativas. Então, um defensor veio a juízo fazer a defesa do réu. Infelizmente, era o mesmo defensor que atuava como assistente do autor, e o juiz, então, mandou intimar outro defensor que também se escusou, até que um outro advogado público aceitou o encargo. Em resumo, foram necessárias cinco designações para que o réu tivesse quem o defendesse. Finalizando, o juiz determinou que o autor juntasse rol de testemunhas e o advogado público respondeu que constava da inicial e requeria que fosse intimado o autor para informar os endereços. E o autor desistiu da ação. O processo foi extinto sem julgamento do mérito.

---

(373) *Mutatis mutandis*, vale o que escreveu Augusto Arruda: "É triste ver juiz perguntando sobre o que deveria saber", tratando da questão noticiada na imprensa sobre o Juiz de Mossoró que fez uma consulta ao CNJ sobre como atender aos advogados. (ARRUDA, Augusto Francisco da Mota Ferraz de. *Completa desvalia*. Disponível em: <www.netlegis.com.br/index.jsp?> Acesso em: 14.8.2007.)

O caso chama a atenção pela dificuldade da defensoria pública[374] no atendimento às demandas, o que vulnera o direito de acesso à Justiça. Observe-se que a dificuldade do autor fez com que necessitasse de assistência do Estado. E, por ter sido citado por edital, necessitou o réu de curador especial e, com certeza, necessitaria, ainda que não fosse revel, da mesma assistência, e a lei passa a ser um mero pedaço de papel, sem efetividade alguma, já que a defensoria pública, pode-se dizer, é tão carente dos mínimos recursos como seus possíveis clientes. Além do número reduzido, vale registrar que, na era da informática, a defensoria pública ainda se utiliza, como se observou em alguns processos, de máquina de datilografia mecânica, o atraso do atraso em matéria de tecnologia, o que dificulta tudo, comprometendo a qualidade do trabalho dos defensores, já assoberbados[375]. Por fim, saliente-se que o feito tramitou por cinco anos e cinco meses até a sentença de extinção sem mérito, e seis anos e três meses até o arquivamento, vulnerando, mais uma vez, o princípio da razoável duração do processo e, também, mais uma vez, ocorrendo o desperdício da atividade jurisdicional.

O quarto caso, Processo n. 0004/2002, refere-se a uma ação cautelar de produção antecipada de provas, precursora de ação de indenização por responsabilidade civil, tendo em vista óbito de um bebê, ao nascer, por erro médico, segundo alega a inicial. Foi requerida a exumação e imediata necropsia. O juiz concedeu liminar, acolhendo a justificação sumária da necessidade da prova, nomeando um perito, que se escusou, por motivo de foro íntimo. O Ministério Público, em 19.3.2004, posicionou-se contrariamente à produção antecipada de provas, com base em parecer de um perito, oferecido em 16.5.2003, no sentido de que a necropsia não teria como avaliar corretamente a *causa mortis*, mesmo no dia do óbito, quanto mais naquela situação, quando já decorrido um ano da morte e sepultamento do bebê, ocorrido em 1º.3.2002. O ajuizamento da ação foi em 21.6.2002.

---

(374) Segundo o presidente nacional da Associação dos Defensores Públicos, "No Estado do Espírito Santo, esse serviço conta com apenas 95 defensores públicos [...]. Muito embora existam 269 cargos, apenas 35% estão preenchidos e esse número vinha diminuindo a cada mês, tanto em razão das condições de trabalho, como da defasagem salarial. Levando-se em consideração a população que ganha até três salários mínimos, o cálculo indica a proporção de um defensor público para cada 20 mil habitantes, quando o razoável seria um para cada 8 mil habitantes". (CASTRO, André Luis Machado de. Proclamar direitos. *A Gazeta*, Vitória, opinião, p. 6, 19 mar. 2010) O autor informa, outrossim, que tomaram posse, dia 18 de março, 50 novos profissionais. No mesmo jornal, mesma data, o presidente da Associação Capixaba de Defensores informa que a defensoria pública do Espírito Santo tem hoje 159 advogados e que as pessoas que procuram a instituição têm renda de um salário mínimo. Complementa: "Estamos em 28 municípios. Em algumas especialidades, as pessoas fazem fila às 4 horas da manhã para conseguir uma ficha de atendimento. É difícil conseguir perícias, às vezes nem são realizadas, o que atrasa o processo". (NASCIMENTO, Bruno Pereira. *A Gazeta*, p. 20, 19 mar. 2010.)

(375) "[...] é urgente, como bem enfatiza o relatório da ONU, o fortalecimento das Defensorias Públicas, como instituições que concretizam o direito ao acesso à justiça das populações mais vulneráveis, além de outras medidas, como centros integrados de cidadania." (PIVESAN, Flávia. *Por uma justiça acessível, efetiva e democrática*. Disponível em: <www.maurorubem.com.br/mostra_artigo.php?&cod=13> Acesso em: 1º.11.2008.)

Mas o advogado dos autores insistiu na prova e começou a luta para encontrar peritos. Um a um negava-se a realizar o trabalho, pelos motivos que iam declinando. Nove recusaram.

Em 15.2.2008, o juiz determinou a intimação dos autores para dizer do interesse no prosseguimento do feito. Silenciaram, e o juiz determinou a intimação pessoal. O oficial de justiça informou, então, que um dos autores havia falecido há mais de três anos e que sua esposa, a segunda requerente, mudara-se para outro Estado, sem deixar endereço.

O advogado, em março de 2009, afirmou que só tomara conhecimento do óbito do cliente por meio da certidão do oficial de justiça, como se a assistência ao cliente fosse um mero apêndice de sua atividade advocatícia. E o processo, depois de sete anos, foi extinto sem julgamento do mérito, por abandono da causa.

Injustiça? Falta de assistência? Desperdício da atividade jurisdicional? Nem é preciso dizer.

O último caso estudado, Processo n. 0005/2006, refere-se a uma ação de reparação de danos, por acidente de trânsito. Na audiência preliminar, o juiz deferiu a citação de outros dois réus, indicados pelo autor, mas apenas um foi encontrado e citado, e o autor, intimado, ficou silente. O primeiro réu pediu a extinção do processo.

O oficial de justiça, encarregado de intimar o autor para dar andamento ao feito, porque o advogado já havia sido intimado e não se manifestara, certificou, nos autos, que o requerente, em face dos acidentes sofridos, não tinha condição nem sequer de dar o ciente na intimação.

E o juiz, mesmo assim, deu seu veredicto: encerrou o processo, extinguindo-o, por abandono da causa, como se alguém que não consegue dar um ciente num documento tem condição de abandonar alguma coisa. Com sua atitude, vulnerou o inc. I do art. 125 do CPC, porque não garantiu a igualdade das partes. E garantir igualdade é fornecer espada mais forte a quem é mais fraco ou mais longa a quem tem o braço mais curto[376], como a esse cidadão, cujo processo foi extinto. O juiz, condutor do processo, tem esse dever-poder, mormente quando, além da desigualdade natural ou física (doença) da parte, caso em análise, há inércia ou desídia do advogado[377].

No processo civil, não é permitido o *jus postulandi* das partes, exceto nos juizados especiais. Se o advogado é essencial à Justiça, como dispõe o art. 133 da Constituição Federal, não é apenas para fazer figuração, mas para o desempenho efetivo de seu mister e não como atuou o causídico que funcionou no caso.

---

(376) ALVIM, 2008.
(377) GRECO, 2004, p. 404.

No processo penal, admite-se que haja nulidade[378] quando há deficiência de defesa. Já é hora de entender-se da mesma forma no processo civil, em casos como o da estirpe. A desídia do advogado, atendidas as condições do caso concreto, desafiaria atitude diversa do juiz da causa: oficiaria à OAB, denunciando o descaso do advogado e nomearia defensor público ou, na sua falta, um advogado dativo, para substituir o desidioso. A extinção do processo por abandono, quando o juiz conhecia a situação do autor, demonstra indiferença na condução do feito.

Desses cinco casos observados, pode-se concluir:

a) No primeiro caso, em que o início da ação foi no Juizado Especial, encaminhado para a Justiça Comum, o juiz, além de violar o art. 284 do Código, que determina a intimação da parte antes de extinguir o processo com base no art. 282, demonstra uma postura neutra, descomprometida com a justiça. No segundo caso, o juiz indeferiu todas as diligências que a parte requereu, sem, ao menos, observar que lhe seriam impossíveis aquelas providências. No último caso estudado, o juiz extinguiu o processo por abandono, mesmo sabendo que o autor estava tão debilitado em sua saúde, não sendo capaz nem sequer de dar o ciente na intimação do oficial de justiça, para dar prosseguimento ao feito. Aliás, nem se sabe se o autor entendeu o que significava a intimação.

Esses três casos marcam a presença de juízes indiferentes, neutros, descomprometidos com a solução do processo e, portanto, com a Justiça.

b) O terceiro caso chama atenção pela negação de acesso à Justiça, a quem necessita de assistência judiciária, em face das dificuldades por que passa a defensoria pública. A demora na tramitação do feito (cinco anos) fez com que a parte desistisse do processo.

c) No quarto caso, da mesma forma, foi tal a demora que faleceu um dos autores. O outro desistiu e abandonou o processo, depois de seis anos de tramitação, sem que fosse realizada uma perícia.

Observe-se que foram 208 processos extintos por desistência ou abandono da causa pelos autores (excluindo-se os 112 de busca e apreensão, analisados à parte) e, apenas nos exemplos trazidos à colação, pôde-se concluir pela atitude neutra e descomprometida dos juízes que conduziram o feito, pela desídia de advogados e pelas dificuldades de quem depende da defensoria pública. A morosidade do curso dos processos pode produzir essa avalanche de desistências e de abandono dos feitos. Como esclareceu o presidente do Tribunal de Justiça, a dificuldade para resolver os processos, muitas vezes,

---

(378) Veja-se, a propósito, a Súmula n. 523 do STF.

relaciona-se com a dificuldade de encontrar as partes[379], e essa afirmação vai ao encontro da hipótese da morosidade como origem das desistências e abandonos.

É certo que não podemos afirmar que, nas demais situações, tenham se manifestado as atitudes descritas, tanto de juízes, como de advogados, porque não nos detivemos na sua análise, uma vez que o foco desta dissertação é o juiz ativo na produção de provas. Referida amostra é importante por tratar-se do oposto do juiz que estamos pesquisando.

No que toca aos processos de busca e apreensão de veículos, que somam 190 (25,71% do total), a situação é calamitosa. É interessante observar que esses processos tiveram desfechos surpreendentes.

Desses 190, 112 (58,94%) foram extintos sem julgamento do mérito, sendo 80 por desistência, 18 por abandono da causa e 14 por indeferimento da inicial, ausência de pressuposto processual ou condição de ação.

Então, a extinção das ações de busca e apreensão corresponde a 35% do total dos 320 processos extintos. Nesses casos, os juízes trabalham com suporte no Decreto-lei n. 911/1969, que autoriza os procedimentos utilizados, não se lhes podendo atribuir qualquer responsabilidade nessas extinções. Vê-se claramente que o poder econômico[380], pelos meios legais, consegue sobrepor-se à Justiça. Tem-se a impressão de que os credores se utilizam do Judiciário como pressão psicológica para recebimento de seus créditos e, depois, desistem dos processos ou os abandonam. Em que pese o princípio dispositivo, ou da demanda, tais atos podem ser caracterizados como abuso do direito de ação.

Tal conclusão, no entanto, não é definitiva, demandaria pesquisa própria, com análise percuciente e pormenorizada das desistências e abandonos, porque "[...] as características mais vistosas [...]" podem significar falsas pistas[381]. Entretanto, trabalho da estirpe refugiria ao objetivo desta pesquisa, que tem foco nos julgamentos de mérito e na instrução do processo.

---

(379) Conforme o jornal *A Gazeta*, o presidente do Tribunal de Justiça teria afirmado que "há processos impossíveis de ser concluídos, pelo fato dos juízes não conseguirem localizar as partes" e, ainda, demora dos advogados, do Ministério Público e da Defensoria Pública na devolução dos processos, dificuldades para encontrar o réu e demora na realização da perícia. (TRIBUNAL pede mais prazo para entregar relatório de ações. *A Gazeta*, Vitória, p. 19, 30 jan. 2010.)

(380) Alvaro de Oliveira afirma que "Enquanto o comum dos mortais há de se contentar com o moroso e pouco eficiente procedimento comum [...] os donos do Poder estão a salvo dessas mazelas, reinando sobranceiros no Olimpo. Assim, dentro dessa ótica, criou-se um procedimento especial para satisfação rápida e expedita dos créditos decorrentes de alienação fiduciária [...]". (OLIVEIRA, Carlos Alberto Alvaro. Procedimento e ideologia no direito brasileiro atual. In: *Revista AJURIS*, n. 33, p. 80-85, mar. 1985.)

(381) GINZBURG, Carlo. Sinais de um paradigma indiciário. In: *Mitos, emblemas, sinais:* morfologia e história. São Paulo: Companhia das Letras, 1989. p. 143-206.

E a tendência de extinguir os processos sem julgamento do mérito continua. Dos 4.214 processos julgados em 2009, 2.101 não tiveram apreciação do mérito, ou seja, 49,86%[382].

Verificamos, outrossim, que os acordos somaram 174 casos, isto é, 23,54% do total de processos e 41,52% dos 419 processos que tiveram julgamento do mérito.

A tentativa de conciliação é um dever do juiz, previsto no Código de Processo Civil, antes da contestação, em audiência, nos casos de rito sumário. Nos demais casos, a ele compete verificar se há essa possibilidade, quando, então, designará audiência para tentativa de conciliação, podendo, ainda, ocorrer a transação na audiência de instrução. Ademais, o disposto no inc. IV do art. 125 do Código instiga e até determina a tentativa de conciliação pelo juiz, a qualquer tempo, no curso do processo.

Em que pese meio democrático de terminar um litígio, marchas e contramarchas dos processos, os inúmeros recursos previstos em leis e a dificuldade em fazer valer as decisões podem influenciar para que as partes decidam pôr fim à litigância, com um acordo, principalmente nos casos de assistência judiciária, e que haja necessidade de perícia médica, porque não há quem possa realizá-la sem pagamento, a não ser no serviço público, com filas intermináveis, portanto, desanimadoras. Mas, ainda que assim seja, é louvável a postura do juiz que estimula os contendores à conciliação, pois, se não for um meio justo, trata-se, pelo menos, de meio eficaz de pacificação social e de redução do tempo de espera pela solução do processo.

No ano de 2009, houve acordo em 617 processos, num universo de 4.214 julgamentos, ou seja, 14,64%. Considerando os julgamentos de mérito, que totalizaram 2.113, os acordos representaram 29,20%[383].

O Conselho Nacional de Justiça tem incentivado a prática, estabelecendo mutirões periódicos em nível nacional, inclusive, na tentativa de resolver os conflitos de forma negociada entre as partes, principalmente em decorrência do acúmulo de processos nos fóruns dependendo de solução.

Aliás, a Constituição do Império já previa a necessidade de conciliação, por intermédio de juízes leigos. O Juiz de Paz era eleito e tinha como principal atribuição a conciliação. Nenhum processo judicial poderia ter início antes da tentativa de conciliação. Isso porque as causas iam aumentando, cada vez

---

(382) CONSELHO NACIONAL DE JUSTIÇA — CNJ. *Justiça aberta*. Disponível em: <www.cnj.jus.br/corregedoria/justiça_aberta/> Acesso em: 14.2.2010.
(383) CONSELHO NACIONAL DE JUSTIÇA — CNJ. *Justiça aberta*. Disponível em: <www.cnj.jus.br/corregedoria/justiça_aberta/> Acesso em: 14.2.2010.

mais, e o processo passou a tornar-se moroso, dificultando a efetivação de direitos reclamados no Judiciário[384].

Embora não se tenha uma legislação da estirpe, exceto quanto ao Processo do Trabalho, com as Comissões de Conciliação Prévia, ainda assim não é um procedimento prévio obrigatório, em face de interpretação conforme a Constituição, proferida pelo Supremo Tribunal Federal na ADI n. 2.139. É necessário frisar a importância da atitude conciliatória das partes que deve ser incentivada pelos juízes, que solucionam os litígios de forma a propiciar andamento célere aos feitos, além de aliviar a carga de processos que se sobrepõem nos escaninhos dos fóruns.

É preciso assinalar que houve acordos realizados na presença de juízes, em audiência, mas também houve conciliação cujo resultado foi apenas com esforço das partes, mesmo na audiência, e outros em que eram colacionadas aos autos petições de solução negociada a serem homologadas pelos juízes.

O tempo é inimigo da instrução do processo. Como se verá mais adiante, na interpretação dos casos de prova em juízo, as partes mudam de endereço, as testemunhas desaparecem ou se esquecem dos fatos, a perícia não consegue apurar, por exemplo, a existência de uma doença no tempo passado. A hipótese interpretativa mais consentânea com essa observação é que as partes, temendo o tempo do processo e a possibilidade de perda do direito, pelos motivos assinalados, preferam terminar o litígio por acordo.

Como já se registrou, os processos que tiveram julgamento de mérito foram 419, sendo 174 por acordo e 245 com acolhimento ou rejeição do pedido. Desses, 198 (80,82%) foram encerrados da forma em que se encontravam[385], ou seja, com aporte de provas pelas partes antes da instrução do processo, e 47 (19,18%) tiveram produção de provas em juízo, cuja análise qualitativa será realizada em separado.

As liminares concedidas somaram 28 sem contraditório prévio e apenas seis com audiência de justificação, ou mesmo, após a contestação. Observe-se que se está lidando com os processos que tiveram desfecho com julgamento do mérito. As liminares ou tutelas antecipadas dependem de criteriosa avaliação do juiz. Quando o direito corre risco de perecimento, não se pode exigir que a decisão seja precedida de contraditório, motivo por que não se faz crítica alguma a essas liminares ou mesmo tutelas antecipadas concedidas *inaudita altera parte*.

---

(384) MOTTA, Kátia Sausen da. À luz da legislação: a atuação do juiz de paz no Brasil dos oitocentos. In: CAMPOS, A. P. et al. (org.). *Anais eletrônicos do II Congresso Internacional de História UFES*. Université de Paris: cidade, cotidiano e poder. Vitória: GM, 2009. p. 1-13.

(385) Não se pode dizer que houve julgamento antecipado da lide (CPC, art. 330), porque muitos deles tiveram audiência de instrução, sem produção de prova alguma.

Nos processos de busca e apreensão de veículos, por exemplo, a lei favorece o credor, na medida em que autoriza ajuizamento de ação de busca e apreensão, "[...] a qual será concedida liminarmente, desde que comprovada a mora ou o inadimplemento do devedor"[386]. Que fique claro, entretanto, que, nesse total de liminares, não se apuraram aquelas relativas às ações de busca e apreensão de veículos com alienação fiduciária, uma vez que, sem exceção, foram todas concedidas, bastava a prova da mora, e os juízes, nesse caso, seguiram à risca a norma de regência.

A ausência de provas em juízo pode ter diversos significados. Uma análise mais acurada poderia demonstrar um juiz de perfil neutro, cujo objetivo é terminar de logo o processo. Celeridade *versus* segurança jurídica ou celeridade *versus* justiça são questões que, mais do que antes, estão na ordem do dia, em face das dificuldades de se cumprir o princípio da razoável duração do processo. Pode-se afirmar, outrossim, que um dos significados da ausência de provas em juízo é, inércia das partes a que, mesmo as tendo requerido e sido deferidas pelo juiz, na audiência de instrução não as produz, como se pode ver no Processo n. (codificado) 0044/2004. A segunda questão é a ausência de advogados à audiência de instrução. É prática nos juízos de Vila Velha o indeferimento de produção de provas à parte cujo advogado não comparece à audiência, como ocorreu no Processo n. 0014/1996 (codificado), que será analisado a seguir.

Na maioria dos casos, as partes concordam com o julgamento conforme o estado do processo[387] e, portanto, não há crítica a fazer, embora melhor seria que assim decidissem antes da audiência de instrução, evitando, ao mesmo tempo, perda da atividade jurisdicional e contribuição para a tão condenada morosidade.

Dessas 245, apuramos que houve 85 audiências preliminares ou de conciliação, como muitos juízes as denominam, ou seja, em 34,68%. Em menos da metade dos casos, portanto. Vale lembrar que, nas ações de rito sumário, a audiência é obrigatória (CPC, art. 277).

A Lei n. 8.952, de 13 de dezembro de 1994, que alterou a redação do art. 331 do CPC, teve por objetivo agilizar os processos, levando à conciliação naquele momento e, "[...] na pior das hipóteses, otimizar a colheita de provas"[388]. Os juízes, entretanto, seja pelo grande número de processos, seja pelo despreparo para dialogar com as partes, visando à conciliação, ou mesmo pela cultura de sentenciar[389][390], número mínimo de audiências realizavam

---
(386) BRASIL. Decreto-lei n. 911, de 1º de outubro de 1969. Art. 3º Disponível em: <www.presidencia.gov.br> Acesso em: 14.1.2010.
(387) O termo, embora inadequado, é necessário, em face do que se disse em nota anterior.
(388) NEVES, Daniel Amorim Assumpção. *Preclusões para o juiz*. São Paulo: Método, 2004. p. 228.
(389) GRANJEIA, Marcos Alaor Diniz. *Os novos mapas estratégicos*. Disponível em: <www.conjur.com.br> Acesso em: 29.10.2009.
(390) Apesar do gargalo entre o encerramento da instrução e a sentença, provocando nas partes espera insuportável pela decisão. Veja-se, a propósito, OLIVEIRA, Alexandre Vidigal de. *Processo virtual e moro-

até que a norma foi alterada pela Lei n. 10.444, de 7 de maio de 2002, quando a realização da audiência no rito ordinário passou a depender de criteriosa avaliação do juiz, que deve observar se a matéria versa direito disponível, melhor dizendo, direito passível de transação e, ainda, se a conciliação é possível, como está claro no art. 331 do Código, com essa alteração. A audiência preliminar é uma oportunidade para que o juiz incentive a conciliação. Entretanto, se é impossível que essa audiência se realize em curto prazo, 30 dias, como previsto na lei processual, dadas as atuais condições dos juízos brasileiros e de Vila Velha, em particular, com um saldo médio, em 2009, de 3.100 processos em cada vara, o cumprimento da norma acabaria por tornar-se um ponto a mais na morosidade. Tanto isso é correto que foram registradas apenas 85 audiências, incluídos os casos obrigatórios, no universo de 419 processos.

Considerando apenas o objetivo da conciliação, melhor seria que todas as audiências de instrução fossem precedidas de audiência preliminar. Mesmo direitos indisponíveis[391] podem ensejar conciliação. Exemplo pode ser ação de alimentos[392] em que as partes podem transacionar quanto ao valor, sob o olhar atento e analítico do juiz.

Em verdade, os juízes, quando decidem sobre as questões processuais pendentes, não esclarecem o motivo da não realização da audiência preliminar, presumindo-se, pois, dois motivos: ou não vislumbraram a possibilidade de acordo ou, com pautas congestionadas, decidiram não realizá-la, embora Marinoni e Arenhart[393] deixem certo que:

> Ao juiz não se poderá dar a possibilidade de dispensa da audiência preliminar com base em simples "impressão subjetiva" das "circunstâncias da causa". Para que o juízo capaz de dispensar a audiência preliminar seja mais preciso, facilitando inclusive a tarefa do julgador, é necessária consulta às partes sobre a possibilidade de conciliação.

Barbosa Moreira[394] indaga se a reforma que abriu espaço para a não realização da audiência preliminar poderia ter ocasionado abusos, e ele mesmo responde que só uma pesquisa empírica poderia dar essa resposta, com o

---

sidade real. Disponível em: <http://www.migalhas.com.br/mostra_noticia_articuladas.aspx?cod=56377> Acesso em: 11.2.2010.
(391) A Lei n. 10.444/2002, entretanto, alterou a redação para "[...] direitos que admitam transação" que, segundo Barbosa Moreira, dá no mesmo (MOREIRA, José Carlos Barbosa. Vicissitudes da audiência preliminar. In: *Temas de direito processual*. São Paulo: Saraiva, 2007. p. 131. (9ª série).
(392) Por isso, Pontes de Miranda afirma que "Cochilou o legislador, ordenando a audiência de conciliação apenas quando se trata de direitos disponíveis". (MIRANDA, Pontes de. *Comentários ao código de processo civil*. Atualização legislativa de Sérgio Bermudes. Rio de Janeiro: Forense, 1996. t. IV, p. 237.)
(393) MARINONI; ARENHART, 2007, p. 244.
(394) MOREIRA, 2007, p. 139.

que concordamos, já que nossa investigação não adentrou esse ponto. Em primeiro lugar, porque os juízes não fundamentam a ausência da audiência, segundo, em face do foco deste trabalho.

A decisão saneadora foi procedida em 60 casos (24,49%): 46 em audiência e 14 de forma solitária. Pode-se dizer, entretanto, que esse número foi aquele que se fez explícito nos autos, porque, se o processo chegou ao mérito, é porque estava em ordem e, em algum momento, mesmo que seja na sentença, o juiz observou esse atributo. Também não foi possível verificar se houve participação das partes no saneamento, porque não há registro em ata.

A expressão "decisão saneadora" substitui "despacho saneador"[395], por imprópria, dada a carga decisória que contém, e é tratada no § 2º do art. 331 do Código de Processo. Realizada a audiência e não obtida a conciliação, diz a lei que o juiz "[...] decidirá as questões processuais pendentes [...]". Se não realizada em audiência, pelos motivos autorizados, ou seja, se o direito em litígio não admitir transação ou o juiz observar que a transação não é possível, deverá proceder à decisão de saneamento solitariamente.

Pela redação do art. 285 do CPC, o saneamento do processo começa com a análise da petição inicial[396], que, se estiver "em termos", desencadeará a citação do réu. Se lhe faltar algum dos requisitos previstos nos arts. 282 e 39 do Código e descumprida a intimação que concedeu prazo para retificações e, ainda, quando faltar algum pressuposto processual ou condição de ação, será indeferida. Quando o juiz não faz essa análise, há prejuízo para o processo e para as partes, como ocorreu no Processo n. 0045/2001 (codificado), ação de execução de título extrajudicial, em que foi citado o devedor, penhorados bens, opostos embargos do devedor e, após todas essas providências, o juiz indeferiu a petição inicial, ao fundamento de que embora assistido o exequente por 40 advogados, com procuração nos autos, o causídico que subscreveu a petição inicial não colacionou o instrumento de mandato. Houve apelação com pedido de retratação, não acolhida, e, no Tribunal, desprovida. O processo tramitou, da distribuição até o julgamento do recurso, três anos e sete meses, com grande desperdício da atividade do juiz, do cartório, do tribunal e das partes.

O segundo momento é a audiência preliminar, se realizada. Saliente-se que o saneamento em audiência é importante, porque podem as partes,

---

(395) Barbosa Moreira afirma que a expressão "despacho saneador" é abonada pela tradição e pelo texto do art. 338 do CPC (MOREIRA, 2007, p. 132), entretanto, a Lei n. 11.280, de 16 de fevereiro de 2006, alterou a redação do art. 338 e a expressão utilizada passou a ser "decisão de saneamento".
(396) SANTOS, Moacyr Amaral. *Primeiras linhas de direito processual civil*. São Paulo: Saraiva, 1987-1988. v. 2, p. 242. Barbosa Moreira, entretanto, denomina o ato de "Despacho liminar", que tem conteúdo decisório. (MOREIRA, José Carlos Barbosa. *O novo processo civil brasileiro*: exposição sistemática do procedimento. Rio de Janeiro: Forense, 2006. p. 22-23.)

naquele mesmo momento, concordar ou discordar, antes da decisão, por certo, dando oportunidade para o juiz resolver a pendência por meio do diálogo. Conforme Barbosa Moreira[397], "[...] não há ensejo para despacho saneador escrito: deve o órgão judicial, *na própria audiência*, pronunciar-se sobre as questões pertinentes (art. 331, § 2º, na redação da Lei n. 8.952)", o que é contradito por Pontes de Miranda[398], ao afirmar: "Não vejo razão que impeça o juiz de escrever a decisão, lendo-a em seguida [...]".

Da mesma forma, ainda que não tenha havido audiência preliminar, deve o juiz sanear o processo, colocando-o em ordem para prosseguir, deferindo ou indeferindo preliminares, apreciando nulidades porventura arguidas e intimando as partes para as providências a seu cargo.

Nesse caso, o só fato de o juiz intimar as partes para indicar provas, pontos controvertidos, distribuição da carga probatória, tem-se por saneado o feito, a menos que haja questões processuais pendentes que necessitem de decisão interlocutória, quando a parte pode provocar o juízo, mas, se não o fizer, nada obsta que o condutor do processo o faça, quando se der conta de que não as observou. Não se têm, portanto, como implicitamente decididas tais questões.

Em 35 casos (14,28%), houve fixação dos pontos controvertidos, 30 pelo juiz, com 25 em audiência, 5 de forma solitária e 5 pelas partes, em audiência.

Diz Pontes de Miranda[399]:

> Ainda não vi, e dificilmente se verá, algum juiz cumprir a regra do § 2º do art. 331, que lhe ordena estabelecer os pontos controvertidos. Fatores de ordem múltipla, inclusive o descaso pela função, impedem o juiz brasileiro de obedecer às ordens aludidas, cuja observância pressupõe o conhecimento do processo, que, muitas vezes, ele não examinou adequadamente antes da audiência. Entretanto, os comandos do § 2º do art. 331 e do art. 451 existem para ser cumpridos, disso resultando proveitosa instrução do feito.

A fixação de pontos controvertidos deve dar-se, preferencialmente, na audiência preliminar, com a participação das partes, propiciando o diálogo. Caso não seja possível, o juiz poderá intimar as partes para indicar o *thema probandum* e as provas que desejem produzir, "[...] mantendo o ambiente de colaboração" [400]. Tal providência é tomada como organização do processo, porque, uma vez estabelecidos esses pontos, a instrução não descamba para generalidades, como ocorreu no Processo n. 0036/2004, que será analisado na

---

(397) MOREIRA, 2006, p. 53.
(398) MIRANDA, 1996, p. 240 (Na atualização de Sérgio Bermudes).
(399) MIRANDA, 1996, p. 240.
(400) MITIDIERO, 2009, p. 118.

sequência, em que o juiz interrogou a testemunha e, na sentença, afirmou que tal testemunho não tinha qualquer valia, porque desvinculado da matéria em discussão. Se houvesse a delimitação do *thema probandum*, o processo teria rumo certo, com benefícios para a economia processual e a tão sonhada celeridade, como no Processo n. 0033/1998, em que o juiz pôde, com tranquilidade, e fundamentando-se devidamente, indeferir provas que apenas serviriam para atrasar o andamento do feito.

Então, 35 juízes, no universo de 245 processos, cumprem a norma do § 2º do art. 331 do CPC. Por menos que seja, há quem esteja cumprindo a norma citada, ao contrário do que afirmara Pontes de Miranda. Por outro lado, não há qualquer utilidade no dispositivo contido no art. 451 do Código, que dispõe sobre a fixação de pontos controvertidos no início da audiência de instrução, em face do § 3º do art. 331. Se o juiz não realizar audiência preliminar, deve[401], desde logo, sanear o feito, "[...] e ordenar a produção da prova, nos termos do § 2º".

A especificação das provas necessárias ao deslinde das questões controvertidas em 36 casos foi realizada pelas partes, quatro pelo juiz e dois pelo Ministério Público.

Esse ato deve, mesmo, dar-se por intermédio das partes, exceto quando o juiz verificar que as provas apontadas não são suficientes ou quando há atuação obrigatória do Ministério Público e a parte fica inerte, embora, nos casos analisados, se entenda que o número inexpressivo de indicações tenha sido por ausência de registro em ata, uma vez que, como se observou, em 47 processos houve provas em juízo e, em alguns casos, mesmo requeridas e deferidas, não foram produzidas, como suprarreferido.

A distribuição da carga probatória deu-se apenas em nove casos, sete em audiência e dois solitariamente. Esse ato deve andar de mãos dadas com a delimitação do *thema probandum*, porque, uma vez delimitada a controvérsia, vê-se, de logo, quem teria o ônus da prova. É certo que o juiz diligente procura incentivar as partes a dizer a finalidade da prova requerida e quem provará determinados pontos já especificados. Assinale-se que, na omissão das partes, deve o juiz definir a carga probatória, intimando-se os sujeitos processuais, em nome do princípio do contraditório, quando o ato se der extra audiência. Na oportunidade, deve o juiz decidir sobre a inversão do ônus da prova[402], se assim o caso requerer, conforme dispõe o inc. VIII do art. 6º do Código de Defesa do Consumidor, ou, mesmo por meio do diálogo das fontes[403], quando

---

(401) Segundo Barbosa Moreira, que restaria ao Juiz, não realizando a audiência preliminar, senão sanear o processo, decidindo sobre prova e marcar audiência de instrução, se for caso? O termo "Poderá" contido no § 3º do art. 331 "[...] cria, para o órgão judicial um autêntico poder-dever" (MOREIRA, 2007, p. 132).
(402) MARINONI; ARENHART, 2007, p. 244.
(403) Veja-se, a propósito: PRUX, Oscar Ivan. *A possibilidade de um diálogo das fontes entre o código de defesa do consumidor e o código civil*. Disponível em: <http://www. parana-online.com.br/colunistas> Acesso em: 8.12.2008.

se tratar de matéria alheia ao direito consumerista, como decidiu o juiz nos autos do Processo n. 0031/2000, infra-analisado.

Quanto às provas de ofício, observam-se sete interrogatórios, uma inspeção judicial, duas vistorias por oficial de justiça, duas ocorrências de prova testemunhal e uma de documentos. Nos depoimentos de testemunhas, foram encontrados 27 casos em que o juiz fez perguntas e, nos depoimentos de partes, o juiz atuou em nove casos. Foram realizadas 12 perícias, sem registro de quesitos do juízo, tampouco análise prévia dos quesitos das partes.

Convencionou-se denominar ativismo a atitude proativa do juiz, seja na interpretação dos textos legais, em confronto com as normas de textura aberta contidas na Constituição, seja na condução dos processos, tudo em nome de uma justa composição do litígio.

Como se daria essa atitude proativa na produção de provas, foco deste trabalho?

Por disposição legal[404], deve o juiz analisar as provas requeridas pelas partes, deferir as úteis, indeferir as inúteis ou protelatórias. A ação protelatória do feito é condenada pela lei processual, que atribui à parte e a seus advogados o dever de cumprir os provimentos jurisdicionais, evitando embaraços e protelações (art. 14, inc. V), tanto que a parte que assim proceder deve pagar a despesa com a realização do ato considerado inútil (art. 31). Da mesma forma, a prova testemunhal não será deferida (art. 400), quando a matéria depender de conhecimento técnico ou não houver controvérsia sobre o fato a provar. A perícia só será deferida se a matéria exigir conhecimento técnico (art. 145). O juiz tem, pois, o dever de observar essas regras processuais.

Por outro lado, se as provas requeridas forem insuficientes ao seu convencimento, deve, de ofício, determinar a produção de quantas outras forem necessárias, aí incluindo-se fazer perguntas às testemunhas, analisar os quesitos apresentados pelas partes, indeferindo os inúteis e acrescentando outros que julgar necessários. Além disso, deve o juiz deferir a prova, mesmo que à parte requerente não seja atribuído o ônus[405], se for de interesse para o processo. Não se trata, apenas, do direito constitucional à prova que, como qualquer direito, não é absoluto, mas do dever de carrear o juiz aos autos todas as provas úteis ao processo, seja quem for que as haja requerido e que tenha condições de produzi-las.

Soa como petição de princípio denominar ativismo a atitude do juiz que cumpre a norma processual, entretanto, podemos dizer que se trata do ativismo

---

(404) Art. 130 do Código de Processo Civil. Da mesma forma, art. 1.107, que trata da jurisdição voluntária, que autoriza o juiz a "[...] investigar livremente os fatos e a ordenar de ofício a realização de quaisquer provas".
(405) MARINONI; ARENHART, 2009, p. 173.

revelador[406], ou seja, aquela atitude de interpretar a lei, dando-lhe a efetividade, ou "[...] uma qualificada tarefa de assegurar a sua legítima e devida efetividade"[407], com o objetivo de fazer justiça, pressuposto básico da atividade do juiz. Causas endoprocessuais podem dificultar a produção de provas. Compete ao juiz ativo desenvolver as atividades necessárias à busca dessa prova, mormente quando observar que a paridade de armas está em perigo[408].

O ativismo-cooperativo, objeto deste trabalho, vai além. Pressupõe o diálogo do juiz com as partes no curso do processo, orientando, alertando, debatendo os elementos necessários à concreção de suas atividades e apenas determinando, quando as controvérsias não puderem ser extirpadas pelo diálogo. Pressupõe, inclusive, alertar a parte que detiver o ônus da prova de que corre risco se permanecer inerte[409].

O juiz-cooperativo prestigia a dialética do processo e começa com a orientação para retificação da inicial, quando há defeitos que prejudicam o célere andamento do processo (como ocorreu no Processo n. 37/1998) e seguindo o mesmo procedimento em todos os atos processuais, como já se expôs no primeiro capítulo deste trabalho.

Da análise casuística, pode-se observar a atuação dos juízes, ativos ou neutros, conforme forem se apresentando, mais uma vez alertando que os números dos processos encontram-se codificados:

a) Processo n. 0006/1999. Ação Ordinária de cobrança

Feita a contestação, foi designada audiência preliminar, quando o juiz saneou o feito, fixou pontos controvertidos e deferiu provas complementares: documental, testemunhal e depoimentos pessoais. O juiz, contudo, não especificou a carga probatória das partes, tampouco incentivou-as a registrar o ônus que lhes cabia. Aqui, registra-se o primeiro ponto negativo.

Na audiência de instrução, o juiz demonstrou-se ativo, fazendo perguntas às testemunhas, o que também ocorreu em relação ao juízo deprecado, no caso da testemunha ouvida por precatória, mesmo porque as partes não encami-nharam os quesitos e não compareceram à audiência.

Embora a postura do juiz não possa ser classificada como ativismo--cooperativo, realizou audiência preliminar, cumprindo o disposto no art. 331 do Código e cuidou da gestão do processo. Parece contraditório, outrossim, falar de gestão do processo, quando se vê que entre o ajuizamento e a sentença decorreram longos três anos e dez meses. Entretanto, considerando a tramitação de outros feitos e a demora para realização da primeira audiência (dez

---

(406) FERNANDEZ, Atahualpa. *Ativismo judicial.* Disponível em: <www.anpt.org.br> Acesso em: 11.1.2010.
(407) FERNANDEZ, 2010.
(408) SOUZA, 2008, p. 104-105.
(409) MARINONI; ARENHART, 2009, p. 178.

meses) e, mais, a utilização de precatória para depoimento de testemunhas, que, de praxe, consome longo tempo, ainda se pode falar de boa gestão do processo.

b) Processo n. 0007/2002. Ressarcimento de danos

O cliente de um banco recebeu, por erro da atendente bancária, um cartão magnético que não era seu (era de um homônimo) e sacou uma soma considerável da conta do verdadeiro proprietário do cartão a quem o banco teve de ressarcir, e cobrava do réu os devidos valores, como consta da inicial.

Na audiência preliminar, as partes requereram prazo para tentativa de conciliação, que, vencido, sem sucesso, o juiz saneou solitariamente o processo e fixou pontos controvertidos. Determinou provas: depoimento pessoal do réu, pena de confissão, testemunhal, com prazo de 60 dias para apresentação de rol das testemunhas, facultou complementação da prova documental até a data da audiência de instrução. Nessa audiência, realizada por outro juiz, foi indeferido o pedido de depoimento de uma testemunha por precatória e ouvida uma testemunha. Embora o juiz anterior tenha determinado os depoimentos pessoais, pena de confissão, o que, na verdade, seria interrogatório, como o autor não requereu, naquele momento, o depoimento do réu, o juiz ficou inerte. A sentença foi proferida um ano e oito meses após a audiência de instrução, por juiz distinto daquele que presidiu a instrução do processo. Em suma, três juízes atuaram no feito.

Pontos negativos observados foram o saneamento e a fixação dos pontos controvertidos, solitariamente, pelo juiz. Da mesma forma, ocorreram apreciação dos pedidos de prova e a determinação de provas de ofício, embora positivas, sem serem ouvidas as partes. De novo, falha o juiz, quando não especifica o ônus da prova, mas aqui vai uma ressalva: se não for compartilhado esse momento, melhor que não haja, porque se dá motivo para agravo de instrumento, procrastinando o feito.

O juiz que presidiu a instrução, se bem que com poderes para indeferir provas e assim o tenha feito, provocou insegurança jurídica, na medida em que o juiz antecessor havia deferido, ou melhor, determinado as provas de ofício. A revogação de uma decisão proferida por outro juiz deve ser precedida de fundamento consistente, o que não ocorreu no caso dos autos.

Outra questão que considero fundamental é a prolação da sentença pelo mesmo juiz que presidiu a instrução do processo. A imediação[410][411] é um

---

(410) "A colheita de prova oral há de ser feita, obrigatoria e pessoalmente, pelo juiz. É o que decorre da aplicação do princípio da imediatidade. Incluem-se nessa sistemática de colheita de provas o interrogatório das partes, o depoimento da testemunha e os esclarecimentos a serem prestados pelos peritos — art. 446, II, CPC." (DELGADO, José Augusto. *Decisão judicial* — avaliação das provas no processo. Disponível em: <www.jfrn.gov.br/docs/especial18.doc> Acesso em: 8.3.2010.)

(411) "Quer o princípio da imediação que o juiz, a quem caiba proferir a sentença, haja assistido ao desenvolvimento das provas, das quais tenha de extrair seu convencimento, ou seja, que haja estabelecido

dos requisitos importantes para que haja uma sentença justa, quando há prova oral. É aquele juiz que esteve frente a frente com as partes e testemunhas, que ouviu o que disseram, viu e sentiu[412] os gestos[413], o movimento do corpo dos depoentes. "[...] de nada adiantaria o contato do juiz com as partes e a produção da prova, no caso de o dever de sentenciar acabar sendo transferido para um outro julgador", pontua Júlio Lanes[414]. O princípio da identidade física do juiz[415] preconizado no art. 132 do Código comporta exceção, é certo — quando o juiz é afastado por qualquer motivo, ou mesmo, se o juiz foi promovido — o que não se pode aplicar à situação dos autos, porque nada foi explicitado quanto a esse dado. Os juízes substitutos são designados pelo Tribunal para atuar nas varas. Então, não se vê impedimento a que o juiz que presidiu a instrução, ainda que designado para outra vara, profira a sentença, basta que o Tribunal faça designação para o fim de sentenciar na vara de origem. O § 1º do art. 4º da Lei Complementar n. 234/2002, que trata da organização judiciária do Estado, nos juízos de entrância especial, que é o caso de Vila Velha, prevê a existência de juízes substitutos, que deverão funcionar como adjuntos, com competência plena e substituindo os titulares em suas ausências. Então, em tese, juízes substitutos há para os casos da estirpe.

Merece registro, entretanto, que o relator da apelação determinou prova de ofício, com o seguinte despacho:

> [...] com fundamento nos poderes instrutórios conferidos ao relator pelo novel § 4º do art. 515 do CPC — determino ao apelado que junte aos autos em 15 dias documentos que comprovem o número da conta corrente em que foram efetuados os saques comprovados pelos documentos de fls. 12, 13, 14.

E determinou, em complemento, que o apelante tivesse vista dos documentos que fossem juntados. E, após, deu sua decisão, monocraticamente, nos termos do art. 557 do CPC.

---

contato direto com as partes, com as testemunhas, com os peritos e com os objetos do processo, de modo que possa apreciar as declarações de tais pessoas e as condições do lugar e outras, baseado na impressão imediata que delas teve [...]." (CHIOVENDA, 1998, p. 65.)

(412) "Sabéis que sentencia viene de sentir: es lo que o juez siente ante ese fenómeno que es el proceso."... (MELENDO, 1974, p. 11-22), já citado no capítulo anterior.

(413) "Os nossos pequenos gestos inconscientes revelam nosso caráter mais do que qualquer atitude formal, cuidadosamente preparada por nós." (MORELLI, Giovanni, *apud* GINZBURG, 1989, p. 143-206.)

(414) LANES, Júlio César Goulart. *Audiências*: conciliação, saneamento, prova e julgamento. Rio de Janeiro: Forense, 2009. p. 66.

(415) "[...] pois que a impressão recebida pelo juiz que assiste a um ou mais atos não se pode transfundir no outro que tenha de julgar, mas somente se lhe poderia transmitir por meio de escritura, e, em tal hipótese, o processo, que seria oral em relação ao juiz instrutor, tornar-se-ia escrito em relação ao julgador. [...] Tudo isso, ao invés, é indiferente ao processo escrito, no qual, julgando-se sobre o que está escrito, pouco importa que uma atividade seja exercida perante um juiz, outra perante outro, e um terceiro juiz decida. É como se o processo fosse um quadro, uma estátua, um edifício, que um artista pode esboçar e outro concluir, e não uma cadeia de raciocínios, que exige, quanto seja possível a unidade da pessoa que o realiza." (CHIOVENDA, 1998, p. 65.)

Embora seja discutível o fundamento legal do relator, uma vez que a norma citada trata apenas de nulidade sanável, correta foi a atitude tomada, porque se encontrava em estado de perplexidade diante daquele processo e queria julgar com convicção. E tão convicto estava após a prova, que decidiu o processo monocraticamente.

c) Processo n. 0008/2001. Ressarcimento de danos

Trata-se de seguradora com ação regressiva contra causador de acidente de trânsito, de rito sumário.

Audiência preliminar realizada, com saneamento e fixação de pontos controvertidos, deferida prova testemunhal requerida, seguindo o rito do Código.

Na audiência de instrução, o requerido, embora ausente seu advogado, foi interrogado pelo juiz, que ainda fez todas as perguntas à testemunha arrolada pelo autor.

Concedeu-se às partes prazo para memoriais, e a sentença foi proferida por outro juiz, três anos e quatro meses após realizada a instrução do processo.

A primeira questão a ser examinada é o prazo de realização da audiência. Ajuizada a ação em fevereiro de 2001, deu-se a instrução em outubro do mesmo ano, prazo razoável, considerando o congestionamento dos processos no fórum, uma virtude, entretanto, ofuscada pelo longo prazo decorrido entre a instrução e a sentença. E trata-se de rito sumário, com apenas uma testemunha ouvida e nenhuma outra prova demorada ou custosa. É incompreensível que a parte tenha que esperar tanto tempo por uma questão tão simples, tão simples, que a lei simplifica o rito o que, aliás, de nada serve, uma vez que a prática comum nas varas é conceder prazo para memoriais. Ora, rito sumário com memoriais é desconsiderar, por inteiro, o que consta do § 4º do art. 454 do Código, que estabelece critério específico para que o juiz substitua os debates orais por memoriais — "Quando a causa apresentar questões complexas de fato e de direito [...]". Ninguém poderá dizer que necessite de memoriais para uma causa de rito sumário, com advogado do réu ausente, o juiz assumindo a instrução e interrogando o requerido e uma única testemunha, sem participação alguma das partes.

Se a causa fosse complexa, que se alterasse o rito. Além disso, os memoriais não são entregues simultaneamente, como manda o Código, parte final do artigo já mencionado. A entrega deve ser simultânea[416] para não haver contraditório, porque, se o réu tiver direito a manifestar-se sobre os memoriais do autor, o autor também teria direito à réplica. Por outro lado, com esse procedimento, prejudica-se a celeridade tão desejada.

---

(416) Embora Júlio Lanes afirme que o prazo "[...] poderá ser comum ou sucessivo, de acordo com o grau de complexidade do processo". (LANES, 2009, p. 296).

Observe-se, finalmente, e mais uma vez, que o juiz sentenciante não é o que presidiu a instrução do processo, repisa-se, três anos e quatro meses após realizada a audiência.

Então, o ponto positivo no presente feito deveu-se à instrução do processo, com o juiz dirigindo perguntas à parte e à testemunha, embora não se possa denominar a atitude de ativismo-cooperativo, mas houve, pelo menos, prova de ofício, ou seja, pelo menos o juiz exercitou seu poder instrutório.

d) Processo n. 0009/1998. Indenizatória por danos morais

O autor afirma que teve prêmio de seguro não contratado debitado em sua conta corrente e que sua assinatura teria sido falsificada.

Na audiência de conciliação, foi deferida denunciação da lide e determinada a citação de litisdenunciada.

Apresentada a resposta, foram intimadas as partes para apontar provas, justificando-as. Após, foram analisados e deferidos os requerimentos e designada audiência de instrução.

Outro juiz assumiu o processo, designou nova audiência de conciliação, indeferiu a denunciação da lide formulada pela já litisdenunciada, fundamentando devidamente a decisão. Não houve, entretanto, fixação de pontos controvertidos, tampouco distribuição da carga probatória. Designada, novamente, audiência de instrução.

Na audiência designada para instrução, o juiz chamou o feito à ordem, afirmando que o processo não estava pronto para instrução, proferiu decisão saneadora, fixou ponto controvertido, deferiu prova oral, indeferiu a prova pericial, afirmando que estava prejudicada e que daria os fundamentos na sentença.

Na audiência de instrução, o juiz indeferiu juntada de documento, fundamentando devidamente o ato (por não ser novo e sem justificativa para a juntada extemporânea). Foram ouvidas duas testemunhas do requerente, com perguntas do juiz e das partes. A 2ª requerida desistiu de ouvir suas testemunhas (a 1ª requerida nem as havia arrolado), e o juiz não se manifestou.

A sentença foi proferida por outro magistrado, que julgou segundo o ônus da prova. Argumentou que não houve prova do dano, tampouco de falsificação de assinatura e, ainda que tivesse a prova da falsificação, não haveria dano, não comprovado pelas testemunhas, pois apenas houvera chateação, aborrecimento; dano, não.

O Tribunal confirmou a decisão.

Registre-se, em primeiro lugar, a morosidade na tramitação desse processo. Iniciou em agosto de 1998. Após marchas e contramarchas, chegou, finalmente, à instrução processual, em que pese pedido de prova pericial indeferido. Mas, entre a audiência de instrução e a sentença, decorreram quatro anos e dez meses.

Segundo, mais uma vez, observa-se que o juiz da instrução é diferente do sentenciante, não se podendo precisar os motivos de seguidas ocorrências do tipo.

Terceiro, entre o ajuizamento da ação e a audiência de instrução, decorreram três anos e quatro meses. Os testemunhos já não tiveram o mesmo valor, porque não há mente comum que consiga lembrar-se de acontecimentos alheios com detalhes importantes para um processo, por tanto tempo.

Outro aspecto que deve ser salientado é que a prova pericial foi indeferida. Não se pode dizer que uma perícia não seja prova relevante para apurar-se uma falsificação de assinatura. Além disso, a desistência das testemunhas arroladas pelo requerido não deveria influir no julgador, que poderia tê-las ouvido, já que o meio de prova é do processo, não da parte. O juiz tem o dever de buscar o maior número de informações possíveis para julgar com ciência e consciência, porque decidir pelo ônus da prova impossível.

Registrem-se como pontos positivos a fixação das questões controvertidas, o saneamento do processo e a análise do requerimento de provas em audiência, embora não se possa dizer ter havido participação das partes, por ausência de registro na ata. Na instrução, a inquirição das testemunhas é positiva, pois é atitude compatível com a boa gestão do processo.

e) Processo n. 0010/2005. Ação de despejo

Indeferida a liminar, citado o réu, certificou o cartório a intempestividade da contestação. Mesmo assim, o juiz designou audiência de conciliação e, após idas e vindas, intimações, manifestações, silêncios, intimação para retomada do curso do feito, nova audiência preliminar, sem acordo. Contrariamente à impugnação da autora, o juiz acolheu documentos, na forma do art. 131 do Código de Processo Civil, e proferiu decisão saneadora.

Após, sentenciou, acolhendo a revelia.

Observe-se que o juiz quis certificar-se das alegações do autor, mesmo com a intempestividade da resposta do réu, o que é um ponto positivo, embora, no fim, tenha acolhido a revelia.

f) Processo n. 0011/1998. Embargo de obra

O autor pretende sustar obra edificada na confrontação de seu terreno, a qual, segundo afirma, impede ventilação e luminosidade na sua residência.

A ação foi ajuizada inicialmente no juizado especial, que decidiu enviar o processo para ser redistribuído para uma das varas cíveis, em face, segundo o juiz, da necessidade de procedimentos mais complexos.

Houve audiência de justificação prévia à liminar que determinou a demolição da obra. Em face de suspeição arguida por uma das partes e acolhida pelo juiz, o processo foi redistribuído.

Designada audiência de conciliação, infrutífera, o processo foi suspenso para que as partes tentassem acordo, o que não houve, e o juiz, solitariamente, saneou o feito, fixou pontos controvertidos e deferiu provas. Na audiência de instrução, o juiz fez perguntas às testemunhas e realizou inspeção judicial de ofício, lavrando respectivo termo.

Os memoriais do autor foram juntados e, após quase sete meses, juntados os memoriais do réu, pelo defensor público, que, conforme constou, deveria ter sido intimado e não o foi.

Finalmente, a sentença foi proferida por outro juiz.

Observe-se que a redistribuição do feito, em face de suspeição, não atende ao princípio da razoável duração do processo, tendo em vista o necessário formalismo que o ato desencadeia. O art. 313 do Código determina que o juiz, ao acolher a suspeição arguida, deve encaminhar o processo ao substituto legal, como também disposto no art. 194 do Regimento Interno do Tribunal de Justiça do Espírito Santo. O mais adequado seria, portanto, já ter sido designado juiz substituto que estivesse atuando numa das varas cíveis para agir nesses casos. E, acolhida a suspeição ou informado impedimento do juiz, não teria necessidade de formalidade alguma, a não ser o cartório encaminhar os autos ao substituto legal, como manda a lei.

Outra ocorrência que desabona o princípio já mencionado, além dos prazos para memoriais, de que já se falou em relação a outro processo, na casuística em análise, a sentença foi proferida por outro juiz, dois anos e dois meses após o encerramento da instrução, sem contar o prejuízo da análise de prova por quem não participou da instrução, repisa-se, mormente quando há prova testemunhal e inspeção judicial.

Ponto positivo foi a inspeção judicial de ofício e a inquirição das testemunhas pelo juiz. Mais importante foi a inspeção, porque foi realizada após a prova oral, significando dizer que o juiz, não satisfeito com as provas apresentadas pelas partes, procurou obter maior verdade, ainda que provável, para proceder a um julgamento justo.

g) Processo n. 0012/2001. Ressarcimento de danos. Ação ajuizada por seguradora contra causador do dano

Na audiência preliminar, o juiz rejeitou a denunciação da lide, em face do rito sumário. Fixou ponto controvertido e deferiu prova testemunhal.

Na audiência de instrução, o juiz fez todas as perguntas às testemunhas e interrogou o requerido.

O ponto negativo foi o de sempre. Morosidade, mormente em se tratando de rito sumário. Realizou-se a instrução em 2001, e a sentença só foi proferida em 2005, por outro juiz, ou seja, três anos e quatro meses depois. Contando-se do ajuizamento, foram exatamente quatro anos.

Dentre os pontos positivos, destacamos o saneamento em audiência, a fixação exata dos pontos controvertidos e a análise do requerimento de provas em audiência, acrescentando-se a realização da prova de ofício: a inquirição do réu e as per-guntas às testemunhas.

h) Processo n. 0013/2003. Indenizatória. Erro médico

Realizada a audiência preliminar, no entanto, sem êxito na tentativa de conciliação, nem fixação de pontos controvertidos, tampouco distribuição do ônus da prova, o que é negativo.

Nesse processo, chama atenção, de forma positiva, a providência tomada pelo juiz, que, embora tenham as partes dispensado a prova testemunhal, tomou o depoimento das testemunhas que haviam sido arroladas e intimadas. Entretanto, quanto à perícia, demonstrou-se inerte, porque, além de não fazer qualquer questionamento ao perito, deixou de analisar previamente os quesitos oferecidos pelas partes. Pode-se dizer, outrossim, que se trata de matéria técnica alheia à formação jurídica do magistrado, mas o controle da prova pericial deve ser feita pelo juiz.

i) Processo n. 0014/1996. Consignação em pagamento. Discussão acerca de multa por mantença de cachorro em condomínio, embora proibido pela Convenção

Na audiência preliminar, houve fixação exata dos pontos controvertidos, malgrado sem manifestação das partes, e deferidas provas (documental e oral), com depoimentos pessoais, sob pena de confissão.

Na audiência de instrução, a que o advogado do réu chegou atrasado 25 minutos, o autor desistiu da prova oral. Os advogados apresentaram razões finais, e o juiz deu a sentença, com base na prova dos autos.

O que se registra, no caso, é a prática, corrente nos foros, de impedir que a parte, cujo advogado está ausente, produza suas provas em audiência. Efetivamente, o § 2º do art. 453 do Código, autoriza o juiz a proceder dessa forma. Ali está claro que o juiz "pode" dispensar "[...] a produção das provas requeridas pelas partes cujo advogado não compareceu à audiência". Entretanto, é necessário que o juiz analise criteriosamente a necessidade da prova. Se for necessária ao deslinde da controvérsia, não se pode conceber que o juiz lave as mãos e deixe a parte desamparada pela ausência do advogado.

Como afiança Júlio Lanes[417], "Essa medida não é um dever do juiz, mas uma faculdade, sendo que seu manejo deverá ter em conta a adequada solução da lide, até porque jamais poderá ser esquecido o desejado ativismo probatório equilibrado".

É certo que o parágrafo precedente imputa ao advogado o ônus de demonstrar a causa justificada do não comparecimento até o início da audiência, sem o que "[...] o juiz procederá à instrução". Ora, se a lei é imperativa, o mínimo que o juiz poderia fazer seria designar, no momento, um advogado dativo para assistir a parte cujo advogado faltou à audiência, para resguardar o contraditório, se assim entendesse, porque já está autorizado a agir de ofício para garantir a igualdade das partes. Não se pode dizer que obedeceu à regra da igualdade o juiz que impede a parte de ouvir testemunhas necessárias à instrução porque seu advogado não compareceu à audiência.

j) Processo n. 0015/2003. Cobrança de valores devidos por uso de cheque especial

Houve audiência de conciliação, sem fixação de pontos controvertidos, nem distribuição do ônus da prova.

Ambas as partes requereram perícia, que se realizou sem participação do juiz: não apresentou quesitos do juízo, nem analisou os que as partes apresentaram. Determinou o trabalho pericial, simplesmente, demonstrando inércia quanto à instrução do feito.

Enfim, juiz totalmente inerte.

A sentença foi proferida três anos e dez meses após a distribuição do processo, demonstrando, mais uma vez, a morosidade da Justiça.

k) Processo n. 0016/2006. Indenização de danos morais e materiais

Houve audiência para tentativa de conciliação, sem qualquer atividade de fixação de pontos ou distribuição da carga probatória. Foram deferidas as provas e realizada audiência de instrução e julgamento. O juiz não participou da instrução, não fazendo perguntas a testemunhas nem às partes, limitando-se ao papel de juiz condutor da instrução e repetidor das perguntas feitas pelas partes.

Houve um ponto que se poderia dizer positivo: a celeridade no julgamento. Entre a instrução e a sentença, apenas 15 dias, o que pode ser considerado um sucesso, dadas as condições correntes no Foro. O juiz que presidiu a instrução foi o sentenciante. Como não houve recurso, um ano depois, a sentença já havia sido cumprida.

---

(417) LANES, 2009, p. 133.

l) Processo n. 0017/2006. Cobrança de indenização de seguro obrigatório por acidente de trânsito

Na audiência de conciliação, aliás, a única realizada, o juiz deferiu o pedido de depoimento do autor, mas as perguntas foram feitas exclusivamente pelo requerido. Deferiu ainda razões finais por memoriais, por 15 dias, e proferiu a sentença.

No caso, nem se critica a atuação do juiz quanto à não fixação de pontos controvertidos, dada a singeleza da matéria. Critica-se, isso sim, o prazo para razões finais, por memoriais, pelos motivos já expostos: a lei só autoriza memoriais, quando a matéria é complexa, o que não ocorre no processo em tela.

O ponto positivo foi a presteza no julgamento. Entre a audiência e a sentença, mesmo com memoriais no interregno, foram 44 dias, o que infelizmente se prolongou, porque houve recurso, e a decisão, em que pese monocrática, demorou um ano e cinco meses para ser publicada, com o alvará sendo entregue ao autor oito meses após.

m) Processo n. 0018/2001. Indenização por danos morais

Em audiência preliminar, o juiz saneou o processo e deferiu prova testemunhal requerida pelo autor. O réu apontou como pontos controvertidos a inépcia da inicial e a impugnação à assistência judiciária, mas o juiz fixou como pontos controvertidos, genericamente,"[...] o tema do art. 159 do Código Civil". Observe-se que se trata do Código anterior, que corresponde ao art. 186 do Código de 2002.

Na audiência de instrução, o juiz autorizou juntada de outras provas, inclusive sentença proferida em relação às mesmas partes, por outro juízo, e foi ouvida uma testemunha, com atividade do juiz, que fez perguntas.

O aspecto negativo foi a fixação genérica do ponto controvertido. Em verdade, apenas informou o fundamento legal para o pedido de indenização.

Os pontos positivos foram o saneamento em audiência, com participação das partes e autorização para juntada de documentos, já que ambas as partes estavam presentes e anuíram à decisão. Outra questão a destacar foi a inquirição da testemunha com participação do juiz.

Aqui, também merece registro o tempo decorrido entre a primeira audiência e a segunda (dois meses e onze dias). Da instrução à sentença foram dez meses. Considerando-se a praxe no Foro e as formalidades legais, dá-se como razoável o tempo entre o ajuizamento e a sentença, de um ano e dez meses, com excesso de prazo, entretanto, para se chegar à audiência preliminar e para a sentença.

n) Processo n. 0019/2001. Obrigação de fazer. O pedido tinha por fim a liberação da hipoteca sobre um imóvel

O juiz concedeu tutela antecipada, *inaudita altera parte,* suspensa por agravo de instrumento e, depois, restabelecida.

A audiência para tentativa de conciliação não teve êxito, nem o juiz fixou pontos controvertidos ou saneou o processo, tampouco distribuiu a carga probatória.

Depois, monocraticamente, fixou como ponto controvertido "[...] qual parte é responsável subjetivo previsto no art. 159 do Código Civil de 1916". Indefere a prova oral, afirmando que deve apenas ser complementada a documental, porque a matéria é exclusivamente de direito.

Depois, outro juiz entende que é necessário perícia para verificar a garantia hipotecária, fundamentando-se devidamente, e nomeia perito. Houve quesitos de ambas as partes, mas sem qualquer análise do juiz, que também não apresentou seus quesitos, embora tenha determinado a prova de ofício.

Não houve depósito dos honorários prévios.

No fim, o processo foi resolvido por acordo.

Embora a instrução em juízo não se tenha concretizado, o processo foi trazido à apreciação em face de alguns pontos. Primeiro, porque, mesmo havendo audiência, o juiz preferiu fazer análise do processo monocraticamente, ainda assim fixando genericamente o ponto controvertido, que, aliás, estava divorciado da matéria dos autos, demonstrando desapreço pelo princípio da colaboração. Segundo, registre-se a atuação de juízes distintos no mesmo processo. Um indefere prova oral, porque a matéria era exclusivamente de direito. O outro defere perícia de ofício, ou seja, a matéria já não era exclusivamente de direito, gerando insegurança jurídica às partes. Terceiro, as dificuldades por que passa o juiz quando defere prova de ofício. Nesse caso, o adiantamento dos honorários honorários, na forma do art. 33 do CPC, fica a cargo do autor, que nem sempre concorda com a prova deferida pelo juiz. Pior ainda, quando lhe é deferida assistência judiciária, porque necessita esperar vaga nos Órgãos Públicos.

No caso em análise, o processo terminou bem, porque houve um acordo, homologado pelo juiz.

o) Processo n. 0020/2006. Indenizatória por danos materiais e morais

O autor, paraguaio, residente no Brasil, foi humilhado, segundo alega, por autoridades mexicanas, por culpa da empresa aérea.

Houve audiência de conciliação, sem sucesso, em que foi deferida a prova requerida pelas partes, mas o juiz não fixou os pontos controvertidos, tampouco estabeleceu a carga probatória, nem mesmo saneou o feito.

O juiz não participou da instrução, senão conduzindo o processo, ou seja, não fez pergunta às partes, nem às testemunhas ouvidas.

Sentenciou.

Embora com pontos negativos, juiz totalmente desinteressado da instrução do processo, de interessante e positivo teve a celeridade. O feito durou um ano e oito meses, desde a distribuição até a entrega do alvará, o que poderia ser considerado um longo tempo. Observe-se, porém, os trâmites: a demora maior deu-se entre a distribuição e a audiência inicial (sete meses). Entre as duas audiências, houve um intervalo de menos de dois meses e entre a instrução e a sentença, três meses, que, se não é um prazo curto, é um tempo razoável, considerando a prática. Como não houve recurso, o processo teve logo seu desfecho.

p) Processo n. 0021/1993. Ação de despejo

Houve decisão liminar, sem justificação prévia, e o juiz assim fundamentou: "Pelos documentos juntados, defiro a liminar *initio litis*, devendo o requerido ser intimado para desocupar o imóvel no prazo de 15 (quinze) dias. O mandado será expedido após a prestação de caução, lavrando-se o competente termo".

Não houve audiência preliminar. Foi apenas designada a audiência de instrução e deferida a prova testemunhal.

Na instrução, o juiz fez perguntas às testemunhas.

Embora haja dois processos em apenso, de anulação de contrato extrajudicial e consignação em pagamento, os quais, inclusive, foram julgados na mesma sentença, a liminar é defeituosa, pela ausência de fundamento. Não se pode dizer que a referência à existência de documentos seja fundamento bastante para decreto de despejo *initio litis*. Necessário seria que o juiz apontasse os documentos e o teor de cada um para ter suporte suficiente à tutela antecipada.

Outro ponto a considerar é a ausência de audiência preliminar, entretanto, positivo é o juiz fazer perguntas às testemunhas, o que, embora não se caracterize como colaboração, pelo menos pode-se dizer que exercitou seu poder instrutório.

q) Processo n. 0022/2002. Indenização de seguro — complemento

Contestação juntada, réplica, intimadas as partes para dizer da pretensão sobre produção de provas.

Realizada audiência preliminar, a tentativa de conciliação foi infrutífera. A decisão saneadora deu-se pelo juiz isoladamente, fora da audiência, sem participação das partes. Para deferir as provas, o juiz escreveu: "[...] as eventuais provas requeridas pelas partes, documental complementar, testemunhal, inclusive pericial" e nomeou o perito. Não apresentou quesitos, nem analisou os das partes.

Na audiência de instrução, as partes dispensaram as demais provas e requereram razões finais em memoriais.

Tem-se a impressão de que o juiz nem sequer olhou o processo. Não há como entender-se correta a postura de juiz que defere "eventuais provas". Aliás, demonstra o mais perfeito desinteresse pela justiça.

r) Processo n. 0023/2002. Ação de reparação de danos

Intimadas as partes para indicação de provas que desejassem produzir e, depois, realizada a audiência preliminar, com proposta de conciliação, sem êxito, quando foi proferida a decisão saneadora, sem, contudo, fixação de pontos controvertidos, tampouco distribuição da carga probatória. Foram deferidas as provas requeridas, com concessão de prazo para rol de testemunhas. Na audiência de instrução, ouvida a autora e tomados os depoimentos de testemunhas, o juiz formulou a maioria das perguntas tanto à autora, quanto às testemunhas.

O aspecto negativo foi ausência de fixação de pontos controvertidos e distribuição da carga probatória e o lacônico: "defiro as provas requeridas", sem especificá-las. Mas a formulação de perguntas à parte e às testemunhas demonstrou interesse do juiz pela justiça de sua decisão, não ficando à mercê apenas das provas produzidas pelas partes.

s) Processo n. 0024/2000. Ação indenizatória e de partilha. Ajuizada em 18 de março de 1986, embora cadastrada em 2000

O processo, que durou, até o arquivamento, mais de 20 anos, teve decisão saneadora de forma solitária, sem fixação de pontos controvertidos, nem distribuição da carga probatória. Em verdade, a audiência preliminar só foi criada em 1994, com alteração do CPC. O deferimento da prova teve o seguinte texto: "Defiro a produção de provas pelas quais protestaram as partes. Em caso de prova pericial, desde já nomeio o perito [...]. Concedo às partes, caso pretendam perícia, o prazo fatal e improrrogável [...]", ou seja, tudo de forma condicional, o que é incompreensível na Justiça.

Houve prova oral, conduzida pelo juiz, com maioria das perguntas por ele formuladas. Esse foi, portanto, o único aspecto positivo do processo, além da sentença, bem lançada, que examinou minuciosamente a prova dos autos.

t) Processo n. 0025/2004. Reparação de danos por acidente de trânsito

Deferiu-se requerimento do autor, determinando-se a intimação dos réus para juntada de documentos especificados na inicial.

Na audiência preliminar, sem conciliação, foi concedido prazo para réplica das defesas. Após, as partes foram intimadas para indicar provas. Os requeridos ratificaram o que constava das defesas, e o autor requereu outras provas, cujo pedido foi impugnado pelos requeridos, por estar preclusa a oportunidade, que deveria dar-se com a inicial. O juiz, entretanto, deferiu o requerimento do autor.

Na audiência de instrução, ouvidas as partes e testemunhas, o juiz formulou a maioria das perguntas.

Outro juiz sentenciou, e só na sentença é que o processo foi saneado.

Nesse processo, registre-se, não se utilizou da audiência preliminar para correção do feito, pois não houve a decisão saneadora, senão na sentença. Também não foram deferidas as provas nessa audiência, como deveria ter ocorrido, tampouco se fixou ponto controvertido. Outro aspecto negativo foi a concessão de prazo para memoriais, tratando-se de rito sumário, quando a lei processual apenas autoriza razões finais por meio de memoriais no caso de processos complexos. Aliás, o art. 281 do Código é taxativo ao tratar do encerramento da instrução e dos "debates orais".

Da mesma forma, o juiz sentenciante não foi o mesmo que presidiu a instrução. Mais uma vez, observa-se que pode haver prejuízo para a justiça, mormente se há prova oral, como já se explicitou.

Ponto positivo pode-se ver apenas um: deferimento de provas após a audiência preliminar. Primeiro, o juiz concedeu prazo, para indicação de provas, já que não apreciou os requerimentos na audiência. Segundo, a prova é do processo e compete ao juiz avaliar se é necessária.

u) Processo n. 0026/2001. Rescisão contratual, cumulada com indenização por danos materiais e morais

Houve audiência preliminar, em que o juiz saneou o processo e deferiu provas pericial, testemunhal e depoimento pessoal, atendendo a requerimento do réu. O autor não desejou qualquer prova, conforme consta da ata.

Para a perícia, as partes apresentaram quesitos, não analisados pelo juiz. Após laudo, vista às partes, sem impugnação e o juiz encerrou a instrução, afirmando que não faria outra audiência, porque a matéria era exclusivamente de direito. Sentenciou, segundo o ônus da prova.

Em primeiro lugar, observe-se que não houve fixação de pontos controvertidos, nem a distribuição da carga probatória. Segundo, o juiz não participou da realização da perícia, já que não analisou nem sequer os quesitos das partes. Terceiro, incompatível o deferimento de prova oral e perícia, se a matéria era exclusivamente de direito. Por último, a falta de provas do dano moral é incompatível com a definição de matéria exclusivamente de direito.

O ponto positivo foi a realização da audiência preliminar, com tentativa de conciliação e saneamento em audiência.

v) Processo n. 0027/1999. Indenização por danos materiais e morais por motivo de acidente do trabalho

O autor pediu tutela antecipada: uma garantia real do cumprimento da sentença, se procedente. O juiz disse que analisaria o pedido após a contestação, mas não o fez, e o autor restou silente.

Após a réplica, o juiz determinou que o cartório certificasse se a contestação "ou contestações" eram tempestivas e mandou que as partes especificassem as provas em cinco dias.

Na audiência de conciliação, o advogado do réu não compareceu, nem justificou a ausência. O juiz fez um longo arrazoado para explicar que a ausência do advogado demonstra o desinteresse na transação. Em seguida, deu o processo por saneado e deferiu as provas "úteis", como registrou, requeridas pelas partes.

Consta em ata da mesma audiência "[...] que os pontos controvertidos da presente demanda, para serem debatidos na audiência instrutória, desde já ficam fixados em torno de toda matéria fática articulada na inicial e na defesa, sendo que ali irá girar a prova oral a seu tempo produzida (CPC, art. 331, § 2º)".

Na audiência de instrução, foram ouvidas as testemunhas do autor, e o juiz fez a maioria das perguntas.

Vale assinalar que o juiz não fixou pontos controvertidos, não se podendo considerar cumprido o dispositivo legal que ele próprio mencionou se se refere a "toda matéria fática".

Por outro lado, é inconcebível que se necessite de certificação do cartório sobre a tempestividade da defesa, ou das defesas, como disse, ou seja, o juiz nem se deu ao trabalho de ler a defesa. Demonstra, com a atitude, que não tem gestão do processo, o que contribui para elastecer o tempo de tramitação do feito, como ocorreu, porque, entre o ajuizamento da ação e o julgamento, decorreram dois anos e sete meses e, entre a distribuição e a audiência preliminar, o tempo gasto foi de quase dois anos.

Um ponto positivo é registrado: a formulação de perguntas às testemunhas. Pode-se considerar também como positivo o tempo de dois meses para a sentença, após o encerramento da instrução, em face da prática do Foro.

x) Processo n. 0028/2000. Ação declaratória de nulidade de título de crédito, combinada com reparação por danos morais.

Foi ajuizada, inicialmente, em Cachoeiro do Itapemirim, mas o juiz declinou de sua competência e remeteu os autos para Vila Velha.

Houve audiência preliminar, mas estavam presentes apenas o réu com seu advogado, que requereu a aplicação da pena de confissão, rejeitada, por tratar-se de audiência preliminar, conforme fundamentou o juiz.

Saneado o feito, fixou pontos controvertidos, como "Toda matéria fática articulada na inicial e na contestação". Deferiu o depoimento pessoal de ambas as partes, mas, na inicial, havia pedido de perícia, que não analisou. Não distribuiu o ônus probatório.

Na audiência de instrução, ambas as partes desistiram de suas provas. Autor ausente, mas presente seu advogado.

A final, a decisão teve suporte na ausência de provas, ou seja, julgou segundo o ônus de cada parte.

O que, mais uma vez, chama a atenção é a morosidade. Entre a audiência que seria de instrução e a sentença, decorreram três anos. A conclusão e a carga do processo foram efetivadas por duas vezes, com espaço de dois anos, sem que houvesse a sentença. E, por fim, juiz distinto proferiu a decisão.

Não se estranha que as partes tenham desistido das provas. Em primeiro lugar, houve pedido de prova pericial e, no ambiente propício para sua análise, nem autor, nem seu advogado compareceu. E o juiz que presidiu a audiência ignorou o requerimento. Segundo, o ponto controvertido foi estabelecido de forma genérica: "toda matéria fática", o que demonstra a total ausência de contato com o processo antes da audiência. Terceiro, parece que o autor perdeu totalmente o interesse, já que não esteve presente a qualquer audiência. O advogado do autor, da mesma forma. Então, nesse feito, se se pode falar em colaboração, seria às avessas. Todos desinteressados, o que redundou em sentença segundo o ônus da prova e do que nem houve recurso.

z) Processo n. 0029/2000. Ação de indenização por acidente do trabalho, com óbito do trabalhador, ocorrido em 1980, mas ajuizada apenas em 2000

Após defesa e réplica, audiência de conciliação, ausente o advogado da autora, saneado o feito, fixados pontos controvertidos e deferidas as provas: testemunhal para a autora, pena de confissão, e testemunhal para o réu.

Na audiência de instrução, foram ouvidas duas testemunhas arroladas pela requerente, mas o advogado apenas fez perguntas sobre a situação financeira da autora. O juiz não fez pergunta. Concedeu prazo de 60 dias para a autora colacionar aos autos endereço de mais duas testemunhas, o que não foi cumprido e, na audiência seguinte, o advogado, além de chegar atrasado, ainda pediu mais prazo para fornecer os endereços, do que discordou o réu, e o juiz indeferiu o requerimento.

Foi ouvida uma testemunha do réu, quando o juiz formulou perguntas próprias e proferiu a sentença em audiência.

No caso em análise, chama a atenção o tempo decorrido entre o óbito e a ação de indenização, quase 20 anos. Nessa situação, difícil encontrar pessoas que possam dar testemunho, exceto do lado do empregador, que, normalmente, é um empregado ou prestador de serviços. O trabalhador morreu, os colegas que presenciaram o acidente perderam-se nos desvãos da vida, e a viúva ou os filhos nem sempre têm contato com os colegas do marido ou do pai. Tanto isso é correto que, mesmo com extensos prazos, não conseguiram os endereços das testemunhas.

Não se pode atribuir ao juiz qualquer desinteresse em não dirigir perguntas às testemunhas, porque observou que nada sabiam sobre o acidente ou suas causas.

E assim, mais uma família ficou ao desamparo, entretanto, no caso, não se pode atribuir culpa ao Judiciário; apenas e tão somente à desinformação de nosso povo acerca de cidadania.

z-a) Processo n. 0030/1997. Ação de reintegração de posse

Foi cadastrada somente em 1997, tendo sido ajuizada em 1995.

Designada audiência de justificação, ausentes os requeridos, foi ouvida uma testemunha, que de nada sabia, com perguntas do juiz. Na audiência seguinte, presentes os requeridos, mas ausente o advogado público que os assistia. Outra testemunha foi ouvida e concedida a liminar.

À audiência designada para conciliação, infrutífera nesse sentido, compareceram autor, seu assistente, advogado público, e os requeridos, cujo assistente, também advogado público, não compareceu. Adiada *sine die* para tentativa de conciliação, o desfecho foi a extinção por abandono por mais de um ano, decisão anulada pelo Tribunal, porque não fora intimado o autor.

Nova audiência, partes e testemunhas presentes, ausentes ambos os defensores, o que obrigou o juiz a novo adiamento. Mais uma audiência, dois meses após, ausentes os defensores, adiada.

Outra audiência, quatro meses depois, o juiz interrogou as partes e deu voz ao advogado do autor. O advogado dos requeridos não compareceu, nem justificou a ausência. Também ausentes as testemunhas do requerido, apesar de intimadas. O juiz, com suporte no § 2º do art. 453 do Código, dispensou o depoimento das testemunhas dos requeridos.

Com tantos percalços, não se tratou de saneamento, nem de ponto controvertido, quanto mais de distribuição de carga probatória. Da mesma forma, difícil conseguir presença de testemunhas, depois de tanto tempo, e, se presentes, a lembrança dos fatos passados já se teria esfumado na memória.

Sentenciado, com análise percuciente das provas já nos autos.

Observe-se que, nesse caso, houve grande desperdício da atividade jurisdicional. Até a audiência de instrução, decorreram sete anos. Em primeiro lugar, por um equívoco: a extinção do processo por abandono, sem intimação do autor, em afronta ao § 1º do art. 267 do Código. Segundo, pela ausência dos defensores, o que obrigava o juiz ao adiamento da instrução. Tal situação já foi analisada em processo anterior e, cada vez mais, preocupa a situação daqueles que dependem da Defensoria, porque o acesso à Justiça acaba por ser-lhes negado, tamanha a falta de condições em que trabalham os defensores.

z-b) Processo n. 0031/2000. Ação de indenização por danos morais e materiais, em face de doença ocupacional

Na audiência preliminar, sem conciliação, o juiz saneou o processo, rejeitando a preliminar de inépcia da inicial, ao fundamento de que o juiz conhece o direito, sendo necessário apenas conhecer os fatos. Distribuiu a carga probatória e fixou os pontos controvertidos. Deferiu provas: depoimentos pessoais, testemunhais e perícia, designou perito, valor de honorários, determinou o depósito do adiantamento dos honorários ao requerido.

Vieram os quesitos de ambas as partes. O juiz não analisou. Peritos e assistentes técnicos apresentaram o laudo e vieram quesitos ditos suplementares/elucidativos. O juiz fez um arrazoado, explicando o que significava um e outro e determinou que o perito respondesse apenas aos elucidativos, sem especificá-los. O perito respondeu, sem questionamento algum.

Na audiência de instrução, tomado o depoimento da autora, o juiz fez perguntas, o que ocorreu também em relação às testemunhas. Razões finais em memoriais.

Sentença definitiva prolatada.

Considera-se falha a decisão do juiz, ao rejeitar a inépcia da inicial, em face do fundamento utilizado: o juiz conhece o direito[418]. Poderia ter dito o juiz que a inicial era perfeitamente inteligível e que não era necessário especificar a lei de regência, mas apenas os fundamentos jurídicos em que se

---

(418) Veja-se a propósito: MELENDO, 1974, p. 11-22, já referido no capítulo 1.

apoiava o pedido. Outro ponto negativo foi a ausência de análise dos quesitos das partes e, após o laudo, a digressão para explicar a diferença entre quesito explicativo ou elucidativo e quesito suplementar, sem, contudo, distingui-los dentre os apresentados pelas partes, deixando ao alvedrio do perito a análise.

Entretanto, registrem-se vários aspectos positivos. A audiência preliminar cumpriu seu desiderato. Houve saneamento do processo, fixação de pontos controvertidos, distribuição da carga probatória e, por fim, análise das provas requeridas e a decisão sobre a sua necessidade. Também positiva foi a decisão que determinou ao réu o depósito do valor relativo ao adiantamento dos honorários periciais, diferentemente do que estabelece o Código, já que ambas as partes requereram a perícia. Em verdade, se o ônus da prova recai para o empregador, natural que a ele, o réu no caso dos autos, seja imputado o ônus da perícia, tanto por força do princípio da aptidão para a produção da prova, como pela aplicação do diálogo das fontes, com o inc. VIII do art. 6º do CDC, embora não haja esse registro em audiência. Da mesma forma, a audiência de instrução, que foi dirigida pelas partes e pelo juiz, com perguntas de todos os sujeitos do processo, numa perfeita colaboração nessa etapa.

z-c) Processo n. 0032/2000. Ação de busca e apreensão

O processo foi extinto sem julgamento do mérito, porque, ao fim de 30 dias, o autor não ajuizou a ação principal. Entretanto, mesmo não tendo chegado ao mérito, há aspectos interessantes à análise. Trata-se de cautelar de busca e apreensão, em que uma pessoa afirma que "vendeu" verbalmente um carro para um amigo e que o carro foi revendido e, para a transferência do veículo, sua assinatura foi falsificada e reconhecida a firma em cartório, onde ele não possuía nem sequer registro de assinatura. Além disso, tem que pagar as prestações vincendas.

O juiz concedeu a liminar, nomeou o autor como fiel depositário e designou audiência de conciliação, após a contestação. O requerido, contestando, afirma que o antigo dono era exatamente o amigo do autor e que comprou o veículo de uma loja de carros e que é terceiro de boa-fé.

À audiência compareceu o comprador do carro do requerido, que, inclusive, ajuizara embargos de terceiro e que já o teria colocado à venda, acompanhado do dono da loja de carros, onde se deu a busca e apreensão.

O juiz, de ofício, ouviu as partes e também esses senhores, alertando-os, antes, de que não eram obrigados a depor, já que não foram intimados para o ato.

Ato contínuo, ao terceiro embargante foi entregue o veículo, nomeado que foi fiel depositário.

Valeu o registro, porque o juiz, de ofício, ouviu quem lá compareceu e quem nem era parte no processo, tendo também interrogado as partes, de ofício, para, após, revogar a liminar de devolução do bem e nomear outro fiel depositário, numa decisão que entendeu mais adequada naquele momento e após as provas colhidas. Em que pese não se observar o ativismo-cooperativo, ainda assim se trata de ativismo positivo, na medida em que o juiz não se preocupou apenas em resolver a controvérsia, mas sua decisão tinha foco na justiça do caso concreto.

z-d) Processo n. 0033/1998. Ação declaratória de desconstituição de débito combinada com indenizatória por perdas e danos

O juiz intimou o autor para emendar a inicial, juntar instrumento de mandato e documentos comprobatórios da situação alegada, iniciando, portanto, o saneamento do processo.

Na audiência preliminar, com a conciliação infrutífera, o juiz instigou as partes à fixação dos pontos controvertidos. O autor afirmou que provaria os danos morais sofridos, enquanto o réu, que o ato lesivo não decorreu de sua culpa, ou seja, além dos pontos controvertidos, as partes também distribuíram a carga probatória.

O autor requereu depoimento do réu, e o juiz indeferiu por ser inútil, por não haver negativa de fraude, apenas de culpa. O réu quis o depoimento do autor, e o juiz afirmou que haveria, naquele momento, o interrogatório do autor, na forma do art. 342 do CPC. Ao réu foi concedida oportunidade de perguntas ao autor.

Razões finais em memoriais e a sentença proferida, com análise criteriosa de todos os detalhes.

O processo tramitou no 1º grau por um ano e dois meses até a instrução, mesmo necessitando correção da inicial, com audiência preliminar, audiência de instrução e memoriais escritos, enquadrando-se perfeitamente no desenho da moderna teoria do ativismo-cooperativo. Partes e juiz, em colaboração, conduzem o feito a um fim previsível: com correção, sem atropelos nem atrasos, cada um cumprindo a sua parte, e o juiz, ao indeferir o requerimento da prova, fundamentou com clareza sua decisão.

Entretanto, a sentença foi proferida um ano após conclusos os autos ao juiz, o que acaba por manchar o bom resultado anterior.

z-e) Processo n. 0034/1998. Ação de indenização por acidente de trânsito, com óbito

Na audiência de conciliação, houve saneamento do processo e as partes fixaram pontos controvertidos e distribuíram a carga probatória. Foram deferidas as provas requeridas e determinou-se, de ofício, o depoimento pessoal do requerido.

Na audiência de instrução, o juiz interrogou o requerido e, em seguida, deu voz ao advogado do autor. Tomou o depoimento de duas testemunhas a respeito do sinistro e uma para apurar a existência de vínculo entre autor e vítima e tanto partes como juiz fizeram perguntas. Adiada a audiência para depoimento de outras testemunhas, substituição de algumas, conforme requerimento das partes e, ainda, para condução coercitiva de outras.

Em nova audiência, foram ouvidas duas testemunhas, também com perguntas de juiz e partes. O juiz indeferiu juntada de documentos (uma justificação judicial) produzidos antes do processo, através dos quais a autora pretendia comprovar a coabitação com a vítima. Concedeu prazo de quinze dias para o requerido diligenciar junto ao INSS resposta de um ofício enviado pelo juízo, afirmando ser ônus seu, prazo que foi prorrogado, mas sem sucesso.

Razões finais escritas e, depois, sentença. No recurso, houve alegação de cerceamento do direito de defesa, rejeitado, e mantida a sentença.

Diversos pontos positivos ocorreram: participação de partes e juiz na instrução do feito, inclusive na composição dos pontos controvertidos e na distribuição do ônus da prova, que podemos denominar de ativismo--cooperativo, embora não ainda da forma ideal, já que a morosidade acaba por reduzir o valor dos corretos procedimentos obtidos na instrução. A sentença foi proferida 20 meses após a conclusão dos autos ao juiz. Não se pode dizer, entretanto, o motivo de duas conclusões. A primeira ocorreu 30.6.1999, sem qualquer registro ou justificativa, no sistema; a segunda em 21.3.2001.

z-f) Processo n. 0035/1997. Embargos do devedor, em processo de execução de título extrajudicial

Após a impugnação dos embargos, designou o juiz audiência de conciliação, em que saneou o processo e as partes fixaram pontos controvertidos e houve até controvérsia entre elas, depois aclarada, e foram analisadas e deferidas as provas.

Prova pericial realizada, mas sem análise dos quesitos das partes (ponto negativo que se registra), senão após apresentação de quesitos suplementares, negados por intempestivos. Quanto à morosidade, denota-se que é prática corrente, razão por que somente será referida em sentido contrário, ou seja, quando for positivo o tempo de curso do processo, para não se tornar uma cantilena.

O ponto primordial do processo foi, como no anterior, a fixação especificada da controvérsia pelas próprias partes, e, o mais interessante, até houve divergência entre elas: o embargado discordou dos pontos do embargante, mas acabou acatando a possibilidade de fazer perícia se o embargante assim desejasse, o que se realizou, conforme suprarregistrado.

z-g) Processo n. 0036/2004. Ação de reparação de danos

Ajuizada ação, em face de gastos com hospedagem de um cachorro, porque o síndico impediu a presença do animal no condomínio, indevidamente.

Audiência preliminar, sem conciliação, sem saneamento, sem fixação de pontos controvertidos, nem distribuição da carga probatória. Deferida a prova testemunhal requerida pelo réu.

Na instrução, o juiz fez todas as perguntas à testemunha, o advogado do réu, que requereu a prova, não se manifestou, e o advogado do autor fez apenas uma pergunta.

O juiz sentenciou e, interessante, ele mesmo fez as perguntas e, na sentença, afirmou que o depoimento "isolado" se refere a fatos irrelevantes para a questão.

Em que pese tão singela a matéria do litígio, deferiu o juiz prazo para razões finais escritas, com violação da norma do § 4º do art. 454 do Código, prática negativa, inserida na cultura dos juízos de Vila Velha.

A audiência preliminar, no caso, serviu apenas para deferimento da prova testemunhal, porque não houve nenhuma atividade, além disso. Ponto negativo, por certo. Um ponto positivo seria a inquirição da testemunha pelo juiz, mas demonstrou-se o contrário: sua falta de conhecimento do processo, porque ele mesmo fez as perguntas e, na sentença, afirmou que o depoimento se refere a fatos sem relevância para a questão discutida.

z-h) Processo n. 0037/1998. Ação reivindicatória

Ajuizada em 1992, mas cadastrada em 1998, em que o juiz determinou a retificação da inicial, alterando o rito, que era sumário, para ordinário e para cumular com perdas e danos, mais compatível com reivindicatória do que com pedido de aluguel, como constava.

Saneado o processo de forma solitária, o juiz determinou, de ofício, realização de perícia, com despesas *pro rata*. Os requeridos afirmaram que não podiam pagar e, após idas e vindas, o perito reduziu o valor, e o juiz concedeu o prazo de 48 horas para o depósito, o que surtiu o efeito desejado.

As partes apresentaram quesitos, que o juiz não analisou, e o laudo foi entregue.

Na audiência de instrução, as partes desistiram de ouvir o perito, bem como do depoimento das testemunhas, apenas ouvindo os réus, com maioria das perguntas feitas pelo juiz.

Após, sentença.

Pode-se dizer célere a tramitação deste processo — um ano e dez meses entre o ajuizamento e a sentença — por tratar-se de processo complexo, com retificação da inicial, alteração de rito e prova pericial. Não houve audiência preliminar, pois ainda não se encontrava positivada em nosso Direito, o que ocorreu por meio da Lei n. 8.952/1994. Observa-se, por outro lado, que os juízes não costumam analisar os quesitos, se pertinentes ou não, para preservar os pontos controvertidos e evitar perda de tempo do perito. Positiva, entretanto, foi a participação do juiz na inquirição dos requeridos, quatro ao todo, os quais foram ouvidos. Outra questão interessante foi a decisão inicial orientando o autor a emendar a inicial, para retificar o rito e o pedido, o que a doutrina moderna conta como atitude positiva de colaboração. E, por fim, a prova pericial de ofício, embora não haja análise dos quesitos.

z-i) Processo n. 0038/2000. Ação Ordinária de cobrança de indenização de seguro, por invalidez do autor

Após a contestação e a réplica, realizada a audiência preliminar, não havendo conciliação, foi saneado o feito, fixados os pontos controvertidos pelo juiz e complementados pelo réu. Houve, ainda, distribuição do ônus probatório, deferimento de provas e determinação de prova documental de ofício ao réu: cópias das peças do "processo de regulação de sinistro".

Na prova pericial, como de praxe, não houve participação do juiz, que não analisou os quesitos. Não houve nova audiência, e o juiz sentenciou.

Como se viu, a audiência preliminar cumpriu a sua função, com participação das partes e do juiz, que, inclusive, exerceu seu poder instrutório, na forma do art. 130 do Código, determinando prova de ofício, para melhor julgar.

z-j) Processo n. 0039/2000. Indenizatória, por erro médico

Após a contestação, o juiz analisa o processo, profere a decisão saneadora solitariamente e afirma que as alegações das partes demonstram a impossibilidade de conciliação. Conclui que a questão só pode ser investigada a partir da colheita de prova oral, sem prejuízo de realização de perícia, se necessária, e determina a designação de audiência de instrução.

Nessa audiência, ouviu-se o réu, com questionamento do autor e do juiz, o mesmo ocorrendo em relação às testemunhas.

Consta da ata que o autor protestou, porque, ao seu dizer, o juiz teria descumprido a regra do inc. II do art. 452 do Código de Processo Civil. O juiz assim decidiu:

> [...] a regra do art. 342 do Código de processo civil é clara ao asseverar que é faculdade do juiz tomar, de ofício, o depoimento das

partes. A melhor exegese desse dispositivo é aquela que acena no sentido de que o juiz terá maiores iniciativas na colheita das provas quando o litígio versar sobre direitos indisponíveis, como quando há, por exemplo, interesse de menores. No caso dos autos, as partes são maiores, capazes e estão assistidas por advogados de notável saber jurídico. [...] Em síntese, a regra do inciso II do art. 452 do Código de Processo Civil somente deve ser obedecida quando forem dois os depoimentos pessoais a serem tomados.

Após os depoimentos, o autor desistiu da prova pericial, e o processo foi sentenciado.

Interessante que o juiz, ao mesmo tempo em que afirma que o julgador tem maiores poderes instrutórios, quando se trata de direito indisponível (o que não era caso dos autos), já determinara prova de ofício, quando estabeleceu que a investigação se daria pela prova oral e quando formulou perguntas às testemunhas.

E, como não realizou audiência preliminar, também não fixou os pontos controvertidos, tampouco instigou as partes a fazê-lo, nem distribuiu o ônus probatório, o que é um ponto negativo.

z-k) Processo n. 0040/2001. Ação de indenização por danos morais e materiais, em face de acidentes do trabalho, com óbito

Como no processo anterior, em decisão saneadora, o juiz afirmou que era inviável a conciliação e, portanto, não realizaria audiência preliminar. De forma solitária, fixou os pontos controvertidos, definiu a carga probatória e determinou prova de ofício (oral) e a juntada de rol de testemunhas.

Na audiência de instrução, fez perguntas às quatro testemunhas ouvidas e sentenciou.

Aqui, o juiz agiu sempre monocraticamente, sem colaboração das partes, mesmo porque não realizou audiência de conciliação, aliás, fundamentou-se nos termos do art. 331 do Código, que cumpriu na íntegra, embora mera impressão subjetiva não seja justificativa para suprimir a audiência preliminar, repisa-se.

A pesquisa coletou ainda outros casos, mas relatá-los seria mera repetição das resenhas e também das ocorrências positivas e negativas.

Entretanto, numa das varas visitadas, foram-nos gentilmente cedidos nove casos ainda sem solução, mas com audiência já realizada, que merecem ser citados.

No primeiro, que codificamos com o n. 0041/2007, cuja audiência de instrução foi realizada em maio de 2009, um pedido de indenização por dano estético foi extinto, com assistência da defensoria pública, por renúncia da parte, porque um ofício com pedido de prova pericial, enviado em janeiro, fora recusado pelo DML, já que levado pela própria requerente, conforme sua informação em audiência. Comprova-se, mais uma vez, a dificuldade de acesso à justiça quando à parte é concedida assistência judiciária.

O segundo, codificado como 0042/2008, na audiência preliminar, o juiz registra em ata a essência da inicial e da defesa, defere provas, explicitando-lhes a finalidade apontada pelas partes, fixa pontos controvertidos e estabelece uma cronologia para todos os atos processuais, inclusive da perícia, para, ao final, marcar a audiência de instrução e determinar condução coercitiva das testemunhas recalcitrantes. A ata relata minuciosamente as ocorrências da audiência, tornando-se uma medida de segurança, tanto para partes, como para o juiz que a presidiu, enquanto não se inaugura o processo virtual, ou mesmo, medida mais singela de gravação das falas dos sujeitos processuais.

Observa-se aí uma preocupação com a celeridade processual e com a gestão do processo. Os prazos previamente marcados impedem que os processos se arrastem indefinidamente, cumprindo o comando constitucional da razoável duração do processo.

O terceiro, sob o n. 0043/2008, na audiência preliminar, o juiz tomou as mesmas providências, mas o que chamou a atenção foi que, ao deferir pedido de prova pericial e designar o perito, determinada a cronologia, e concedendo prazos para os quesitos das partes, apresentou ele próprio os seus quesitos, demonstrando preocupação do resultado do trabalho do perito, evitando desperdício da atividade jurisdicional.

Aí está o juiz ativo-cooperativo: ouve as partes, defere provas em audiência, fixa pontos controvertidos, delimita prazos, indefere em audiência, fundamenta devidamente sua decisão, dando vez e voz a todos os participantes do ato processual.

Os demais casos estudados têm o mesmo padrão. Observa-se, então, quanto a esse juiz, preocupação com o processo, a fim de não haver um abismo entre a teoria e a prática e que a beleza do Direito não fosse conspurcada pela falta de atenção de partes e juiz.

Enfim, que dizer após concluída a análise? Haveria um modelo ideal?

3.2. O DEBATE CONTINUA?

Como se pôde observar na análise qualitativa da pesquisa, posto que autorizados pelo art. 130 do CPC, os juízes ainda não se convenceram de que a gestão do processo depende de uma postura ativa, para que se encaminhe para um resultado justo, em que a paridade de armas seja a tônica.

A morosidade, queixa de todo jurisdicionado e que se registrou na maioria dos processos, pode ser fruto dessa ausência de gestão. A preocupação com o tempo do processo faz parte de estudos para assentar as linhas mestras para a pesquisa do "Mestrado Profissionalizante em Poder Judiciário", iniciados pela Associação dos Magistrados Brasileiros (AMB), a Escola Nacional da Magistratura (ENM) e a Escola de Direito da Fundação Getúlio Vargas. O foco seria "[...] a gestão do Poder; a gestão das serventias ou cartórios e a gestão de processos ou casos"[419].

Marcos Granjeia[420] afirma que os mapas estratégicos dos códigos precisam de releitura dos juízes para não provocarem retardo na solução dos processos. O STF, segundo o autor, tem feito essa releitura, como quando decidiu que as testemunhas, com direito a determinar dia, hora e local para serem ouvidas, deveriam fazê-lo no prazo de 30 dias, sob pena dessa designação ser feita pelo relator. São essas pequenas providências que, em não ferindo o contraditório, fazem a diferença e colocam, como sempre, o juiz no centro da controvérsia.

O processo tem caminhado ao alvedrio das partes, sem que o juiz administre os prazos ou mesmo exija cumprimento das rotinas cartoriais a tempo e modo, principalmente quando há assistência judiciária, em face da falta de condições materiais ou mesmo desinteresse dos advogados, como se registrou no Processo n. 002/2002, em que o mandatário não tomou conhecimento nem sequer de que seu cliente havia falecido, decorridos mais de três anos, ou mesmo no processo em que diversos defensores foram designados e escusaram-se.

Quando o juiz atua administrando prazos dos advogados e das serventias, a instrução do processo caminha sem atropelos, como ocorreu na Ação de Indenização n. 0034/1998 — conforme analisado na alínea "z-c". Feito saneado em audiência de conciliação, pontos controvertidos fixados, deferidas umas provas e indeferidas outras, realizada audiência de instrução, com adiamento para novas testemunhas que ainda não tinham sido encontradas, prorrogação de prazo para obtenção de outros documentos etc. Até a conclusão dos autos, o processo tramitou por nove meses. Entretanto, a sentença somente foi proferida um ano e dez meses após, o que acabou por macular o sucesso obtido com a tramitação do processo.

Problema de gestão, da mesma forma, é essa demora em se proferir a sentença. Juízes substitutos presidem à instrução, e o processo fica

---

(419) GRANJEIA, Marcos Alaor Diniz. *Os novos mapas estratégicos para a solução*. Disponível em: <www.conjur.com.br> Acesso em: 29.10.2009.
(420) GRANJEIA, 2009.

"estacionado", esquecido, aguardando a decisão que, muitas vezes, é proferida por outro juiz, como ocorreu nos Autos n. 0028/2000, analisados na casuística apresentada. Outro exemplo que se pode dar é o do Processo n. 0038/1998, que tramitou no 1º grau por um ano e dois meses até a instrução, com o juiz atuando no modelo do ativismo probatório, mas que, ao final, a sentença foi proferida um ano após conclusos os autos para a sentença. Da mesma forma ocorreu com o Processo n. 0034/1998, acima referido. Não se pode aferir a causa de tanta demora na prolação das sentenças, porque não se tem um parâmetro do número razoável de sentenças por mês. Não há estudos quanto ao tempo ótimo de duração de um processo, mesmo porque cada processo é um caso à parte. Mas, se todas as providências fossem tomadas no prazo determinado por lei, com certeza o desiderato da razoável duração dos feitos seria cumprido.

O Código de Processo Civil estabelece prazo de 10 dias para o juiz sentenciar (art. 189) e, nos casos de rito sumário (art. 281), após debates orais, na própria audiência, ou no prazo de 10 dias[421][422].

Pressupõe-se que o CNJ considere razoável os 100 dias para a prolação da sentença, uma vez que, no questionário de produtividade dos juízes, consta o item: "Autos conclusos para sentença há mais de 100 dias". Em cinco varas cíveis de Vila Velha, apurou-se uma média mensal de atrasos, em dias, na ordem de 34,97, no ano de 2009, segundo o critério do CNJ, sendo que apenas uma vara, dentre as seis, não teve qualquer registro. A menor média foi de 13,17 e a maior 86,58[423].

É como conclui Alexandre Oliveira[424], tratando do processo eletrônico, embora no processo tradicional, tanto o tempo de tramitação, como a espera do julgamento sejam excessivos: "Mas vale a reflexão: o mal maior do Judiciário não está na morosidade do tramitar, e sim no atraso em se julgar. [...] O processo em fase de julgamento não está 'tramitando'; apenas aguarda ser julgado". A Ministra Cármen Lúcia, entretanto, pensa diferente. Afirma

---

(421) "[...] a mazela está no prazo impróprio, naqueles prazos que não geram, aliás, o efeito da preclusão, para o seu descumprimento nas mesas dos serventuários, prateleiras dos cartórios, diligências externas e no gabinete de magistrados, onde nenhuma consequência processual existe. A possível consequência de responsabilização disciplinar, ante um contexto de excesso de trabalho que explique a demora e nem mais recomenda qualquer apuração, porque na verdade significaria milhares de processos administrativos para apurar a demora em outros milhares de processos judiciais, levaria, ainda, a uma morosidade mais gritante." (ASDRUBAL JÚNIOR. *Prazo impróprio. O vilão da morosidade*. Disponível em: <http://jusvi.com/artigos/1697> Acesso em: 15.2.2010.)
(422) No anteprojeto do novo CPC, enviado ao Congresso Nacional, o prazo para sentenciar passa a ser de 20 dias (Art. 184. O juiz proferirá: III — as sentenças no prazo de vinte dias). BRASIL. *Anteprojeto do novo Código de Processo Civil*. Disponível em: <http://www.senado.gov.br/senado/novocpc/pdf/Anteprojeto.pdf> Acesso em: 15.9.2010.
(423) CONSELHO NACIONAL DE JUSTIÇA. *Justiça aberta*. Disponível em: <www.cnj.jus.br/corregedoria/justiça_aberta/> Acesso em: 14.2.2010.
(424) OLIVEIRA, Alexandre Vidigal de. *Processo virtual e morosidade real*. Disponível em: <http://www.migalhas.com.br/mostra_noticia_articuladas.aspx?cod=56377> Acesso em: 11.2.2010.

que muitos bons advogados é que não deixam o processo acabar, com tantos recursos, não sendo a culpa só do juiz. Ao seu dizer, "Um juiz, um promotor e um advogado, juntos, mudam o mundo, se quiserem. É preciso saber se querem"[425]. Para ela, é hora de transformar a comunidade jurídica.

É certo, como disse a Ministra, que deve haver colaboração entre as personagens por ela apontadas, tanto que nosso trabalho tem foco na colaboração. Mas é hora, sim, não só de transformar a comunidade jurídica, de reler códigos e leis, com novo olhar, mas também de renovar a agilizar procedimentos, buscando a presteza da jurisdição.

Nesse trabalho de investigar, encontramos diversos tipos de profissionais: neutros, ativos, cooperativos, distantes ou irreverentes. De juízes, nossa personagem principal, procuramos os ativos-cooperativos. E, na busca, observamos que sua postura mais se revela é no contato com as partes, na audiência inicial e no momento da instrução processual.

A audiência preliminar é a primeira oportunidade para o juiz conhecer a pretensão de ambas as partes, instigando-as à participação.

No Direito Português[426], a audiência preliminar tem por objetivo tentar a conciliação, facultar às partes a discussão do fato e do direito, delimitar, em conjunto, os termos do litígio, corrigir ou suprir as insuficiências e imprecisões na exposição da matéria de fato que ainda subsistam ou que se potencializem após os debates, proferir despacho saneador, indicar meios de prova, decidir sobre a admissão e a preparação de diligências, tanto as requeridas pelas partes, como aquelas determinadas de ofício.

Souto Maior[427] afirma que na audiência é que o direito ganha vida, mas esse "parto nem sempre é tranquilo", porque, nesse momento, há conflitos, tensões, manifestações mais calorosas de defesas de pontos de vista, decisões, protestos e tudo o mais que pode ocorrer numa audiência, sob o olhar e a participação ativa do juiz e das partes. Trata-se de autêntico exercício de cidadania.

No Brasil, em verdade, a audiência preliminar nasceu com o propósito de incentivar a conciliação[428][429], repisa-se, porque seria um despropósito

---

(425) Trata-se de palestra proferida na Fundação Getúlio Vargas, no evento "Diálogos com o Supremo". In: ITO, Marina. Culpa pela morosidade da Justiça não é só do juiz. *Consultor Jurídico*, Rio de Janeiro, 7 nov. 2009. Disponível em: <www.conjur.com.br> Acesso em: 9.11.2009.
(426) PORTUGAL. *Código de processo civil*. Edição digital. Coimbra: Almedina, 2007. art. 508-A, p. 289.
(427) MAIOR, Jorge Luiz Souto. *Aristocracia política:* atos secretos e violências explícitas. Disponível em: <www.conjur.com.br/2009-jun-18> Acesso em: 23.6.2009.
(428) WAMBIER, Luiz Rodrigues. *A audiência preliminar como fator de otimização do processo.* O saneamento "compartilhado" e a probabilidade de redução da atividade recursal das partes. Disponível em: <www.abdpc.org.br> Acesso em: 28.10.2008.
(429) O anteprojeto do novo CPC prevê obrigatoriedade da audiência de conciliação: "[...] A Comissão privilegiou a *conciliação* incluindo-a como o primeiro ato de convocação do réu a juízo, porquanto nesse

inserir essa oportunidade na audiência de instrução, quando já se teriam consumido recursos públicos e também já se aproximaria o momento do julgamento do feito, tornando desinteressante a conciliação. Embora o art. 331 do CPC, *caput*, estabeleça que a audiência preliminar deve realizar-se quando tratar a causa de direitos que admitam transação, considero esse momento o espaço adequado para saneamento do processo, para a decisão de questões processuais pendentes, para especificação dos pontos controvertidos, fixação do ônus da prova, análise de provas requeridas e determinação de sua produção, tudo em regime de colaboração. O saneamento do processo "compartilhado" é uma oportunidade surgida com a criação da audiência preliminar. Antes, tratava-se de um ato solitário do juiz. Então, indicação de processo cooperativo temos no próprio Código de Processo Civil e parece que os juízes ainda não se deram conta desse fato de suma importância, tanto que se inexistir possibilidade de conciliação, já se descarta a realização da audiência preliminar, como se viu na análise dos casos concretos. E, como pontifica Wambier[430], "infelizmente, todo o esforço da doutrina, traduzido em primoroso texto de lei, fica à mercê da disposição quase 'heroica' de poucos".

O que se busca no processo cooperativo é cumprir o desiderato contido no inc. I do art. 125 do CPC, que incumbe o juiz de velar pela igualdade das partes[431] no processo. No Processo n. 0038/2000, por exemplo, o juiz, em ação de rito ordinário, realizou audiência preliminar e, após tentar a conciliação, sem êxito, saneou o feito, fundamentando devidamente sua decisão, destacou os pontos controvertidos e, ainda, acrescentou outros em face dos pontos indicados pelo réu, distribuiu a carga probatória, invertendo, inclusive, o ônus da prova com base no Código de Defesa do Consumidor, deferiu provas requeridas e determinou prova de ofício (juntada de documentos). E, assim decidiu, em face das alegações da ré: "Poder-se-ia pensar, então, que à autora caberia o ônus de produzir a prova em sentido contrário, buscando demons-

---

momento o desgaste pessoal e patrimonial das partes é diminuto e encoraja as concessões, mercê de otimizar o relacionamento social com larga margem de eficiência em relação à prestação jurisdicional". Parte do ofício da Comissão ao Presidente do Senado Federal. In: CRISTO, Alessandro. *CPC fica mais ágil em anteprojeto enviado ao Senado*. Disponível em: <http://www.conjur.com.br/2010-jan-02/codigo-processo-civil-fica-agil-anteprojeto-enviado-senado> Acesso em: 15.2.2010. Veja-se o § 2º, art. 205, do anteprojeto do novo CPC: § 2º Da carta de citação no processo de conhecimento constará também a intimação do réu para o comparecimento, com a presença de advogado à audiência de conciliação, bem como a menção do prazo para contestação, a ser apresentada sob pena de revelia. BRASIL. *Anteprojeto do novo Código de Processo Civil*. Disponível em: <http://www.senado.gov.br/senado/novocpc/pdf/Anteprojeto.pdf> Acesso em: 16.9.2010.
(430) WAMBIER, 2008.
(431) O Juiz do Trabalho Celismar Coelho de Figueiredo preocupou-se tanto com a igualdade das partes, que realizou audiência na casa de um reclamante, trabalhador rural, que se encontrava enfermo e sem possibilidade de locomoção. O reclamante reside no município de Serra dos Aimorés/MG, que está sob a jurisdição da Vara de Nanuque/MG. (JUIZ DO TRABALHO faz audiência em casa de reclamante incapacitado. *Em dia Notícias*, 12 fev. 2010, Tribunal Regional do Trabalho de Minas Gerais. Disponível em: <http://as1.trt3.jus.br/pls/noticias/no_noticias> Acesso em: 13.2.2010.)

trar, a duras penas, não só a causa da 'perda da audição de um ouvido', como também a 'invalidez' de tal decorrente. Ora, nisso residiria profunda iniquidade". E, ao final, sentenciou, e o Tribunal confirmou a decisão, que não foi impugnada sob o aspecto mencionado, senão apenas no mérito. Resta salientar que, embora o processo tenha durado dois anos e oito meses até a sentença, não se pode atribuir morosidade à atitude do juiz. Em primeiro lugar, porque as perícias, em geral, são demoradas e, segundo, o tempo não foi maior do que nos demais processos, considerando, inclusive, os de rito sumário, como o Processo n. 0008/2001, que durou quatro anos até a sentença, com apenas uma prova testemunhal na audiência de instrução. Outro exemplo que se pode oferecer é do Processo n. 0034/1998, também já analisado na casuística. Da mesma forma que o processo anterior, enquadra-se perfeitamente o modelo naquele buscado neste trabalho. A igualdade substancial das partes foi garantida, na medida em que o juiz realizou duas audiências para instrução do feito, autorizou substituição de testemunhas, a requerimento de ambas as partes, determinou condução coercitiva de outras, tudo em clima de paridade de armas e com a colaboração de todos, tanto na audiência preliminar, quanto na produção das provas na audiência.

Não se procura, por meio da cooperação, o retorno ao *ordo* isonômico medieval, busca-se uma situação mais condizente com a complexidade da vida moderna e, em consequência, das questões que devem ser apreciadas em juízo. Prejudiciais à busca da verdade e da justiça, tanto a atividade solitária do juiz, na produção de provas, dando azo a autoritarismo a que as partes devem submeter-se, como a liberdade dos contendores quanto ao destino do processo, que não é "coisa das partes", mas funciona no interesse da justiça. A igualdade substancial é utopia[432], mas nem por isso pode deixar de ser buscada, com partes e juiz, em cooperação, no equilíbrio da atividade processual, mitigando os princípios dispositivo e inquisitivo, no diálogo juiz-partes e partes-partes. A divisão de tarefas, com um juiz altivo, "cruzado", senhor da razão, determinando provas e impulsionando o feito ou, então, julgando apenas, segundo o alegado e provado, não tem mais espaço na vida moderna e é preciso que a comunidade jurídica disso se conscientize e encontre meios de concretizar a democracia no processo.

A Constituição Federal de 1988 exige um novo perfil do juiz: humanista, que saiba conciliar razão e sentimento. Só um juiz com esse perfil pode contribuir para a construção de uma sociedade mais justa. "Nós, da magistratura, devemos ter um olhar novo, mais sensível, mais inovador para com a sociedade, e, dessa forma, ver ainda melhor a democracia brasileira", afirmou Ayres Brito[433].

---

(432) "Se as coisas são inatingíveis... ora! Não é motivo para não querê-las...Que triste dos caminhos, se não fora a presença distante das estrelas." (QUINTANA, Mario. Das utopias. In: *Antologia poética*. Porto Alegre: L & PM, 1997. p. 36.)
(433) BRITO, Carlos Ayres. Ministro Carlos Ayres Brito fala sobre a Constituição. *Revista V Fórum Mundial de Juízes*, Belém, p. 7, 2009.

Recente artigo publicado por Boaventura de Sousa Santos[434] alerta para o início do que denominou "contrarrevolução jurídica", que estaria em curso em países latino-americanos, e, possivelmente, o Brasil seria um deles. "Trata--se de um ativismo judiciário conservador que consiste em neutralizar, por via judicial, muitos dos avanços democráticos", afirma.

Boaventura, contudo, discutia nesse texto o debate judiciário acerca de grandes questões, como quotas para afrodescendentes, demarcação de terra indígena, quilombolas etc. e, nesse quesito, o Brasil tem demonstrado um ativismo até mesmo progressista. Basta ver-se a decisão do Supremo Tribunal, com relação à demarcação das terras indígenas e, mesmo, com a melindrosa questão das células-tronco. Observam-se, até em relação ao MST, a que faz referência, atitudes positivas do Judiciário, como ocorreu recentemente na Bahia, em que um juiz realizou audiência no acampamento[435].

Outro caso positivo deu-se no processo de recuperação judicial da Varig, em que o juiz realizou reuniões com o administrador, com os advogados, com os sindicatos, com o Ministério Público (Estadual, Federal e do Trabalho), para, juntos, tentarem uma solução rápida e eficaz para o processo[436].

Em pesquisa promovida, em 2005, pela ABM[437], realizada pela cientista política Maria Teresa Sadek, 84% dos juízes entrevistados (no universo de 3.258) responderam que se preocupam com a questão social e com as consequências de suas decisões, 87% informaram que se orientam por parâmetros legais, o que mereceu a seguinte análise do então presidente da associação: "Os juízes dão ênfase às consequências sociais observando as leis. Nos acusam de voluntarismo, mas nesse ponto a pesquisa é tranquilizadora".

Há certas questões, individuais, entretanto, que colocam o juiz num dilema. Saúde, por exemplo, quando os juízes decidem contra o Estado, determinando certos tratamentos. Exemplique-se com as decisões acerca de pacientes que requerem provimento judicial para tratamento no exterior. É um ativismo, sem dúvida, avançado. Mas desencadeia uma série de problemas. Por que aquela pessoa teria direito a tratamento no exterior, se há muitas outras morrendo por falta de tratamento, aqui mesmo? Outra questão: casos de transplantes, em que

---

(434) SANTOS, 2009.
(435) "O juiz substituto da Comarca de Abaré, Antonio Henrique da Silva, realizou, ontem, audiência com integrantes do Movimento dos Trabalhadores Rurais Sem-Terra (MST) na região, que invadiram uma propriedade privada [...]. A audiência, que durou duas horas, resultou em um acordo, que concedeu a um grupo de 10 integrantes do MST um prazo adicional de 90 dias para colheita da lavoura plantada no local, desde que todos os barracos construídos na área fossem derrubados. Também ficou celebrado que não deverá mais ser iniciado o plantio de qualquer cultura agrícola, além de os integrantes ficarem obrigados a pagar as contas de energia elétrica no período em que estiverem no local." (*Notícias*. Disponível em: <www.tjba.jus.br/site/noticias.wsp?tmp.id=3145> Acesso em: 27.1.2010.)
(436) GRANJEIA, 2009.
(437) PESQUISA da AMB traça o perfil dos juízes brasileiros. *AMB informa*, Brasília, n. 81, p. 11-12, 22 nov. a 31 dez. 2005.

o juiz determina urgência para algum paciente. Seria correto esse tipo de ativismo? E as pessoas que já se encontram nas filas há mais tempo? Podem esperar? E as demais pessoas que morrem nas filas do SUS? Não estaria o juiz empurrando-as para o abismo, quando determina prioridades?

A Ministra Cármen Lúcia[438] afiançou que um governador lhe disse que 20% do orçamento do Estado eram para cumprir liminares. "Se a conta não fecha, não tenho como realizar o que está previsto na Constituição, porque ela não faz milagres", sentencia, mas acrescenta que o juiz defere liminar porque não vai correr o risco de deixar o paciente morrer. "Quem tem dor, tem pressa. Quem tem fome, tem urgência. É isso ou a morte. E o Direito existe para a vida. É a tal da escolha trágica".

É, pois, uma questão difícil.

Nesta obra, as controvérsias afiguram-se menos emblemáticas. Estamos lidando com questões controvertidas ainda, mas sem dilema moral. Deve-se considerar, entretanto, que, para as partes, a lide se recobre de importância muitas vezes capital. Questões cotidianas como dívidas, prejuízos, responsabilidades afloram nos processos atormentando a vida pacata de cidadãos modestos, que, por vezes, enfrentam sujeitos com enorme poder aquisitivo, como bancos, hospitais etc. Aquele ativismo das causas emblemáticas ofusca-se nas lides cotidianas.

O juiz dispõe legalmente do poder de concretizar a igualdade das partes por meio de sua atitude de gestão do processo, observando o procedimento adotado pelos sujeitos parciais, acompanhando *pari passu* o desenrolar do processo, determinando provas, quando perceber que aquelas apresentadas pelas partes não são suficientes para decidir com justiça. Essa é a tese perseguida no presente trabalho. No entanto, a prática é justamente outra. E mais grave ainda é que, quando ainda nem se realizou na prática o ativismo probatório com os processos tradicionais, a doutrina já avança em direção aos seus limites, quando se trata de processo eletrônico, que, diferentemente dos processos que foram analisados, não se firma nos pilares "espaço e tempo", porque a via eletrônica não "gasta" espaço, nem tempo[439][440][441]. Em verdade,

---

(438) ITO, 2009.
(439) SILVA, Paulo Henrique Tavares da. Poderes instrutórios do juiz no processo eletrônico. *Revista do Tribunal Regional do Trabalho da 13ª Região*, v. 16, n. 1, p. 28-39, 2009.
(440) Como salienta Júlio do Carmo, com a informática e "[...] tecnologia dos satélites, o mundo tornou-se uma aldeia global, onde os fatos são pressentidos e avaliados em tempo real. O tempo jurídico não poderia ficar insensível a tais evoluções. A informática tende a prestar relevantes contribuições para que o processo tenha uma duração razoável, sem que com isso sejam colocados em xeque os pilares constitucionais que garantem a paridade de armas entre os contendores, dado que o procedimento mesmo no chamado processo virtual deverá desenvolver-se em contraditório e em consonância com os princípios constitucionais que nutrem o Estado Democrático de Direito". (CARMO, Júlio Bernardo do. *O homem, o tempo e o processo*. Disponível em: <http://www.trtmg.gov.br/download/artigos/pdf/12 > Acesso em: 24.3.2009.)
(441) No quesito morosidade, veja-se: OLIVEIRA, Alexandre Vidigal de. *Processo virtual e morosidade real*. Disponível em: <http://www.migalhas.com.br/mostra_noticia_articuladas.aspx?cod=56377> Acesso em: 11.2.2010.

não se pode dizer que não há tempo em jogo, porque o processo eletrônico não dispensa o pensar e o agir do juiz e das partes. Pode-se dizer, sim, que o tempo dos atos processuais será menor, principalmente a produção de determinadas provas.

Trata-se de um mundo novo, do que se poderia pensar como já se cogitou[442], de estarmos à beira de um "1984", de Orwell[443], do *Big Brother*, com o juiz tendo acesso às informações, desenfreadamente. Mas a Lei n. 11.419/2006, que autoriza o processo eletrônico, em termos de prova, dispõe:

> Art. 13. O magistrado poderá determinar que sejam realizados por meio eletrônico a exibição e o envio de dados e de documentos necessários à instrução do processo.
>
> § 1º Consideram-se cadastros públicos, para os efeitos deste artigo, dentre outros existentes ou que venham a ser criados, ainda que mantidos por concessionárias de serviço público ou empresas privadas, os que contenham informações indispensáveis ao exercício da função judicante.
>
> § 2º O acesso de que trata este artigo dar-se-á por qualquer meio tecnológico disponível, preferentemente o de menor custo, considerada sua eficiência.

A própria lei, portanto, já limita o poder do juiz.

Como se vê do fim do § 1º, juiz utilizará as informações "indispensáveis" à função judicante. E, da mesma forma que o processo tradicional, é preciso garantir a igualdade das partes e amplo respeito ao contraditório, que sempre será o tempero da atividade do juiz.

O processo é como a vida[444]. Não há montanha fácil de escalar.

O trânsito é difícil, cheio de imprevistos e sinuosidades, por isso, deve ser fruto de uma obra compartilhada, de um esforço comum, com a colaboração de todos os que nele atuam, com a intensidade e a necessidade que requeira a situação controvertida, para cumprir-se o objetivo de um resultado justo.

---

(442) SILVA, 2009, p. 28-39.
(443) ORWELL, George. *1984*. São Paulo: Nacional, 2004.
(444) MORELLO, Augusto M. *El nuovo horizonte del derecho procesal*. Santa Fé: Rubinzal-Culzoni, 2005. p. 361-362.

Conclusão

Há diversas formas de ver a justiça e todas elas estão intimamente vinculadas à noção de igualdade. Ao juiz cabe a responsabilidade de decidir com justiça. A ele compete substantivar a norma do art. 125 do Código de Processo Civil, por força de disposição ali inserta, em perfeita sintonia com a Constituição Federal de 1988, que prega o Estado Democrático de Direito e a construção de um país humano, justo, solidário e equânime.

A Carta da República ofereceu à Justiça instrumento hábil ao cumprimento desse desiderato — prestigiou o processo como ferramenta de se garantir o justo. Enfatizou o devido processo legal e assegurou o contraditório e ampla defesa e, ainda, inovou com a exigência da duração razoável do processo.

O devido processo judicial compreende o direito a um julgamento em prazo razoável, com apreciação de cada pretensão deduzida em juízo, dos fatos e dos fundamentos jurídicos, resultando numa decisão fundada no Direito e no respeito à Constituição. Não se pode dizer, entretanto, que a decisão, por ser juridicamente correta, seja sempre perfeitamente justa, de uma justiça absoluta, mas não há dúvida de que o Direito é sempre uma forma possível de realizar a justiça.

Não se duvida da mudança de paradigma, após a Constituição de 1988, que exige nova atitude dos juízes na condução do processo e, em especial, na instrução probatória, porque a ele foi confiada a guarda dos direitos e garantias contidas na Norma. Para cumprir essa finalidade, não mais poderemos ter um juiz neutro, boca da lei, formalista, estático ou hierático, mas um juiz ativo e dinâmico, que se interioriza da substância do que necessita julgar, para bem julgar, e julgar com justiça.

O processo, então, deve desenvolver-se em regime de cooperação entre os participantes, aumentando os deveres do juiz, que não é mais aquele ser equidistante das partes, mas envolvido em explicações, esclarecimentos, prevenindo e auxiliando os participantes do processo. A Justiça tem obrigação de oferecer ao cidadão todas as atividades necessárias ao desenvolvimento de seu processo, tanto instrutórias quanto decisórias, até o fim, com a realização prática do julgado.

O Judiciário, porém, não se apercebeu de que lhe cabe dar uma resposta à sociedade, após ser reconhecido pela Constituição como guardião de suas promessas. Há, ainda, o apego à cultura do repasse, culpando os Poderes Legislativo e Executivo de não cumprirem suas obrigações e, por isso, o Judiciário não tem condições de atender à demanda da sociedade, que mais e mais vai perdendo a confiança no Terceiro Poder, principalmente em face da lentidão da Justiça. Outros, entretanto, consideram que a grande demanda retida nos cartórios e gabinetes de juízes é um termômetro democrático de que o povo procura seus direitos cada vez mais. Mas isso não ocorre, nas regiões de baixo nível de desenvolvimento humano, por falta de conhecimento, ou mesmo pelo distanciamento que se encontram do Poder. Então, o "termômetro democrático" não é justificativa para a moralidade nessas regiões. Por outro lado, pesquisa da Associação de Magistrados Brasileiros aponta para a preocupação dos juízes com a lei e com a justiça, e esse é um dado importante num contexto de desigualdades sociais.

O que se busca no processo, portanto, não é resolver o conflito, apenas, e realizar a paz social, mas resolver o conflito com justiça. E para que se faça justiça no processo, é necessária a verdade. Que verdade? Concluiu-se que a verdade é sempre provável, seja na teoria demonstrativa da prova, seja no campo da argumentação, porque as verdades necessárias são impossíveis: elas são sempre contingentes. Então, o trabalho do juiz e das partes no processo não pode ser a busca da verdade sem fim, porque o processo jamais acabaria. Também não podem partes e juiz lavar as mãos e deixar o processo correr sem qualquer preocupação com a verdade e a justiça.

A instrução probatória é o coração do processo. Sem instrução, não se alcança o conhecimento da verdade que cada parte quer fazer chegar ao do juiz para que ele possa decidir. O conhecimento dos fatos só pode vir ao processo pela prova. E, no curso da história, o paradigma alterou-se: dos juízos de Deus, as ordálias, as provas tarifadas e, por fim, o livre convencimento motivado, embora as provas tarifadas ainda não tenham sido totalmente abolidas.

Entre as dificuldades da instrução do processo, está a prova científica, de que se pode dizer tarifada, embora, pelo Código de Processo Civil, o juiz não esteja vinculado à perícia, podendo decidir de forma contrária ao seu resultado, desde, é certo, que haja outras provas nos autos e a decisão tenha adequado fundamento. Por mais que os conhecimentos metajurídicos do magistrado sejam elevados, sua decisão acaba por vincular-se à perícia, que necessita de conhecimentos científicos específicos, distantes de sua especialidade. Outro aspecto que mereceu consideração é o custo elevado dessa prova, em face da pobreza que grassa no país e que a assistência judiciária não consegue superar, mormente quando a prova é determinada de ofício, já que o adiantamento da despesa, nesse caso, fica a cargo do autor, e os Órgãos do Governo, encarregados da assistência aos pobres, não têm a estrutura necessária a esse atendimento, engrossando a fila de espera dos processos nos escaninhos.

Procurou-se, neste trabalho, pesquisar o poder do juiz e a forma como esse poder é colocado a serviço dos cidadãos. Em verdade, trata-se de dever-poder. Sua função deve ser ler, com os olhos do serviço, a necessidade do cidadão e não apenas cumprir a lei.

Observou-se que o protagonismo do Judiciário não é fato novo, mas discutido sem cessar. Tanto no Congresso dos Juízes Brasileiros, em São Paulo, em 2009, como em 2010, dos Juízes do Trabalho, em Brasília, a questão foi objeto de conferências e debates, e, como se demonstrou, continua a desafiar juristas e sociólogos, provocando críticas na imprensa, a cada decisão que interprete de forma inovadora uma norma.

O foco de nossa pesquisa foi o poder instrutório, que, embora objeto de lei, desde o Código de 1939, cujo art. 117 foi reescrito pelo 130[445] do Código de 1973, ainda é desconsiderado pela totalidade dos juízes, que deixam a prova ao alvedrio das partes, transformando o processo numa *via crucis* para o jurisdicionado. A gestão do processo é um ponto primordial para um resultado célere e justo.

Concluiu-se da necessidade de acompanhamento do processo e das serventias pelo juiz, a fim de que os atos processuais não sejam relegados a tempo futuro, sem perspectiva de serem consumados, vulnerando o princípio da razoável duração do processo. É necessário, outrossim, que o juiz participe ativamente da instrução, instigando as partes à colaboração, dando-lhes vez e voz nas audiências e nos autos, orientando, alertando e discutindo, em clima de igualdade, sem descurar-se, igualmente, de sua independência e sua imparcialidade e atentando para os princípios constitucionais e processuais.

Os argumentos em desfavor do ativismo probatório vêm, muitas vezes, combinados com a ideia de vulnerabilidade de princípios processuais, principalmente o princípio dispositivo e da imparcialidade. O primeiro, da demanda ou da inércia da jurisdição não impede a atividade do juiz, porque

---

[445] "Art. 258. Caberá ao juiz, de ofício ou a requerimento da parte, determinar as provas necessárias ao julgamento da lide. Parágrafo único. O juiz indeferirá, em decisão fundamentada, as diligências inúteis ou meramente protelatórias." (BRASIL. *Anteprojeto do novo Código de Processo Civil*. Disponível em: <http://www.senado.gov.br/senado/novocpc/pdf/Anteprojeto.pdf> Acesso em: 16.9.2010.)

o poder de disposição das partes se concentra no *thema probandum*. O segundo princípio que costuma ser brandido é o da imparcialidade. O juiz que determina prova de ofício poderia demonstrar-se parcial, ao beneficiar uma das partes, o que não tem razão de ser, porque, se ao juiz é cometido o dever de zelar pela igualdade das partes, deve propiciar uma espada mais longa para quem tem braços mais curtos. Trata-se de uma metáfora que bem retrata o trabalho do juiz na audiência. Além disso, ele, de antemão, não sabe a quem a prova beneficiará. A imparcialidade é o eixo constitucional do processo justo, mas não se confunde com neutralidade. E o juiz não pode ser neutro, porque o homem não é só vivente, é convivente e, portanto, carrega de dentro de si toda uma carga de educação e do meio em que vive e sofre influências da sociedade de que participa.

Poderes e deveres de partes e juízes, tipificados no ordenamento jurídico, embora soem como uma camisa de força para os sujeitos processuais, inspiram também a ideia de coordenação e, por que não, de cooperação entre esses mesmos sujeitos. Na sequência dos atos processuais, não se vê um só ato do juiz ou de uma das partes que não tenha como antecedente um ato de uma parte ou do juiz, ao menos de forma remota. A parte não pode ver aplicada a lei sem o juízo, e o juízo não pode atuar sem provocação da parte. A limitação existe, mas no sentido de procurar um resultado justo. Se esse agir em colaboração vai ao encontro da verdade no processo é uma questão sem resposta, mas coloca no mesmo patamar os sujeitos processuais, com a garantia da paridade de armas. O juiz funciona, no processo, de duas formas. Primeiro, em cooperação. Depois, solitariamente, representando o Estado, quando decide.

A preocupação dos protagonistas da reforma do Judiciário com o tempo do processo resultou na inserção do direito à razoável duração do processo, na Norma Constitucional, reconhecendo que, como já dizia Rui Barbosa, *Justiça tardia não é justiça*. Com efeito, o tempo é inimigo da instrução do processo, porque não é possível produzir prova adequada quando há grande distância entre o evento danoso, causa da ação processual, e a instrução do processo, como se viu nos Autos n. 0029/2000, em que a ação fui ajuizada quase 20 anos após o óbito da vítima do acidente. Nesse caso, a inércia deveu-se apenas ao autor, mas a história se repetiu nos Autos n. 0005/2006, em que o processo foi extinto sem julgamento do mérito, por abandono da causa e nos Autos n. 0004/2002, cujo autor faleceu no curso do processo, sem que pudesse realizar uma prova pericial.

Grande número de processos extintos é motivo de preocupação e mereceria pesquisa à parte. No universo analisado (739), 320 foram extintos sem julgamento do mérito, representando 43,30% do total. Essa tendência continuou no ano de 2009: dos 4.214 processos julgados, 2.101 não tiveram apreciação do mérito, ou seja, 49,86%. No caso de ações de busca e apreensão, vê-se que a extinção alcança até um número maior. Foram extintos 58,94%.

Os acordos, por outro lado, não tiveram tanto sucesso, em que pese a intensa campanha do Conselho Nacional de Justiça em 2009, com o *slogan* "Conciliar é legal": representaram 29,20% dos julgamentos de mérito, que somaram 2.113, ou seja, menos do que no universo pesquisado, cujo índice, em relação aos julgamentos de mérito, atingiu 41,52%. A cultura do acordo parece não fazer parte do cotidiano dos juízes, portanto, requer maiores esforços de todos, pelo menos enquanto não se desafogar o enorme contingente de feitos que aguardam julgamento, considerando o juízo cível de Vila Velha, com saldo de mais de 3.000 processos em cada vara.

Algumas providências devem ser tomadas, tanto para agilização dos processos, como para cumprimento do preceito constitucional da igualdade, complementado pelo art. 125 do Código de Processo Civil, que determina ao juiz velar pela igualdade das partes no processo.

> a) A primeira é realizar, sempre, audiência preliminar, mesmo que se trate de rito ordinário, ainda que não se vislumbre a possibilidade de conciliação. Se o objetivo de conciliar não surtir efeito, será a primeira oportunidade para o diálogo com as partes, procurando sanear o processo, decidindo as questões preliminares arguidas na defesa, fixando pontos controvertidos, analisando as provas requeridas e distribuindo a carga probatória, sempre em clima de colaboração com as partes;

> b) cuidar para que a audiência de instrução seja oportunidade para revisão de pontos controvertidos, para tentativa, mais uma vez, de conciliação e preparação do processo para julgamento. Se as provas deferidas forem insuficientes, conforme prévia análise do juízo, prova de ofício deve ser determinada, na mesma audiência, ou, se for o caso, fora da audiência, mas com a exigência do contraditório prévio.

> c) a gestão do processo, o acompanhamento de atos processuais e cartoriais é exigência mínima para que o processo caminhe sem turbulências e chegue a um fim em tempo razoável.

A pesquisa empírica realizada demonstrou que o percurso do processo é demorado e caro, mormente quando há necessidade de realização de prova pericial e a parte é detentora de assistência judiciária. As defensorias públicas não têm aparelhamento adequado ao atendimento dos cidadãos, que peregrinam em busca de solução para suas queixas. Outro aspecto que mereceu consideração foi a demora na prolação das sentenças e a constante falta de identidade física do juiz, sem qualquer justificativa nos autos.

Celeridade *versus* segurança jurídica ou celeridade *versus* justiça são questões que, mais do que antes, estão na ordem do dia. Um novo Código de Processo Civil está em discussão no Congresso Nacional prevendo uma nova forma de dar a resposta que a sociedade necessita em termos de Justiça ágil e segura. É a eterna discussão celeridade *versus* segurança jurídica, que volta à pauta.

Efetivamente, o processo precisa ser justo e deve ser célere e, ainda, é necessário que haja segurança jurídica. Daí, resultam as súmulas, vinculantes ou não.

Trata-se de um desafio a ser enfrentado pela própria Magistratura, que, premida por prazos e estatísticas, preferem, de logo, sentenciar, segundo o ônus da prova, sem uma prévia análise percuciente da jurisprudência dominante ou mesmo da necessidade de novos elementos para um julgamento justo. Pode residir aí o pequeno número de provas de ofício encontrado nesta pesquisa. Outra hipótese interpretativa encaminha-se para a tese do juiz neutral, distante, que, além de não se preocupar com as provas, posterga a prolação das decisões no tempo, descumprindo os prazos legais, sem qualquer justificativa nos autos.

Há, ainda, outro significado para a ausência de provas em juízo e julgamento segundo o ônus da prova: inércia das partes, que, mesmo tendo requerido, não as produz, no momento da audiência de instrução. Tivessem requerido o encerramento da instrução no momento oportuno, teriam contribuído para o andamento do feito, sem percalços. Há mais outra questão: ausência de advogados à audiência de instrução, prejudicando tanto o curso do processo, quando há justificativa, quanto impossibilitando um resultado justo do feito, quando, por não justificar a ausência, dá ensejo à instrução com a parte desassistida. Embora o Código de Processo dite uma possibilidade, e não um dever, é praxe nos juízos de Vila Velha não permitir a produção de provas em audiência à parte cujo advogado não comparece, sem qualquer registro de análise da necessidade da prova para a busca da verdade, ainda que provável.

A contrarrevolução jurídica proclamada por Boaventura Sousa Santos, embora mereça atenção, não se aplica ao caso desta pesquisa, que cuidou de causas menos emblemáticas, de atitudes que não desafiam qualquer decisão traumática, "escolha" que possa redundar em questão de vida ou de morte. A atitude do juiz poderá, sim, resultar numa decisão justa, em cumprimento de sua responsabilidade como membro de um Poder a serviço da cidadania.

Não se faz apologia a um "juiz cruzado", mas a um juiz que se preocupa com o conteúdo do processo, com o cidadão que, muitas vezes, não consegue se fazer ouvir, mesmo nas minúsculas questões do dia a dia, cujos direitos ainda lhe são negados. Democracia, em sua moderna concepção, vai além do direito de votar e ser votado, é o direito de participar, de aprovar e, por fim, de deliberar.

Os limites para o ativismo probatório do juiz estão na própria lei: a necessidade da prova para o julgamento, o respeito ao contraditório, tempero de sua atividade, que na visão da moderna doutrina significa o direito de influência ou de informação-reação e dever de debate. O contraditório é, em verdade, um poder das partes, poder mitigado, mas poder.

E quando o debate acerca do ativismo probatório nos processos, em sua forma tradicional, ainda nem se deu por findo, novos debates vão surgindo, desta feita em relação ao processo virtual, mundo novo, ainda pouco conhecido, mas já realidade no Direito Brasileiro, envolvendo discussões sobre os limites da atuação do juiz, cujo acesso desmedido a provas pode gerar violação da intimidade dos cidadãos. Da mesma forma que no antigo modelo, o limite está na lei. O juiz só deve buscar elementos de prova, quando estritamente necessários à formação de seu convencimento, procurando julgar com justiça.

É, portanto, a hora e a vez do *Juiz Hermes* de Ost, do juiz consciente, que dialoga com as partes, aconselha-as e alerta-as, sem, contudo, perder a sua independência e a sua imparcialidade, atributos necessários e exigidos de todo juiz.

Bom seria se, ao fim e ao cabo, com processos reais ou virtuais, com códigos velhos ou novos, pudessem os cidadãos brasileiros dizer, frente aos poderosos, como o moleiro da Prússia: Ainda temos juízes no Brasil[446].

---

(446) Conta-se que Frederico II, o Grande (1712-1786), rei da Prússia, desejava comprar o moinho que o impedia de alargar o parque de Sans-Souci, mas o moleiro mantinha-se irredutível em não querer cedê-lo por nenhum preço. O rei deu-lhe a entender que podia forçá-lo à venda, recebendo então a resposta que ficou nos anais da história: Ainda há juízes em Berlim, que, ainda hoje, servem para exprimir a crença na força da justiça. (Disponível em: <http://jus.uol.com.br/anuncio/enciclopedia/verbetes.html#16> Acesso em: 22.2.2010.)

REFERÊNCIAS

AGOSTINHO, Santo (Bispo de Hipona). *A cidade de Deus*. Petrópolis: Vozes, 1990.

ALLORIO, Enrico. La vita e scienza de diritto in Italia, *apud* GRASSO, Eduardo. La collaborazione nel processo civile. *Rivista di Diritto Processuale*, n. 21, p. 580-609, 1966.

ALVIM, Arruda. *Código de processo civil comentado*. São Paulo: Revista dos Tribunais, 1979. v. 5.

ALVIM, Arruda; PINTO, Teresa Arruda Alvim. *Manual de direito processual civil*. São Paulo: Revista dos Tribunais, 1991. v. 2.

AMARAL, Francisco. A prova genética e os direitos humanos. In: LEITE, Eduardo de Oliveira (org.). *Grandes temas da atualidade*: DNA como meio de prova de filiação. Rio de Janeiro: Forense, 2000.

AMENDOEIRA JR., Sidnei. *Poderes do juiz e tutela jurisdicional*: a utilização racional dos poderes do juiz como forma de obtenção da tutela jurisdicional efetiva, justa e tempestiva. São Paulo: Atlas, 2006.

ANDRIGHI, Fátima Nancy. *Provas no direito americano*. Disponível em: <http://bdjur.stj.jus.br> Acesso em: 20.3.2008.

ARENDT, Hannah. *A condição humana*. Rio de Janeiro: Forense Universitária, 1989.

ARISTÓTELES. *Ética a Nicômano*. São Paulo: Nova Cultural, 1996.

ARRUDA, Augusto Francisco da Mota Ferraz de. *Completa desvalia*. Disponível em: <www. netlegis.com.br/index.jsp?> Acesso em: 14.8.2007.

ASDRUBAL JÚNIOR. *Prazo impróprio*. O vilão da morosidade. Disponível em: <http://jusvi.com/artigos/1697> Acesso em: 15.2.2010.

ASSOCIAÇÃO DOS MAGISTRADOS BRASILEIROS — *AMB notícia*. Disponível em: <www.amb.com.br/?secao=mostranoticia&mat_id=20069> Acesso em: 27.1.2010.

ATIENZA, Manuel; VIGO, Rodolfo Luís. *Código Ibero-americano de ética judicial*. Disponível em: <http://www.cidej.org/c/document_library/get_file?uuid=5b142f88-73ce-47f2-beb5 d82c7d75db81&groupId=10124> Acesso em: 24.7.2009.

BACON, Francis. Novum organum. São Paulo: Nova Cultural, 1997.

BACON, Francisco. Da judicatura. In: *Ensaios*. Lisboa: Guimarães & Cia., 1952.

BARACHO, José Alfredo de Oliveira. A prova genética e os direitos humanos: aspectos civis e constitucionais. In: LEITE, Eduardo de Oliveira (org.). *Grandes temas da atualidade*: DNA como meio de prova de filiação. Rio de Janeiro: Forense, 2000.

BARBALHO, João U. C. *Constituição federal brasileira*: comentários. Rio de Janeiro: F. Briguiet, 1924.

BARRETO, Tobias. Fundamentos do direito de punir. In: *Estudos de direito*. Campinas: Bookseller, 2000.

BARROSO, Luis Roberto. *El neoconstitucionalismo y la constitucionalización del derecho*: el triunfo tardio del derecho constitucional en Brasil. Disponível em: <http://www.direitodoestado.com.br/bibliotecavirtual/779/> Acesso em: 19.5.2008.

_____. Efeitos da atual Constituição sobre o poder judiciário. *Revista Anamatra*, Brasília, ano XIV, n. 57, p. 4-9, maio 2009. Entrevista concedida a Eulaide Lins, Viviane Dias e Rosualdo Rodrigues.

_____. Entrevista à *Revista do V Fórum Social Mundial*, p. 14, jan. 2009.

BAUER, Fritz. O papel ativo do juiz. *Revista de Processo*, n. 27, ano VII, p. 186-199, jul./set. 1982.

BEDAQUE, José Roberto dos Santos. *Poderes instrutórios do juiz*. São Paulo: Revista dos Tribunais, 1994.

BENTHAM, Jeremías. *Tratado de las pruebas judiciales*. Buenos Aires: Europa-America, 1971. t. I e II.

BIDART, Adolfo Gelsi. Participação popular na administração da justiça: Conciliación y proceso. In: GRINOVER, Ada Pellegrini; DINAMARO, Cândido Rangel; WATANABE, Kazuo (coords.). *Participação e processo*. São Paulo: Revista dos Tribunais, 1988.

BLACKBURN, Simon. *Dicionário Oxford de filosofia*. Rio de Janeiro: Jorge Zahar, 1997.

BONAVIDES, Paulo. *Qual a ideologia da Constituição?* Disponível em: <www.oab.org.br:80/noticia.asp?id=16829> Acesso em: 15.5.2009.

BONAVIDES, Paulo; ANDRADE, Paes. *História constitucional do Brasil*. Rio de Janeiro: Paz e Terra, 1991.

BORGES, Jorge Luis. Fragmentos de um evangelho apócrifo. In: *Elogio da sombra*. São Paulo: Globo, 2001.

BRASIL. *Decreto-lei n. 911, de 1º de outubro de 1969*. Disponível em: <www.presidencia.gov.br> Acesso em: 14.1.2010.

_____. *Supremo Tribunal Federal*. HC n. 71.373/RS. Relator: Ministro Francisco Resek. Brasília, 22 junho 1996. Disponível em: <http://redir.stf.jus.br/paginador/paginador.jsp?docTP=AC&docID=73066> Acesso em: 18.10.2008.

_____. *Supremo Tribunal Federal. HC n. 76.060-SC*. Relator: Ministro Sepúlveda Pertence. Brasília, 1998. Disponível em: <http://www.stf.jus.br/portal/jurisprudencia> Acesso em: 18.10.2008.

_____. *Supremo Tribunal Federal. HC n. 77.135/SP*. Relator: Ministro Ilmar Galvão. Brasília, 6 nov. 1998. Disponível em: <http://www.stf.jus.br/portal/jurisprudencia/listarJurisprudencia.asp> Acesso em: 18.10.2008.

_____. *Supremo Tribunal Federal. HC n. 93.916/PA*. Relatora: Ministra Cármen Lúcia. Brasília, 10 jun. 2008. Disponível em: <http://redir.stf.jus.br/paginador/paginador.jsp?docTP=AC&docID=535925> Acesso em: 18.10.2008.

_____. *Supremo Tribunal Federal. Igualdade processual*. Alegação de maltrato ao art. 153, § 1º da anterior Constituição Federal. Agravo Regimental n. 01305835/140. Relator: Ministro Aldir Passarinho. Brasília, 6 nov. 1990. Serviço de Jurisprudência, DJ 31 mar. 1991, ementário n. 1622-2.

BRITO, Carlos Ayres. Ministro Carlos Ayres Brito fala sobre a constituição. *Revista V Fórum Mundial de Juízes*, Belém, 2009.

CABRAL, Antonio do Passo. Il principio del contraddittorio come diritto d'influenza e dovere di dibattito. In: *Rivista di Diritto Processuale*, p. 449-464, anno 2005.

CAENEGEM, R. C. *Uma introdução histórica ao direito privado*. São Paulo: Martins Fontes, 1995.

CALAMANDREI, Piero. *Direito processual civil*. Campinas: Bookseller, 1999. v. 1, 2 e 3.

CAMPOS, Adriana Pereira. *Escravidão e liberdade nas barras dos tribunais*. Disponível em: <http://www.historica.arquivoestado.sp.gov.br/materiasanteriores> Acesso em: 13.5.2009.

CANOTILHO, J. J. Gomes. *Direito constitucional e teoria da Constituição*. Coimbra: Almedina, 2003.

CAPPELLETTI, Mauro. Aspectos sociais e políticos do processo civil. In: *Processo, ideologias e sociedade*. Porto Alegre: Sergio Antonio Fabris, 2008. v. 1.

_____. *Juízes legisladores?* Porto Alegre: Sergio Antonio Fabris, 1993.

_____. *O processo civil no direito comparado*. Belo Horizonte: Cultura, 2001.

CAPPELLETTI, Mauro; GARTH, Bryant. *Acesso à justiça*. Porto Alegre: Sergio Antonio Fabris, 1988.

CARDOZO, Benjamin N. *A natureza do processo e a evolução do Direito*. Rio de Janeiro: Nacional de Direito, 1956.

CARMO, Júlio Bernardo do. *O homem, o tempo e o processo*. Disponível em: <http://www.trtmg.gov.br/download/artigos/pdf/12> Acesso em: 24.3.2009.

CARNELUTTI, Francesco. *A prova civil*. São Paulo: Universitária de Direito, 2003.

CARRATA, Antonio. Funzione dimostrativa della prova: verità del fatto nel processo e sistema probatorio. *Rivista di Diritto Processuale*, p. 73-103, anno 2001.

CARREIRA ALVIM, J. E. *Neutralidade do juiz e ativismo judicial*. Disponível em: <www.direitoprocessual.org.br> Acesso em: 13.6.2008.

CASTRO, André Luis Machado de. Proclamar direitos. *A Gazeta*, Vitória, Opinião, p. 6, 19 mar. 2010.

CASTRO, Carla Rodrigues Araújo de. Perito juiz ou juiz perito? *Revista do Ministério Público do Rio de Janeiro*, n. 24, p. 89-95.

CAVALCANTI, João Barbalho Uchôa. *Constituição Federal brasileira*, 1891, comentada. Edição fac-similada. Brasília: Senado Federal, 2002.

CHIOVENDA, Giuseppe. *Instituições de direito processual civil*. Campinas: Bookseller, 1998. v. 3.

CINTRA, Antonio Carlos de Araújo; GRINOVER, Ada Pellegrini; DINAMARCO, Cândido R. *Teoria geral do processo*. São Paulo: Revista dos Tribunais, 1991.

CLAVERO, Bartolomé. *Happy constitution:* cultura y lengua constitucionales. Madrid: Trotta, 1997.

CLÈVE, Clèmerson Merlin et al. *E não é para cumprir a Constituição?* Disponível em: <www.conjur.com.br/2009-mai-18/supremo-nunca-esteve-tao-comprometido-concretizacao-constituicao?pagina=3> Acesso em: 27.6.2009.

COELHO, Inocêncio Mártires. Konrad Hesse/Peter Haberle: um retorno aos fatores reais do poder. *Revista Diálogo Jurídico*, Salvador, CAJ-Centro de Atualização Jurídica, v. 1, n. 5, ago. 2001. Disponível em: <http://www.direitopublico.com.br> Acesso em: 19.5.2008.

COLE, Charles. A súmula vinculante nas experiências americana e brasileira. *Ponto de Vista — Jornal da Associação de Magistrados da Justiça do Trabalho da 3ª Região*, out./nov./dez. 2007.

COMOGLIO, Luigi Paolo. Il "giusto processo" civile in Italia e in Europa. *Revista de Processo*, ano 29, n. 116, jul./ago. 2004.

CONSELHO NACIONAL DE JUSTIÇA. *Metas de nivelamento*. Disponível em: <cnj.jus.br/index> Acesso em: 13.1.2010.

_____. *Justiça em números*. Disponível em: <www.cnj.jus.br/index> Acesso em: 20.1.2010.

_____. *Justiça aberta*. Disponível em: <www.cnj.jus.br/corregedoria/justiça> Acesso em: 14.2.2010.

CRISTO, Alessandro. *CPC fica mais ágil em anteprojeto enviado ao Senado*. Disponível em: <http://www.conjur.com.br/2010-jan-02/codigo-processo-civil-fica-agil-anteprojeto-enviado-senado> Acesso em: 15.2.2010.

DALLARI, Dalmo de Abreu. *Independência da magistratura e direitos humanos*. Disponível em: <www.dhnet.org.br/direitos/militantes> Acesso em: 15.3.2008.

_____. Um novo judiciário para um novo tempo. *No Mérito — Jornal da Associação dos Magistrados da Justiça do Trabalho do Rio de Janeiro*, ano IX, n. 30, p. 3.

DARLAN, Ciro. *O isolamento dos juízes*. Disponível em: <www.avozdocidadao.com.br/detailAgendaCidadania> Acesso em: 26.10.2009.

DAVID, René. *Os grandes sistemas de direito contemporâneo*. São Paulo: Martins Fontes, 1998.

DELGADO, José Augusto. *Decisão judicial* — avaliação das provas no processo. Disponível em: <www.jfrn.gov.br/docs/especial18.doc> Acesso em: 8.3.2010.

DIDIER JR., Fredie. *Pressupostos processuais e condições da ação*: o juízo de admissibilidade do processo. São Paulo: Saraiva, 2005.

DINAMARCO, Cândido Rangel. *A instrumentalidade do processo*. São Paulo: Malheiros, 2007.

_____. O princípio do contraditório e sua dupla destinação. In: *Fundamentos do processo civil moderno*. São Paulo: Malheiros, 2002. t. I.

DRUMOND, Aristóteles. *A culpa do judiciário*. Disponível em: <http://jbonline.terra.com.br/pextra/2009/12/07/e07125285.asp> Acesso em: 8.12.2009.

DWORKIN, Ronald. *Taking rights seriously*. Cambridge: Harvard University, 1977-1978.

ESPÍRITO SANTO. Tribunal de Justiça. Ementa. Apelação Cível n. 51050009466. Relator: Des. Ney Batista Coutinho. Vitória, 29 jan. 2008. Disponível em: <www.tjes.jus.br> Acesso em: 14.12.2009.

FAZZALARI, Elio. *Instituições de direito processual*. Campinas: Bookseller, 2006.

_____. La dottrina processualistica italiana: dall'azione al processo (1864-1994). *Rivista di Diritto Processuale*, n. 4, p. 911-925, 1994.

FELICIANO, Guilherme Guimarães. "Ativismo judicial" para bom entendedor. *Jornal da AMATRA XV*, ano 7, n. 17, p. 13, maio 2009.

FERNANDEZ, Atahualpa. *Ativismo judicial*. Disponível em: <www.anpt.org.br> Acesso em: 11.1.2010.

FOUCAULT, Michel. *A verdade e as formas jurídicas*. Rio de Janeiro: Nau, 1999.

FRANCE, Anatole. *A justiça dos homens*. Rio de Janeiro: Civilização Brasileira, 1978.

FRANK, Rainer. L'examen biologique sous contrainte dans le cadre de l'établissement en droit allemand. In: *Révue Internat. Dir. Compare*, n. 4/905, p. 908, 1995, *apud* PERTENCE, Sepúlveda. HC n. 76.060-SC, 1998. Disponível em: <http://www.stf.jus.br/portal/jurisprudencia/listarJurisprudencia.asp> Acesso em: 18.10.2008.

GARAPON, Antoine. *O juiz e a democracia:* o guardião das promessas. Rio de Janeiro: Revan, 2001.

GINZBURG, Carlo. Sinais de um paradigma indiciário. In: *Mitos, emblemas, sinais*: morfologia e história. São Paulo: Companhia das Letras, 1989.

GOUVEIA, Lúcio Grassi. Cognição processual civil: atividade dialética e cooperação intersubjetiva na busca da verdade real. *Revista Dialética de Direito Processual*, n. 6, p. 47-59, set. 2003.

GRADI, Marco; SILVA, Paula Costa; WAMBIER, Teresa Arruda Alvim. Seminário sobre os 10 anos de vigência do Código de Processo Civil inglês. *Revista de Processo*, n. 170, ano 34, p. 157-160, abr. 2009.

GRANJEIA, Marcos Alaor Diniz. *Os novos mapas estratégicos*. Disponível em: <www.conjur.com.br> Acesso em: 29.10.2009.

GRASSO, Eduardo. La collaborazione nel processo civile. *Rivista di Diritto Processuale*, n. 21, p. 580-609, 1966.

_____. Note sui poteri del giudice nel nuovo processo di cognizione in primo grado. *Rivista di Diritto Processuale*, p. 711-730, 1992.

GRAU, Roberto Eros. *O direito posto e o direito pressuposto*. São Paulo: Malheiros, 2008.

GRECO, Leonardo. A prova no processo civil: do código de 1973 ao novo código civil. In: COSTA, Hélio Rubens Batista Ribeiro; RIBEIRO, José Horácio Halfeld Rezende; DINAMARCO, Pedro da Silva (orgs.). *Linhas mestras do processo civil*: comemoração dos 30 anos de vigência do CPC. São Paulo: Atlas, 2004.

_____. *Os atos de disposição processual* — primeiras reflexões. Disponível em: <http://www.revistaprocessual.com/ediçõesletrônicas/Ano_1_2007/out.-dez.2007> Acesso em: 31.6.2008.

GRECO FILHO, Vicente. *Direito processual civil brasileiro*. São Paulo: Saraiva, 1999. v. 1.

GRINOVER, Ada Pellegrini. *Novas tendências do direito processual:* de acordo com a Constituição de 1988. São Paulo: Forense, 1990.

GUIMARÃES, Mário. *O juiz e a função jurisdicional*. Rio de Janeiro: Forense, 1958.

HABERMAS, Jürgen. *A ética da discussão e a questão da verdade*. São Paulo: Martins Fontes, 2007.

_____ . *Between facts and norms:* contributions to a discourse theory of law and democracy. Massachusetts: The Mit, 1998.

_____ . Três modelos normativos de democracia. *Lua Nova — Revista de Cultura e Política*, n. 36, p. 39-55, 1995.

HESSE, Konrad. *A força normativa da Constituição*. Porto Alegre: Sergio Fabris Editor, 1991.

IBDFAM: *Boletim Eletrônico do Instituto Brasileiro de Direito de Família*, n.118, 17 jul. 2009. Disponível em: <www.ibdfam.org.br:80/mailing/?n=118> Acesso em: 29.1.2010.

ITÁLIA. *Código de processo civil italiano*. Campinas: Agá Juris, 2000.

ITO, Marina. Culpa pela morosidade da Justiça não é só do juiz. *Consultor Jurídico*. Rio de Janeiro, 7 nov. 2009. Disponível em: <www.conjur.com.br> Acesso em: 9.12.2009.

JUIZ DO TRABALHO faz audiência em casa de reclamante incapacitado. *Em dia Notícias*, 12 fev. 2010, Tribunal Regional do Trabalho de Minas Gerais. Disponível em: <http://as1.trt3.jus.br/pls/noticias/no_noticias.Exibe_Noticia?p_cod_area_noticia=ACS&p_cod_noticia=3445> Acesso em: 13.2.2010.

KLEIN, Franz, *apud* OLIVEIRA, Carlos Alberto Alvaro. *Poderes do juiz e visão cooperativa do processo*. Disponível em: <www.abdpc.org.br> Acesso em: 31.3.2008.

LANES, Júlio César Goulart. *Audiências*: conciliação, saneamento, prova e julgamento. Rio de Janeiro: Forense, 2009.

LASSALLE, Ferdinand. *A essência da Constituição*. Rio de Janeiro: Lumen Juris, 2009.

LEAL, Aurelino. *História constitucional do Brasil*. Edição fac-similada. Brasília: Senado Federal, 2002.

LEAL, Saul Tourinho. *STF inova ao deixar de lado jurisprudência defensiva*. Disponível em: <http://www.conjur.com.br/2009-jan-18>. Acesso em: 5.5.2010.

LEITÃO, Helder Martins. *A prova civil no direito português*. Porto: Almeida & Leitão, 2008.

LEITE, Evandro Gueiros. *Ativismo Judicial*. Disponível em: <http://bdjur.stj.gov.br/dspace/handle/2011/16980> Acesso em: 8.7.2008.

LIMA, Francisco Meton Marques de. *O resgate dos valores na interpretação constitucional*: por uma hermenêutica reabilitadora do homem como "ser-moralmente-melhor". Fortaleza: ABC, 2001.

LIMA NETO, Francisco Vieira. Obtenção de DNA para exame: direitos humanos *versus* exercício da jurisdição. In: LEITE, Eduardo de Oliveira (coord.). *DNA como prova da filiação*: aspectos constitucionais, civis e penais. Rio de Janeiro: Forense, 2000.

LOPES, João Batista. *A prova no direito processual civil*. São Paulo: Revista dos Tribunais, 2007.

LÓPEZ, José Maria Botana. Prueba y las diligencias para mejor proveer. *Revista del Ministerio de Trabajo e Inmigración*, n. 28, p. 83-96, 2001. Disponível em: <http://dialnet.unirioja.es/servlet/articulo?codigo=253387> Acesso em: 31.10.2009.

MACHADO, Helena. *Dilemas e paradoxos da cientifização da justiça em Portugal — o caso dos perfis genéticos de ADN*. Disponível em: <http://hdl.handle.net/1822/4495> Acesso em: 11.8.2008.

MALATESTA, Nicola Flamarino dei. *A lógica das provas em matéria criminal*. Campinas: Bookseller, 2005.

MANCHESTER, Alan K. *Preeminência inglesa no Brasil*. São Paulo: Brasiliense, 1973.

MARINHO, Josafá. Vantagens da opinião divergente. *Jornal A Tarde*, edição 17 jun. 2001.

MARINONI, Luiz Guilherme. A questão do convencimento judicial. *Jus Navigandi*, Teresina, ano 9, n. 503, 22 nov. 2004. Disponível em: <http://jus2.uol.com.br/doutrina/texto.asp?id=5966> Acesso em: 27.9.2008.

MARINONI, Luiz Guilherme; ARENHART, Sérgio Cruz. *Curso de processo civil*: processo de conhecimento. São Paulo: Revista dos Tribunais, 2007.

_____ . *Prova*. São Paulo: Revista dos Tribunais, 2009.

MARTINS, José Renato Silva. *O dogma da neutralidade judicial*. Rio de Janeiro: Lumen Juris, 2007.

MARTINS, José Renato Silva; ZAGANELLI, Margareth Vetis. Recusa à realização do exame de DNA na investigação de paternidade: direito à intimidade ou direito à identidade? In: LEITE, Eduardo de Oliveira (org.). *Grandes temas da atualidade*: DNA como meio de prova de filiação. Rio de Janeiro: Forense, 2000.

MEDINA, Paulo Roberto de Gouvêa. *Direito processual constitucional*. Rio de Janeiro: Forense, 2005.

MELENDO, Santiago Sentis. Naturaleza de la prueba — prueba es libertad. *Revista dos Tribunais*, ano 63, v. 462, p. 11-22, abr. 1974.

MICHELI, Gian Antonio; TARUFFO, Michele. A prova. *Revista de Processo*, n. 16, p. 155-168, out./dez. 1979.

MINAS GERAIS. Conselho da Magistratura do Tribunal de Justiça de Minas Gerais. *Comunicação-suspeição afirmada por juiz de direito* n. 1.0000.08.481045-6/00, Comarca de Rio Paranaíba. Relatora: Desembargadora e Conselheira Maria Elza. Belo Horizonte, 9 jan.2009. Disponível em: <www.tjmg.jus.br > Acesso em: 6.8.2009.

MIRANDA, Pontes de. *Comentários ao código de processo civil*. Atualização de Sérgio Bermudes. Rio de Janeiro: Forense, 1995-1996. t. I, II, IV.

MITIDIERO, Daniel Francisco. *Bases para a construção de um processo civil cooperativo*: o direito processual civil no marco do formalismo-valorativo. Disponível em: <www.ufrgs.br> Acesso em: 11.7.2008.

_____ . *Colaboração no processo civil*: pressupostos sociais, lógicos e éticos. São Paulo: Revista dos Tribunais, 2009.

MONTESQUIEU. *Do espírito das leis*. São Paulo: Martins Claret, 2002.

MOREIRA, José Carlos Barbosa. A Emenda Constitucional n. 45 e o processo. In: *Temas de direito processual*. São Paulo: Saraiva, 2007. (9ª série).

_____ . A revolução processual inglesa. In: *Temas de direito processual*. São Paulo: Saraiva, 2007. (9ª série).

_____ . Julgamento e ônus da prova. In: *Temas de direito processual*. São Paulo: Saraiva, 1988. (2ª série).

_____ . O juiz e a cultura da transgressão. In: *Temas de direito processual*. São Paulo: Saraiva, 2001. (7ª série).

_____ . *O novo processo civil brasileiro*: exposição sistemática do procedimento. Rio de Janeiro: Forense, 2006.

_____ . Reflexões sobre a imparcialidade do juiz. In: *Temas de direito processual*. São Paulo: Saraiva, 2001. (7ª série).

_____ . Reformas processuais e poderes do juiz. In: *Temas de direito processual*. São Paulo: Saraiva, 2004. (8ª série).

_____. Vicissitudes da audiência preliminar. In: *Temas de direito processual*. São Paulo: Saraiva, 2007. (9ª série).

MORELLO, Augusto M. *El nuovo horizonte del derecho procesal*. Santa Fe: Rubinzal-Culzoni, 2005.

_____. *El proceso justo*. La Plata: Platense, 2005.

MOTTA, Kátia Sausen da. À luz da legislação: a atuação do juiz de paz no Brasil dos oitocentos. In: CAMPOS, A. P. et al. (org.). *Anais eletrônicos do II congresso internacional de história UFES*. Université de Paris-Est: cidade, cotidiano e poder. Vitória: GM, 2009.

NALINI, José Renato. Do poder judiciário. In: MARTINS, Ives Gandra; REZEK, Francisco (coords.). *Constituição federal*: avanços, contribuições e modificações no processo democrático brasileiro. São Paulo: Revista dos Tribunais, 2008.

NASCIMENTO, Bruno Pereira. *A Gazeta*, Vitória, política, p. 20, 19 mar. 2010.

NEGRÃO, Theotonio. *Código de processo civil e legislação processual em vigor*. São Paulo: Saraiva, 2007.

NERY JUNIOR, Nelson. Imparcialidade e juiz natural: opinião doutrinária emitida pelo juiz e engajamento político do magistrado. In: MARINONI, Luiz Guilherme (coord.). *Estudos de direito processual*. São Paulo: Revista dos Tribunais: 2005.

NEVES, Daniel Amorim Assumpção. *Preclusões para o juiz*. São Paulo: Método, 2004.

NOTÍCIAS. Disponível em: <www.tjba.jus.br/site/noticias.wsp?tmp.id=3145> Acesso em: 27.1.2010.

NUNES, António M. Falando das salas de audiência, *apud* LOPES, Mônica Sette. *Salas de audiência, diálogos e (ainda uma vez) janelas*. Disponível em: <www.trtmg.jus.br> Acesso em: 28.1.2009.

NUNES, Dierle José Coelho. *Processo jurisdicional democrático*: uma análise crítica das reformas processuais. Curitiba: Juruá, 2008.

OLIVEIRA, Alexandre Vidigal de. *Processo virtual e morosidade real*. Disponível em: <http://www.migalhas.com.br/mostra_noticia_articuladas.aspx?cod=56377> Acesso em: 11.2.2010.

OLIVEIRA, Carlos Alberto Alvaro de. *Do formalismo no processo civil*. São Paulo: Saraiva, 2003.

_____. *Poderes do juiz e visão cooperativa do processo*. Disponível em: <www.abdpc.org.br> Acesso em: 31.3.2008.

_____. Procedimento e ideologia no direito brasileiro atual. *Revista AJURIS*, n. 33, p. 80-85, mar. 1985.

_____. *Teoria e prática da tutela jurisdicional*. Rio de Janeiro: Forense, 2008.

ORWELL, George. *A revolução dos bichos*. São Paulo: Globo, 1995.

_____. *1984*. São Paulo: Nacional, 2004.

OST, François. *Júpiter, Hércules, Hermes:* três modelos de juez. Doxa, n. 14. Disponível em: <www.cervantesvirtual.com/servlet/SirveObras/no14>. Acesso em: 15.5.2008.

PASSOS, J. J. Calmon de. A constitucionalização dos direitos sociais. *Revista Diálogo Jurídico,* CAJ — Centro de Atualização Jurídica, Salvador, v. I, n. 6, set. 2001. Disponível em: <http://www.direitopublico.com.br> Acesso em: 18.3.2009.

_____ . *Direito, poder, justiça e processo*: julgando os que nos julgam. Rio de Janeiro: Forense, 1999.

_____ . A crise do poder judiciário e as reformas instrumentais: avanços e retrocessos. *Revista Eletrônica sobre a reforma do Estado,* Salvador, n. 5, mar./abr./maio 2006. Disponível em: <www.direitodoestado.com.br>. Acesso em: 30.5.2008.

_____ . Instrumentalidade do processo e devido processo legal. *Revista Diálogo Jurídico,* ano I, v. I, n. 1, abr. 2001. Disponível em: <www.direitodoestado.com.br> Acesso em: 18.3.2009.

PERELMAN, Chäim. *Ética e direito*. São Paulo: Martins Fontes, 1996.

PESQUISA da AMB traça o perfil dos juízes brasileiros. *AMB informa*, Brasília, n. 81, p. 11-12, 22 nov./31 de dez. 2005.

PICARDI, Nicola. *Audiatur et altera pars:* as matrizes histórico-culturais do contraditório. In: *Jurisdição e processo*. Rio de Janeiro: Forense, 2008.

PICÓ I JUNOY, Joan. *El juez y la prueba*. Barcelona: J. M. Bosch, 2007.

_____ . Los principios del nuovo proceso civil español. *Revista de Processo*, n. 103, ano 26, p. 58-94, jul./set. 2001.

PINTO, José Augusto Rodrigues. *Processo trabalhista de conhecimento*. São Paulo: LTr, 1991.

PIVESAN, Flávia. *Por uma justiça acessível, efetiva e democrática*. Disponível em: <www.maurorubem.com.br/mostra_artigo.php?&cod=13> Acesso em: 1º.11.2008.

POLLACK, Andrew. *Cientistas mostram que é possível falsificar evidência de DNA*. tradução de George El Khouri Andolfato. Disponível em: <http://noticias.uol.com.br/midiaglobal/nytimes> Acesso em: 18.8.2009.

PORTUGAL. *Código de processo civil*. Edição digital. Coimbra: Almedina, 2007.

PRUX, Oscar Ivan. *A possibilidade de um diálogo das fontes entre o código de defesa do consumidor e o código civil*. Disponível em: <http://www.parana-online.com.br/colunistas/235/46404/> Acesso em: 8.11.2008.

QUINTANA, Mario. *Da preguiça como método de trabalho*. São Paulo: Globo, 2007.

_____. Das utopias. In: *Antologia poética*. Porto Alegre: L & PM, 1997.

REALE, Miguel. O direito e a problemática de seu conhecimento. In: *Horizontes do direito e da história*. São Paulo: Saraiva, 2000.

RICCI, Gian Franco. Nuovi rilievi sul problema della specificitá della prova giuridica. *Rivista Trimestrale di Diritto Processuale Civile*, Milano, p. 1129-1163, 2000.

RODRIGUES, Marcelo Abelha. *Manual de direito processual civil*. São Paulo: Revista dos Tribunais, 2008.

ROMANO, Roberto. A escalada contra a imprensa. *Folha de S. Paulo*, São Paulo, Opinião, 29 jun. 2008.

ROSA, Eliézer. *A voz da toga*. Goiânia: AB, 1999.

ROSS, Alf. *Direito e justiça*. Bauru: EDIPRO, 2007.

ROUSSEAU, Jean-Jacques. *Discurso sobre a origem e os fundamentos da desigualdade entre os homens*. São Paulo: Nova Cultural, 1997.

SANTOS, Boaventura de Sousa. A contrarrevolução jurídica. *Folha de S. Paulo*, Opinião, 4 dez. 2009.

SANTOS, Boaventura de Sousa; MARQUES, Maria Manuel Leitão; PEDROSO, João. Os tribunais nas sociedades contemporâneas. *Revista Brasileira de Ciências Sociais*, ano 11, n. 30, p. 29-62, fev. 1996. Disponível em: <www.anpocs.org.br:80/portal/publicacoes/rbcs_00_30/rbcs30_07.htm> Acesso em: 31.3.2008.

SANTOS, Moacyr Amaral. Limites e atividades das partes no processo civil. Apud SOUZA, Carlos Aurélio Mota de. *Poderes éticos do juiz:* a igualdade das partes e a repressão ao abuso no processo. Porto Alegre: Sergio Antonio Fabris, 1987.

_____ . *Primeiras linhas de direito processual civil*. São Paulo: Saraiva, 1987-1988. v. 2.

SILVA, Ovídio A. Baptista da. *Processo e ideologia:* o paradigma racionalista. Rio de Janeiro: Forense, 2006.

SILVA, Paulo Henrique Tavares da. Poderes instrutórios do juiz no processo eletrônico. *Revista do Tribunal Regional do Trabalho da 13ª Região*, v. 16, n. 1, p. 28-39, 2009.

SILVEIRA NETO, Antonio. *AMPB quer valorização da primeira instância*. Disponível em: <www.ampb.org.br/ampb_na_midia/ver/755> Acesso em: 11.2.2010.

SOCIÓLOGO português acredita que próxima década será mais problemática para a América Latina. Disponível em: <http://www.agenciabrasil.gov.br/noticias/> Acesso em: 1º fev. 2010.

SOUTO MAIOR, Jorge Luiz. *Aristocracia política:* atos secretos e violências explícitas. Disponível em: <www.conjur.com.br/2009-jun-18> Acesso em: 23.6.2009.

SOUZA, Artur César de. *A parcialidade positiva do juiz*. São Paulo: Revista dos Tribunais, 2008.

TARUFFO, Michele. Investigación judicial y producción de prueba por las partes. *Revista de Derecho* (Valdivia), v. XV, n. 2, p. 205-213, dic. 2003. Disponível em: <www.scielo.ch/scielo.phd?pid> Acesso em: 16.11.2008.

_____ . *La prueba de los hechos*. Madrid: Trotta, 2005.

_____ . Poteri probatori delle parti e del giudice in Europa. *Rivista Trimestrale di Diritto e Procedura Civile*, p. 451-482, 2006.

TEIXEIRA FILHO, Manoel Gonçalves. *O papel político dado ao supremo pela constituição.* Disponível em: <http://www.conjur.com.br/2009-abr-08/papel-politico-dado-judiciario-constituicao> Acesso em: 8.4.2009.

THEODORO JÚNIOR, Humberto. *Boa-fé e processo* — princípios éticos na repressão à litigância de má-fé — papel do juiz. Disponível em: <www.abdpc.com.br> Acesso em: 22.6.2008.

TOCQUEVILLE, Alexis. *A democracia na América.* São Paulo: Edusp, 1987.

TONINI, Paolo. *A prova no processo penal italiano.* São Paulo: Revista dos Tribunais, 2002.

TORQUATO, Gaudêncio. *A politização do judiciário.* Disponível em: <www.migalhas.com.br/mostra_noticia_articuladas.aspx?op=true&cod=10541> Acesso em: 15.3.2005.

TRIBUNAL pede mais prazo para entregar relatório de ações. *A Gazeta*, Vitória, p. 19, 30 jan. 2010.

VESCOVI, Enrique. Nuevas tendencias del derecho procesal civil, com especial referencia al proceso latino-americano. *Revista do Processo* n. 79, ano 20, p. 20-34, jul./set. 1995.

VIANNA, Luiz Werneck *et al.* *A judicialização da política e das relações sociais no Brasil.* Rio de Janeiro: Revan, 1999.

_____ . *Corpo e alma da magistratura brasileira.* Rio de Janeiro: Revan, 1997.

VIANNA, Luiz Werneck. *Poder judiciário, positivação do direito natural e política.* Estudos históricos, Rio de Janeiro, n. 18, 1996. Disponível em: <www.cpdoc.fgv.br/revista/arq/195.pdf> Acesso em: 8.4.2008.

WAMBIER, Luiz Rodrigues. *A audiência preliminar como fator de otimização do processo.* O saneamento "compartilhado" e a probabilidade de redução da atividade recursal das partes. Disponível em: <www.abdpc.org.br> Acesso em: 28.10.2008.

WATANABE, Kazuo. Acesso à justiça e sociedade moderna. In: GRINOVER, Ada Pellegrini; DINAMARCO, Cândido; WATANABE, Kazuo (org.). *Participação e processo.* São Paulo: Revista dos Tribunais, 1988.

XAVIER, Trícia Navarro. *Poderes instrutórios do juiz no processo de conhecimento.* Dissertação (Mestrado em Direito Processual Civil). Programa de Pós-graduação em Direito Processual Civil — da Universidade Federal do Espírito Santo, Vitória, 2008.

ZANETI JR., Hermes. *A constitucionalização do processo.* Disponível em: <http://hdl.handle.net/10183/4525> Acesso em: 17.3.2009.

_____ . Democracia e judiciário na (re)politização do direito: notas para o papel dos juízes e do judiciário em um modelo deliberativo-procedimental de democracia (parte I). In: MEDINA, José Miguel Garcia *et al.* (coord.). *Os poderes do juiz e o controle das decisões judiciais:* estudos em homenagem à professora Teresa Arruda Alvim Wambier. São Paulo: Revista dos Tribunais, 2008.

_____. O problema da verdade no processo civil: modelos de prova e de procedimentos probatórios. *Revista de Processo*, ano 29, n. 116, p. 335-371, jul./ago. 2004.

_____. *Processo constitucional*: o modelo constitucional do processo civil brasileiro. Rio de Janeiro: Lumen Juris, 2007.

_____. *Processo constitucional:* reflexões sobre a judicial *review* e o *stare decisis* no direito brasileiro. Disponível em: <www.tj.rs.gov.br/institu/c_estudos/doutrina> Acesso em: 3.6.2008.

Produção Gráfica e Editoração Eletrônica: R. P. TIEZZI
Projeto de Capa: FÁBIO GIGLIO
Impressão: PROL GRÁFICA E EDITORA